"三全育人"理论与实践成果系列丛书
主审：赵凤

铸魂育人：
新时代高校思想政治工作的理论探索

ZHUHUN YUREN:
XINSHIDAI GAOXIAO SIXIANG ZHENGZHI
GONGZUO DE LILUN TANSUO

主　编　张贻发
副主编　宋　欢　黄慧娟　王雅迪　梁耀明

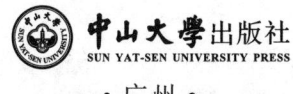

中山大学出版社
SUN YAT-SEN UNIVERSITY PRESS
·广州·

版权所有　翻印必究

图书在版编目（CIP）数据

铸魂育人：新时代高校思想政治工作的理论探索/张贻发主编. —广州：中山大学出版社，2021.3

("三全育人"理论与实践成果系列丛书)

ISBN 978-7-306-07105-7

Ⅰ. ①铸…　Ⅱ. ①张…　Ⅲ. ①高等学校—思想政治教育—研究—中国　Ⅳ. ①G641

中国版本图书馆 CIP 数据核字（2021）第 021744 号

出 版 人：	王天琪
策划编辑：	金继伟
责任编辑：	王　璞
封面设计：	曾　斌
责任校对：	潘惠虹
责任技编：	何雅涛
出版发行：	中山大学出版社
电　　话：	编辑部 020 - 84110771，84110283，84113349，84110779
	发行部 020 - 84111998，84111981，84111160
地　　址：	广州市新港西路 135 号
邮　　编：	510275　　　传　真：020 - 84036565
网　　址：	http://www.zsup.com.cn　E-mail: zdcbs@mail.sysu.edu.cn
印 刷 者：	佛山家联印刷有限公司
规　　格：	787mm × 1092mm　1/16　17.75 印张　310 千字
版次印次：	2021 年 3 月第 1 版　2021 年 3 月第 1 次印刷
定　　价：	48.00 元

如发现本书因印装质量影响阅读，请与出版社发行部联系调换

前　言

2016年全国高校思想政治工作会议召开以来，党和国家将高校思想政治教育工作推向了前所未有的高度。高校围绕培养什么样的人、如何培养人以及为谁培养人这个根本性问题进行了大讨论、大变革、大提高。高校辅导员在高校思想政治工作领域和学生健康成长中肩负着神圣使命。他们是思想政治工作的主攻手、学生管理的主导者、学生成长的主心骨。他们在政治领导、思想引导、情感疏导、学习辅导、行为教导、就业指导上，守护着学生的人生航向。他们在"两个一百年"奋斗目标的历史交汇期，在推进教育现代化、建设教育强国、办好人民满意教育的进程中，承担着伟大工程的施工员、伟大事业的质检员、伟大斗争的战斗员、伟大梦想的服务员的光荣职责。

华南农业大学是全国重点大学，广东省和农业部共建的"211工程"大学，广东省高水平大学重点建设高校。2014年被教育部评为"全国毕业生就业典型经验高校"，2017年被教育部评为"全国创新创业典型经验高校"，2018年被教育部确定为"三全育人"综合改革试点高校。学校用新时代中国特色社会主义思想铸魂育人，贯彻党的教育方针，落实立德树人根本任务，围绕学生、关照学生、服务学生，形成了一支"政治强、业务精、纪律严、作风正"的辅导员队伍。

"舟循川则游速，人顺路则不迷。"面对新时代高等教育事业发展新挑战，只有深入把握思想政治教育规律，充分利用新机遇，才能提升思想政治教育的实效。为加强与同行交流学习，提高思想政治工作能力和水平，本书对华南农业大学的思想政治工作研究成果进行了汇编。该论文集由45篇工作论文组成，分为党团建设篇、思想教育篇、学风建设篇、心理健康教育篇、就业指导篇、创新创业篇六个主题，旨在探索高校思想政治工作规律、教书育人规律和学生成长规律。

该论文集具有以下特点：一是理论探索与实证分析相结合，能立足高等教育理论，分析高校思想政治工作，理论分析具有深度，实证研究科学规范，具有较高的学术价值。二是宏观与微观相结合，既有宏观政策的分析研讨，又有微观视角的规律探析，体现了系统的工作研究和方法创新。三是案例研究与实践指导相结合，能围绕大学生思想政治工作的突出问题进行一般规律总结，并有针对性地提出相应的工作意见和措施，具有较高的实践价值。

因事而化，因时而进，因势而新。相信该论文集的出版将有利于促进高校间辅导员队伍建设以及学生工作经验的学习交流，不断提升辅导员的工作水平与能力，有利于实现辅导员"专业化、职业化、专家化"的队伍建设目标，推动高校思想政治工作的改革创新。

华南农业大学学生工作部（处）
2020 年 4 月

目　录

党团建设篇

同伴影响视域下大学生入党机制探究 …… 梁耀明　王长明　何勤英（2）
基于"青年之声"建设下的高校共青团思想引领工作探讨
　　……………………………………………………… 陈　越（7）
新时代大学生党员法治意识培养研究 …… 蓝学明　成桂平　肖　华（11）
高校学生党支部组织生活创新性研究 ……………… 李曼华　彭金富（17）
新时代加强南粤高校意识形态教育工作研究
　　——以华南农业大学为例 … 刘　璐　马　强　尹卓君　廖惠敏（20）
高校共青团网络思想引领工作研究
　　——以华南农业大学为例 ………… 孙光荣　叶诗琪　王燕妮（28）
构建研究生党建与思想政治教育工作的互动新模式 ………… 孙　华（35）
落实导师在研究生思想政治教育方面作用的有效方法研究
　　——以华南农业大学为研究对象 …… 谈庆娟　丘文辉　刘梦楠（39）
高校共青团对青年团员思想引领的路径 ……………… 王雅迪　许舒闲（44）
新时代高校学生党员教育管理机制研究
　　——从"思、言、行"相统一的角度分析 …… 谢庆彪　罗　军（49）
高校研究生党支部"三会一课"现状及改进研究
　　………………………………… 曾皓鹏　刘运春　陈静璇（54）

思想教育篇

现代个人主义视域下大学生自我实现的道德困境及对策研究
　　——兼评《道德习养：破土与新生——网络环境下大学生道德发展研究》……………………………………………彭金富（60）
艺术类大学生社会责任感调查研究……………………陈　越（63）
"晒文化"环境下开展网络思政的对策研究
　　——以微信"朋友圈"为例……………………程夏敏（68）
新时代高校大学生法治意识教育机制研究………………蓝学明（74）
高校"大德育体系"构建的困境与突破路径………………綦　林（85）
社会主义核心价值观引领当代大学生就业观研究
　　……………………………张雨婷　彭之琦　郭毅博（95）

学风建设篇

大学生学业表现性别差异研究……………梁耀明　何勤英（102）
新媒体环境下青年学生思政慕课教学设计探析……徐聪聪　鲍金勇（112）
协同创新视域下高校社区品牌文化建设实证研究
　　——以华南农业大学为例……尹卓君　陈少雄　周艳华（119）
自由，从理想到实践……………………彭金富　张丰清（128）
实践共同体视域下环境类专业"四位一体"人才培养原则探析
　　………………………………………曾子焉　马　强（131）
尼采的"精神三变"在高校人才培养中的作用探究………余　祥（138）
教育公平视角下高校阶梯式资助育人体系的探索
　　——以华南农业大学经济管理学院"圆梦计划"为例
　　…………………………………朱丹妮　张　敏　苏　婉（143）

心理健康教育篇

大数据挖掘方法在大学生心理预警系统中的应用 ··· 梁 娟 罗海据（148）
心理学视角下大学生使用微媒体的行为调查与分析 ············ 鲍金勇（163）
大学生学校归属感量表的信效度检验
　　——基于H大学的实证研究 ·································· 何小敏（169）
农村籍大学生就业心理健康教育体系构建
　　——就业满意度视域分析 ······································ 李玉荣（179）

就业指导篇

敬业也是一种信仰 ·· 肖 华（186）
水产养殖学专业大学生职业生涯规划研究 ······················ 陈东明（190）
高校家庭经济困难学生群体就业帮扶体系的探究 ············ 陈曼钰（194）
浅析生态系统理论视角下的高校就业指导工作策略 ········ 李小龙（198）
高校毕业生党员在就业工作中的SWOT分析及策略探究 ··· 梁 辉（202）
大数据背景下大学生就业指导工作创新研究 ··················· 毛丹鹃（206）
当前我国大学生就业问题及对策研究 ······························ 唐诗潮（211）
农业院校管理类专业贫困生就业现状分析 ······················ 王雅迪（218）
新形势下大学生精准就业服务工作面临的问题 ··············· 余丹华（224）

创新创业篇

高校社科类专业学生创新创业教育体系优化研究 ············ 梁廷君（230）
高校创新创业实践教学体系现状及原因剖析 ············ 罗 军 何 凯（235）
农林院校学生党员创新创业现状调查研究 ············ 邱亚龙 解加米（241）
乡村振兴战略背景下农科大学生创业教育探究 ··············· 宋 欢（245）

家庭背景对大学生创业意愿影响实证研究
　　——以广东某高校为例 ················ 孙光荣　罗　军（249）
新时代农科专业大学生创新思维培养路径研究 ········ 杨宇姣（261）
新时期高校共青团促进大学生创新创业工作研究 ······· 张东文（266）
乡村振兴战略背景下农科类专业资助育人与创业就业教育融合
　　创新的探索 ··························· 招栩圣（272）

党团建设篇

同伴影响视域下大学生入党机制探究①

梁耀明 王长明 何勤英

同伴影响在青少年群体中广泛存在,即宿舍、班级、年级或学校内同伴的背景、同伴的行为及同伴的产出会对大学生自身的行为或产出产生影响,且这种影响可能是非常显著的。在大学生入党行为方面,同伴影响同样存在。认真研究同伴影响在大学生入党教育中的重要作用将有助于提升党员发展管理的效用。

一、同伴影响对大学生入党行为的影响分析

(一) 同伴影响对大学生入党行为影响的质性分析

大学阶段是大学生生理和心理逐步走向成熟的时期,也是价值观形成的关键时期。受西方文化思潮的影响,大学生的政治倾向更加复杂、多变,入党动机也变得更加多元、多样。研究发现,影响大学生入党动机的因素是多方面的,包括来自个体、家庭、学校和社会的影响。此外,性别、年级、专业、理论学习、家庭来源及个人身份也会影响大学生的入党动机。

目前,"95 后"大学生已成为高校大学生党员的重要组成部分。他们当中大多数为独生子女,生活条件优越,思维活跃,畏难情绪也较为普遍。程序严格、竞争激烈带来"入党难"的问题,并在一定程度上影响了大学生的入党意愿。与之同时,相对封闭的生活环境使得多为独生子女身份的"95 后"大学生产生对同伴的渴望,其行为容易受到同伴的影响。在大学生入党

---

① 论文信息:《学校党建与思想教育》2018 年第 24 期,第 79－80 页。
作者简介:梁耀明,1985 年生,男,广东广州人,华南农业大学经济管理学院讲师,广东省高等学校名辅导员陈晓梅工作室及华南农业大学大学生学业指导名辅导员工作室成员;王长明,1965 年生,华南农业大学经济管理学院党委书记、副研究员;何勤英,1978 年生,女,江西上饶人,华南农业大学经济管理学院教授。

问题上,"盲从""随大流"的入党动机一直受到学界的批评,但不可否认的是,大学生确实会在同伴影响下尝试去学习和了解党的历史和理论并做出入党与否的决策。因此,发挥同伴影响对大学生入党的示范教育作用,在大学生群体中营造和保持积极上进的入党氛围,是在贯彻落实新时代发展党员"总要求"下,有效提升高校党建工作和思想政治工作实效的有效方法和重要手段。

(二)同伴影响对大学生入党行为影响的量化考量

在大学阶段,学生一般需要住校,开始独立学习和生活。他们的生活以宿舍为单位,学习以班级为单位。学生与宿舍同伴、班级同伴的交往时间较长、交流频率很高,因而宿舍同伴和班级同伴对学生入党意愿及行为可能产生显著的影响。然而,要证明同伴影响对大学生入党的作用的因果关系是非常困难的。校内同伴对大学生入党的影响可能存在选择性偏误,从而导致内生性问题。与此同时,大学班级是在大学生入学前编制的,编制班级的老师并不认识班级同学,学生在入学前也并非相互认识,即同班成员是非自我选择性的,因而大学班级也是一种自然发生的、类实验的场合。有鉴于此,研究拟将对大学"宿舍同伴申请入党的人数"和"班级同伴申请入党的比例"分别作为检验大学生入党同伴影响是否存在的关键变量。

研究对地处广州市的某省属一本院校1039名"95后"大学生进行问卷调查。其中,女生占比58.81%,城镇户口占47.45%,大一至大四学生占比为32.63%、42.54%、20.12%和4.72%,涵盖经管、理工、农学、文史哲、艺术等专业。通过构建二分类逻辑回归模型,在控制宿舍规模、班级规模、性别、群体角色、学生干部身份、学科类别、综合成绩、社会实践、就业意向、是否具有出国深造意愿、城镇或农村户籍、是否为独生子女、生活条件差异等相关社会人口学特征变量的基础上,实证分析"95后"大学生入党的同伴影响问题。

统计表明,大学生的入党行为中确实存在同伴影响,且班级同伴影响较大。在其他条件不变的情况下,宿舍同伴申请入党人数每增加1人,大学生有意愿入党的概率提升4.8%;与所在班级申请入党比例为1%~25%的大学生相比,所在班级同伴申请入党比例在26%~50%的大学生发生入党意愿的概率将增加17.8%,比例在51%~75%的将增加22.8%,比例在76%~100%的将增加20.3%,结果均在1%的统计水平上显著。(见表1)

班级入党氛围比宿舍入党氛围更能影响大学生入党意愿和行为，原因可能在于宿舍同伴（3~6人）较之班级同伴人数（30~50人）较少，形成的同伴效应不够明显，加之大学生入党前的"推优"、考察培养等环节大多是基于班级内完成的，这有利于增强班级同伴对大学生入党意愿的影响程度。

表1 大学生入党的同伴影响

变量	宿舍同伴影响边际效应	班级同伴影响边际效应
宿舍同伴申请入党人数	0.048*** （0.012）	—
（班级同学申请入党比例以"1%~25%"为基准）		
班级同学申请入党比例为26%~50%	—	0.178*** （0.034）
班级同学申请入党比例为51%~75%	—	0.228*** （0.058）
班级同学申请入党比例为76%~100%	—	0.203*** （0.071）
Wald chi2 （12）	161.61	175.90
Pseudo R2	0.1477	0.1673
样本量	1039	1039

注：限于篇幅，仅汇报同伴影响变量的回归结果。表中汇报的边际效应为所有自变量的平均边际效应。***、**和*分别表示在1%、5%和10%的水平上显著。括号中的数据为稳健标准误。

回归结果还显示，宿舍同伴影响和班级同伴影响回归模型中，控制变量的边际效应基本一致。女性、农村户籍、自然学科、综合成绩排名靠前、热衷于社会实践、具有领导者特质、有志于体制内工作的大学生更倾向于入党，且至少在5%的统计水平上显著；独生子女、生活水平较低者、学生干部可能更加倾向于入党，而有意于出国深造的学生的入党倾向不明显，但在统计检验上均不显著。

二、基于同伴影响理论完善大学生入党教育机制的建议

（一）以提高质量为核心要务，探索学生入党联系教育机制，提升入党教育工作实效

高校学生基数大、流动性强，在学生群体发展党员的数量多、压力大，容易存在入党教育和过程培养欠缺的问题。高校要创新工作方法，充分发挥高年级学生党员、班级和宿舍学生党员对普通大学生的联系教育作用，探索建立学生党员与普通大学生之间"传、帮、带"的服务与责任机制，营造良好的向党组织靠拢的氛围，提升大学生入党教育工作实效。一是建立多维、全员参与的新生入党启蒙教育机制。由学院制作新生入党教育宣传册，全面普及党务知识；由老党员向新生做一次理想信念教育专题讲座；由学生党支委宣讲一次支部特色和党员事迹；由入党联系人为新生班级团支部讲一次党课、指导开展一次党日主题实践活动。二是探索实行学生入党联系第一责任人和党支部挂钩班级制度。由入党联系人按季度反馈班级思想动态，党支委按季度研讨挂钩班级思想动态，加强对入党积极分子联系沟通。三是实行入党积极分子列席参加支部组织生活制度。由学生入党联系人带领和指导积极分子参与支部组织生活，加深积极分子对支部组织生活的理解，加强对积极分子的过程教育和培养考察。

（二）以"两学一做"为基本要求，强化党员的第一身份意识，发挥学生党员的同伴影响作用

学生党员的日常表现是党员队伍的最好"名片"。高校党委要把"两学一做"作为党员的基本要求，不断加强党员教育管理，划清做人做事底线，不断增强全方位的党员身份自觉，向普通大学生展现党员队伍的光辉形象。一是每学年开展党章党规知识考核，明确作为党员的政治义务和政治责任，严守党的政治纪律和政治规矩，增强党员的政治意识。二是发挥榜样的作用，以事迹宣讲、支部研讨、主题征文等形式，组织学习身边党员的先进事迹，搭建党建学习交流平台，不断加强理想信念教育，增强学生党员的思想意识。三是实现党员全员亮牌，实行党员手册制度，严格贯彻落实"三会一课"制度和民主评议党员制度，强化党员的组织意识。四是实施党员帮扶计

划。结合党员专业特长设岗定责,开展学业互助、社区服务、就业服务、班级联系等志愿活动,构建"有困难找党员"的服务体系,通过社区党建引领,搭建共治网格化管理平台,强化党员的行为意识。

参考文献

［1］ Winston G C. Zimmerman. D. J. "Peer Effects in Higher Education" NBER Working Paper No. 9501.

［2］ 袁玉芝. 教育中的同伴效应分析——基于上海 2012 年 PISA 数据［J］. 上海教育科研,2016（3）:30 – 34.

［3］ 边社辉. 大学生入党动机及其教育引导对策［J］. 思想教育研究,2009（8）:84 – 87.

［4］ 杨志伟,杨鸣,刘艳. "90 后"大学生入党动机影响因素实证研究［J］. 思想理论教育,2012（23）:71 – 73.

［5］ 肖洋. 大学生政治观念与行为调查分析［J］. 思想教育研究,2015（11）:50 – 54.

基于"青年之声"建设下的高校共青团思想引领工作探讨[①]

陈 越

一、高校共青团思想引领工作的内涵

"思想引领"一词最早是在2003年的团"十五大"上提出:"要充分发挥青年引领的社会风气之先的作用,引导青年努力做中华民族传统美德的传承者,体现时代进步要求的新道德规范的践行者,新型人际关系和良好社会风尚的倡导者。"[1]亦有学者提出,思想引领包括三个方面的含义:一是通过思想引领,强化青年个体与国家、民族、政党之间的情感互动;二是通过思想引领,动员青年投身全面建成小康社会的伟大实践;三是通过思想引领,让青年掌握改造主观世界的根本方法——社会实践[2]。时至今日,思想引领依旧是高校共青团建设话语体系中的关键词,更是高校共青团意识形态建设中抢占"话语权"的关键。

新时代背景下,高校青年学生的思想状况呈现出新的情况、新的特点,而传统的思想引领方法和手段已经不再完全适应新时代的要求,这迫切需要高校共青团组织改进方法、创新理念、拓展空间。新媒体盛行的时代下,QQ、微信和微博等社交媒体已经成为青年学生必备的网络平台,更随着抖音、快手等一系列新型网络平台的兴起,越来越多形形色色的价值观充斥着整个互联网,也深刻影响着这一代高校青年学生的思想。"思想引领"也就不仅仅只是采用传统思想政治教育方法,强调对青年的思想灌输和教育,更重要的还是在于要重视青年思想本身的创造和输出,化被动教育为主动引领。

---

① 论文信息:《现代营销(创富信息版)》2018年第10期,第210页。
作者简介:陈越,1989年生,男,浙江临海人,华南农业大学艺术学院讲师,华南农业大学大学生心理健康教育与咨询工作室成员。

二、"青年之声"网络平台在高校学生使用中的问题分析

为了更准确更实际地了解"青年之声"在使用中的问题，笔者采用了问卷调查、座谈、咨询访问等多种形式，对华南农业大学的学生进行抽样调查。共发放问卷500份，回收有效问卷468份，涵盖了学生团干、学生干部和普通同学等。根据调查及座谈访问结果，"青年之声"在使用中存在以下问题。

（一）政治性推广强，但趣味性宣传弱，导致实际使用率不高

从调查结果统计中，在所有受访学生中有58.3%加入"青年之声"网络平台，总体上反映的普及率还是不错的，但只有32.4%的普通同学加入。加入不代表实际使用，能够经常性登入的方能被认为实际使用，从调查结果可以清晰看出，学生团干中能经常使用的占82.7%，学生干部中能经常使用的占43.5%，普通学生中能经常使用的仅占7.8%。学生干部作为高校中政治觉悟较高的一部分，加入平台的人数比例较高，而普通同学情况就不容乐观。从实际使用率来看，"青年之声"平台的实际受众数远远低于显示的注册数。

许多学生反映，了解到"青年之声"绝大部分来自通知等比较正式的途径，而往往这些途径缺乏趣味，对青年缺乏吸引力。另外，不少学生是以一种非自愿方式加入"青年之声"的，这种方式直接或间接导致了学生的抵触情绪，本应是对学生自身各方面非常有利的，但因为先入为主心理排斥，不愿意接受，更不愿意深入了解使用"青年之声"。

（二）线上线下存在脱节，导致使用效果不显著

对于线上学生反映的问题，除了在线上给予及时有效的反馈外，在线下也同样要注重解决难题。不少学生在学习、情感、心理、工作等诸多方面存在着或大或小的疑惑，但又羞于直接询问相关老师，需要在网络虚拟环境中得到正确引导，但往往单纯的线上引导是不够的，如何从线上到线下就成为了他们的阻碍。正因如此，青年学生对于"青年之声"的用户体验感不佳，使用效果不显著。

（三）板块重数量，特色不突出，导致使用积极性低

虽然"青年之声"网络平台上拥有众多板块，涵盖方面比较广泛，但缺乏突出的特色和亮点，许多学生反映，如果一个新媒体平台没有自身的特点或者和其他网络平台一样，他们就不愿意浪费时间参与，然后逐渐放弃。但像就业、心理、人际等学生较为关心的内容，却存在着线上资源不足，抑或是资源更新慢、更新质量不高等问题，导致学生使用积极性不断降低。

三、高校共青团思想引领的网络平台建设

（一）创新宣传模式，反映青年呼声，回应青年诉求

实际使用率和宗旨目的两者之间从某种意义上来说是互为充要条件，所以要先倾听青年的呼声，了解青年的诉求，对于创新宣传模式具有指导意义。可以参照市场上许多App（手机软件）的推广方式，进一步创新宣传模式，让更多的青年学生主动接受，提高实际使用率，才能做到反映青年呼声，回应青年诉求。其一，可以适当增加广告投放，在已有的热门网络平台上，比如微信、微博等，进行宣传；其二，可以拍摄制作一些和共青团相关的小视频，生动风趣地展现正能量，改变学生对党团的刻板印象；其三，可以发挥明星效应，从阳光正面的青年明星，到学校地方的"明星"学生，吸引更多的同学加入其中。

（二）完善线上线下连通机制，维护青年权益

对线上的热点问题，专家老师给予积极回应，线下有关部门积极解决，如此，"青年之声"才能做到维护青年权益。如此一来，这种线上线下模式就有非常重要的关键点——有效性和时效性。2016年，团浙江省委副书记朱林森就解决"青年之声"的"听、答、办"难以形成有效闭环这一问题[3]，提出从三个方面深化线上线下的融合，以实现对青年直接联系、直接服务、直接引导。

（三）突出亮点，加强功能性建设，服务青年成长

可以舍弃或者弱化一些其他网络平台做得非常成熟的板块，突出属于

"青年之声"自己的亮点，集中解决在校青年学生对就业、读研、心理健康等实际问题的需求，强化平台的具体功能，利用近几年来的"慕课"、公开课、名人讲座等多种形式，切实有效地服务青年成长。

参考文献

［1］共青团中央.中国共青团年鉴（2003）［M］.北京：中国青年出版社，2004：16.

［2］刘佳.中国共青团思想引领青年的话语嬗变［J］.中国青年社会科学，2015（5）：71－75.

［3］朱林森.强化服务力　提升传播力　夯实生命力　推动"青年之声"品牌融入青年心中［J］.中国共青团，2016（5）：14－16.

新时代大学生党员法治意识培养研究[①]

蓝学明　成桂平　肖　华

高校大学生是我国未来社会主义建设的生力军，高校大学生的普法和守法又是全面普法和守法的关键环节。大学生党员是大学生的骨干和中坚力量，在学生群体中发挥着先锋模范作用。随着大学生党员队伍的发展壮大，充分发挥高校在大学生法治意识培养过程中的教育主体作用，对全面依法治国方略的实施和推进具有重要意义。

一、大学生党员法治意识概述

（一）法治意识的范畴

第一，公正平等意识。法律自产生之日起，便与公平、正义、平等等价值观念联系在一起，不可分割。皮埃尔·勒鲁（1988）甚至将社会公正与平等认定为是"一项先于其他法律的法律"。法治意义上的平等意味着在法律面前人人平等，不存在任何的优待与歧视，法律反对任何特权。在高校中反映为学生在校规校纪面前人人平等，在各类竞赛及学术活动中应得到公平公正对待等。

第二，民主参与意识。民主是法治的本质要求，参与是民主的核心。大学生党员民主参与意识体现在他们参与校园、社团、社区事务管理即行使政治权利的过程中，也体现在监督权力运行的过程中。

[①] 论文信息：《法制与社会》2019年第20期，第184-185页。
作者简介：蓝学明，1990年生，男，广东河源人，华南农业大学人文与法学学院辅导员，华南农业大学中华优秀传统文化教育工作室成员。成桂平，1993年生，女，广东广州人，华南农业大学人文与法学学院研究生。肖华，1980年生，男，广东梅州人，华南农业大学人文与法学学院党委副书记、讲师，华南农业大学大学生就业创业名辅导员工作室主持人。

第三,法律权威意识。宪法和法律具有至高无上的权威,任何政治组织、社会团体和个人都不得凌驾于法律之上,这是法治的基本要求。法律至上是"法治"区别于"人治"最显著的特征,强调通过法律来治理国家,绝不允许以言代法、以权压法、徇私枉法。表现在大学生身上就是对法律权威的一种认同以及从行为上对法律的绝对遵守。

第四,权利义务意识。实现和保障公民权利是法治的核心目标,法律的制定和运作都必须尊重和保障人的基本权利。法律还规定了作为社会主体的公民需要承担相应的义务,确保国家各项工作得以顺利进行。大学生党员要树立权利义务意识,充分了解作为学生、作为党员的权利和应当承担的义务,树立正确的价值取向,从而激发内心对法治的信仰。

第五,程序规则意识。在法治的意义上,程序是指一切立法、执法、司法活动都必须经过法定程序,即法治程序的合法化。这是实现平等、保障权利的基础,更是制约权力的有效手段。体现在公民身上就是规则意识,强调追求公正平等、民主参与、享受权利等都需要遵循一定的程序和规则,不得无视法纪、规则的存在,肆意妄为。

(二) 大学生党员法治意识培养的重要性

大学生党员法治意识,是指大学生党员这一群体对法律发自内心的认可、崇尚、遵守和服从。《关于进一步加强高校学生党员发展和教育管理服务工作的若干意见》明确指出,实现"两个一百年"奋斗目标、实现中国梦,必须做好学生党员发展和教育管理服务工作,提高学生党员队伍整体素质,培养造就中国特色社会主义事业的合格建设者和可靠接班人。

培养和提升大学生党员的法治意识是保持大学生党员队伍纯洁性和先进性的需要,有利于推动法治校园、法治社会的建设和发展,使大学生党员从单纯学习党纪法纪的基本内涵升华到将党纪党规内化为自身的自觉行为,有助于增强大学生党员拒腐防变的心理品质,逐步形成廉洁自律、遵纪守法的大学生党员队伍。法治意识培养是保证党员纯洁性及先进性的重要手段,更是全面依法治国在高校的重要实践。

促进大学生党员发挥模范引领作用。大学生党员是普通大学生群体的标杆,更是学生中的骨干分子。大学生党员的言行举止相较于普通大学生来说,受到的关注更多,易于形成参照效应。培养法治意识,从大学生党员抓起,在学生党支部中塑造典型,充分发挥党员模范引领作用,使其主动承担法治文化的推广及宣传任务，用自己的一言一行影响身边同学，形成懂法、遵法、守法的良好氛围。

助力法治文化形成，促进平安校园建设。弘扬社会主义法治精神，建设社会主义法治文化，要求大学生党员从内心去认可法律的权威性，遵守并且服从法律，进而自觉遵守学校规章制度、维护校园秩序。大学生党员法治意识的提升不仅有利于提高大学生党员尊法守法用法的观念和能力，而且有利于在高校开展法治文化的推广和宣传，构建平安校园，维护校园稳定和谐。

二、新时代大学生党员法治意识现状

为了深入了解新时代大学生法治意识的现状及其存在的问题，笔者选取广东高校普通本专科学校大学生作为研究对象，采取线上线下相结合的方式发布调查问卷，对广东高校大学生的法治意识现状进行了调查统计，线上线下共收到有效问卷2051份。其中，中共党员（含预备党员）151人，占7.36%。

（一）公正平等意识情况

调查结果显示，中共党员（含预备党员）在商场保安提出无理搜身要求时表示忍让的占6.62%，低于平均值；但是选择寻求合法途径解决即"找商场或者消费者协会解决"的占47.02%，同样低于平均值。面对网购过程中买到商品与卖家描述不符且不支持无理由退换时，党员选择"收集证据，依据相关法律维护权利"选项的仅占16.56%，低于平均值（19.89%）。可见，在寻求法律途径维护公正平等权利方面，党员并没有明显表现出强于其他同学的意识。

（二）民主参与意识情况

数据显示，中共党员（含预备党员）选择"非常关注"和"比较关注"我国法治建设的比例为20.53%和36.42%，均高于平均值（10.92%和32.91%），可见，中共党员（含预备党员）对国家法治建设的关注程度明显高于其他同学；面对学校和班级的各种选举、评优活动，中共党员（含预备党员）选择"属于自己的权利，一定会认真、客观地行使权利"的占80.79%，高于平均值（75.82%）。从这两项数据的分析可以看出，党员的民主参与意识方面略强于其他同学。

（三）法律权威意识和程序规则意识

数据显示，58.94%中共党员（含预备党员）经常（5.96%）或者偶尔（52.98%）有闯红灯或跨越围栏过马路的行为，这一比例明显高于其他同学。而在回答是否会购买来历不明的自行车时，25.83%选择"会"，这一比例比平均值17.5%高出8个百分点。可见，从法律权威意识和程序规则意识来看，党员的先进性并没有很好地体现出来。

从上述数据可以看出，大学生党员在法治意识方面没有明显呈现出其应有的党员先进性，无论是在寻求法律途径维护公正平等权利方面、民主参与意识方面，还是在法律权威意识和程序规则意识方面，大学生党员并没有表现出强于其他同学的素质、能力和实际行动。

三、新时代大学生党员法治意识培养路径研究

新时代大学生党员法治意识培养是一项系统化、长期性的工程，要求我们充分把握新时代大学生党员法治意识现状，贯彻相应的法治意识教育基本原则，充分明确培养目标。在这个基础上形成系统化、常态化的大学生党员意识培养模式。

第一，坚持马克思主义原则，明确目标取向。习近平总书记指出："我国高等教育肩负着培养德智体美全面发展的社会主义事业建设者和接班人的重大任务，必须坚持正确政治方向。"始终坚持马克思主义正确方向，以马克思主义法治理论作为指导思想，是保持大学生党员法治意识培养的社会主义方向的关键之所在。只有这样，才能体现法治意识教育的社会主义方向，确保大学生党员意识的培养沿着正确的轨道进行，投身于社会主义法治国家建设的实践当中。

第二，优化法治课程建设，提升课堂教学主渠道作用。当前高校法治教育的课程教材主要是《思想道德修养与法律基础》，目前高校法治教育课程的建设主要存在三个问题：一是师资力量薄弱，教师法治素养有待提高；二是课程教育方法单一，教育理念陈旧；三是课程考核方式陈旧，学生对法律知识的掌握仅仅停留在死记硬背上。要优化高校法治教育课程，充分发挥课堂教学的主渠道作用。一方面，要深化教育内容，除了法律基本常识和法律体系等方面的内容，增添法治理论、法制史、法律原则等方面的内容，使其

对法律知识形成整体的认知和深度的理解。另一方面，要创新法治课程教学方法，加强师生互动，使法治教育内容生动化、形式多样化，利于大学生党员充分参与到课堂的互动当中去，运用法律的思维、从法律的角度去看待和处理问题，切身感受法治精神，从而提升学习法律知识的积极性。

第三，打造网络法治教育阵地。大学生群体是学生网民中的主要组成部分，网络在给学生传播正能量的同时，也散播着负面、消极的文化思想。因此，必须重视互联网的舆论引导作用，加强网络监管，确保网络法律规范的落地实施，净化网络环境。学生网民人数众多，网络应当也足以担当法治宣传教育的重要载体，成为大学生党员法治意识培养的重要渠道。高校可以利用学习强国、易班等网络平台，增设法治教育宣传、法治有约、法治知识竞答等版块，开展网络社区"一日一法"普及活动、知识产权网络大讨论、普法宣传H5页面设计大赛等具有吸引力的线上普法活动，牢牢把握网络宣传教育阵地。

第四，将法治意识培养纳入高校大学生党员教育范畴，提升大学生党员教育针对性、实效性。一方面，要将法治理论与知识融入"三会一课"之中，尤其要把握好"党课"这一党员教育平台，在定期召开的支部党员大会、党支部委员会和党小组会中融入法治知识，让学生党员学习马克思主义法治理论，充分理解全面依法治国的重要意义，带头践行社会主义核心价值观，弘扬社会主义法治精神。另一方面，要加强大学生党员的日常法律知识培训，培养其自我教育、自我管理、自我服务的能力，充分显现其先进模范作用。

第五，健全社会实践平台，拓宽大学生法律视野。一方面是"请进来"。例如，引进司法厅普法办公室的普法宣传活动到校内举办，承办省市级法律知识竞赛等活动，等等。另一方面是"走出去"。例如，组织大学生党员到司法机构旁听，直观地了解司法运作；到监狱、戒毒所等机构实地参观，切身认识到触犯法律的后果，体验法律的实际权威；到农村、基层开展法治宣传教育实践活动，将自己所学的法律知识以通俗易懂的方式传播给更多人。这样，便可在促使大学生党员用法能力提升的同时培养其社会责任意识和法治意识。

参考文献

[1] 习近平. 决胜全面建成小康社会 夺取新时代中国特色社会主义伟大胜利——在中国共产党第十九次全国代表大会上的报告 [J]. 学理论, 2017（11）：1–12.

［2］习近平. 把思想政治工作贯穿教育教学全过程 开创我国高等教育事业发展新局面［N］. 人民日报，2016－12－09（10）.

［3］习近平. 关于《中共中央关于全面推进依法治国若干重大问题的决定》的说明［N］. 人民日报，2014－10－29（2）.

［4］柯卫. 当代中国法治的主体基础：公民法治意识研究［M］. 北京：法律出版社，2007.

［5］柯卫. 社会主义法治意识与人的现代化研究［M］. 北京：法律出版社，2010.

［6］中共中央宣传部、司法部关于在公民中开展法治宣传教育的第七个五年规划［EB/OL］.（2016－04－18）［2019－03－30］. http://cpc.people.com.cn/n1/2016/0418/c6438728283132.html.

［7］中共中央组织部 中共中央宣传部 中共教育部党组关于进一步加强高校学生党员发展和教育管理服务工作的若干意见［EB/OL］.（2013－07－03）［2019－03－30］. http://old.moe.gov.cn/publicfiles/business/htmlfiles/moe/s7060/201307/xxgk_154012.html.

［8］皮埃尔·勒鲁. 论平等［M］. 王允道，译. 北京：商务印书馆，1988.

高校学生党支部组织生活创新性研究[①]

李曼华　彭金富

高校学生党支部建设是高校党建的重要内容，当前，高校学生党支部组织生活的开展内容、形式单一，导致学生党支部组织生活缺乏凝聚力、影响力。因此，创新高校学生党支部组织生活是贯彻党中央关于全面从严治党的必由之路，是加强学生党员自我管理的现实要求。

一、当前高校学生党支部组织生活存在的问题

（一）学生党支部组织生活内容乏味、形式单一

目前，学生党支部生活形式还是以集体会议的传统形式为主，缺乏多样性；内容上，停留在学习党的路线、方针和政策，谈体会、感想等，没有充分结合学生党员的发展需求，没有跟学生党员的思想、学习、生活等相结合，致使广大学生党员参与度不高，只是应付了事。因此，传统的学生党支部生活模式形式呆板，内容单一，难以适应新环境下学生党员的需求，影响学生党员参与党支部组织生活的热情，影响了学生党支部组织生活的实效性。

（二）学生党支部组织生活缺乏系统性、针对性

"随着学生党员人数的逐年增加，学生支部党员规模偏大、各年级与专业分布不平衡、且相对分散等问题已日益突出。"[1]学生党支部发展党员的任务日益繁重，学生党支部组织生活往往进行学生党员的通表、转正等，较少

[①] 论文信息：《课程教育研究》2019年第26期，第16页。
作者简介：李曼华，1985年生，女，河南南阳人，华南农业大学动物科学学院辅导员，华南农业大学大学生思想政治教育名辅导员工作室成员；彭金富，1980年生，男，河南信阳人，华南农业大学动物科学学院讲师，华南农业大学大学生思想政治教育名辅导员工作室主持人。

涉及学生党员自身的教育和管理，理论学习和其他有利于党员素质提升的活动也相对减少[2]。这就造成了学生党支部组织生活缺乏系统性、针对性，仅仅针对一些事务性的工作，对预备党员缺乏系统有针对性的培养和关注；对正式党员缺乏定期有计划的长效教育机制，学生党支部组织生活缺乏精心策划组织，直接导致学生党支部组织生活流于形式。

二、创新高校学生党支部组织生活的对策

（一）学生党支部组织生活活动形式多样化

高校学生党支部要改变传统的组织生活方式，采取适合学生党员特点并且乐于接受的方式，从而激发学生党员参加支部组织生活的积极性和主动性，才能提高组织生活的质量，发挥组织生活的目的和作用。

在活动形式上，不要只局限于学讲话、学政策等理论灌输式的集体会议或典型示范式的主题报告等形式，可以把活动地点从"室内"转移到"室外"，理论知识学习之余，可以加入社会实践、志愿服务、主题竞赛、素质拓展等灵活多样的新形式，使学生党支部组织生活活动形式更加丰富多彩、生动活泼，增强组织生活的趣味性。学生党支部组织生活可以依托学生组织或社团，举办主题党日活动或校园文化活动，吸引入党积极分子参与其中，起到培养积极分子的作用。这也将学生党建和大学生日常思想政治教育紧密结合起来，使大学生党员意识到学生党支部组织生活与他们的成长成才息息相关，强化学生党员的意识，激发他们参与活动的积极性、主动性。

（二）学生党支部组织生活活动内容多元化

党支部的组织生活是对党员进行教育、管理、监督的重要渠道，具有很强的政治性和思想性，精心安排好每一次组织生活，是党员教育取得实效的关键[3]。当前，高校学生党支部组织生活的内容选择要与时俱进，结合大学生成长成才的需求。

针对目前高校学生党支部纵向设置的方式，学生党支部组织生活内容应注意层次性。不同年级的学生党员在支部生活内容上应侧重点不同。低年级学生党员应注重入党动机及党的理论知识的教育，引导其主动转换角色，积极主动以党员标准严格要求自己，发挥学生党员模范带头作用；高年级学生

党员要侧重自我教育和先进性教育，主动培养、发展和吸收新党员，锻炼社会实践能力，不断完善自己。

学生党支部组织生活还应该联系学生党员实际，解决其思想、学习和生活的困惑。学生党支部组织生活内容不仅要学习贯彻党的方针、政策，也需要结合学生党员成长成才的需要，紧扣时事热点，解决学生党员的困惑。这样既能激发学生党员参与支部组织生活的积极性，也能提高支部组织生活的实效性。

（三）学生党支部组织生活要重视网络资源的开发利用

随着社会信息技术的飞速发展，网络已经成为广大学生生活的一部分，高校应该针对大学生接受新事物强、喜欢运用网络信息技术的特征，充分利用网络资源，占领网络教育阵地，建立学生党员教育的网络平台，使信息网络成为高校学生党支部组织生活的重要载体和平台。高校学生党支部可以通过建立红色网站，"构建网上意识形态阵地，将经典著作、党的路线方针政策、党和国家领导人重要讲话等文献资料上网，为广大学生党员提供思想理论武器"[4]。充分发挥互联网双向交流互动的优势，通过党支部QQ群、微信群等以在线讨论、网络展示的方式，大学生党员可以就当前时事和国内外重大事件发表看法、观点，交流思想，改变学习政治时事、理论知识不积极、不主动的现状。

当然，利用网络平台的同时，要格外注意学生党员以党支部组织生活为借口，实则进行与支部组织生活无关的活动，防止学生党支部组织生活陷入娱乐化与形式化的状态。

参考文献

［1］史旦旦. 提高高校学生党支部组织生活质量的对策分析［J］. 高教与经济，2009（4）：23 25.

［2］谭秀环. 提升大学生党支部组织生活质量的对策［J］. 学校党建与思想教育，2009（17）：34 - 35.

［3］王洪松. 高校学生党支部组织生活实效性研究［J］. 思想教育研究，2012（1）：104 - 107.

［4］刘世波. 从环境变化到高校学生支部组织生活创新：以活动内容与形式为视角［J］. 辽宁行政学院学报，2011，13（3）：86 - 87.

新时代加强南粤高校意识形态教育工作研究

——以华南农业大学为例①

刘 璐 马 强 尹卓君 廖惠敏

意识形态工作是党的一项极端重要的工作，是为国家立心、为民族立魂的工作。做好意识形态工作，事关党的前途命运，事关国家长治久安，事关民族凝聚力和向心力。习近平总书记在全国宣传思想工作会议上强调：要加强党对宣传思想工作的全面领导，旗帜鲜明坚持党管宣传、党管意识形态。建设具有强大凝聚力和引领力的社会主义意识形态，是全党特别是宣传思想战线必须担负起的一个战略任务[1]。党的十九大报告强调："意识形态决定文化前进的方向和发展道路。必须推进马克思主义中国化时代化大众化，建设具有强大凝聚力和引领力的社会主义意识形态，使全体人民在理想信念、价值理念、道德观念上紧紧团结在一起。"[2]高校作为人才培养重地，肩负着培养社会主义事业建设者和接班人的重大任务，如何开展意识形态教育工作更是重中之重。同时，在经济全球化和全面深化改革的时代背景下，当代大学生的主流意识形态受到冲击，出现政治意识淡薄、理想信念缺失、价值观多元化等问题。因此，亟须加强当代大学生意识形态领域教育，创新高校思想政治工作开展方式，优化意识形态教育结构。

---

① 论文信息：《青年与社会》2019 年第 19 期，第 201－203 页。

作者简介：刘璐，1991 年生，女，山西忻州人，华南农业大学资源环境学院讲师，华南农业大学大学生心理健康教育与咨询工作室成员；马强，1978 年生，男，广东韶关人，华南农业大学园艺学院党委副书记、讲师；尹卓君，1988 年生，女，山西太原人，华南农业大学工程学院讲师，华南农业大学大学生网络思政名辅导员工作室成员；廖惠敏，1997 年生，女，广东河源人，华南农业大学资源环境学院本科生。

一、当前高校意识形态安全工作现状调查

(一) 调查基本情况

为了更加准确地把握南粤高校意识形态教育状况,笔者以华南农业大学为例,对师生进行了问卷调查。发放问卷500份,回收447份,其中有效问卷447份。调查对象基本情况为:教师14人,本科生415人,研究生18人,党员35人,团员384人,群众28人。(见图1)

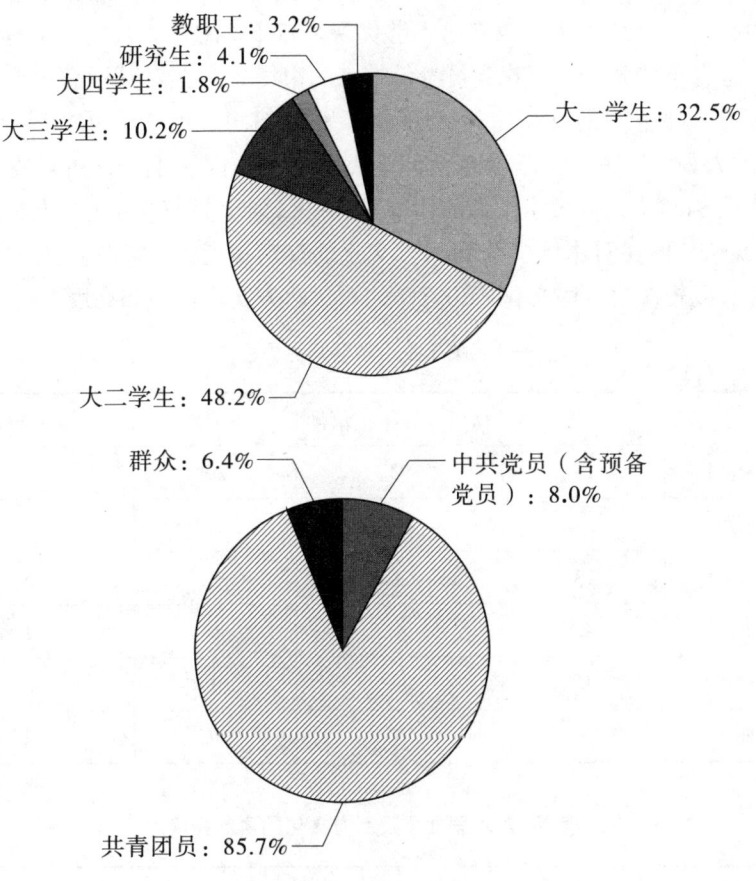

图1 调查基本情况

（二）大学生意识形态安全状况

调查显示，南粤高校意识形态工作形式较为丰富，达到了较好的效果。高校师生普遍认可和支持我国主流意识形态，对马克思主义及其相关理论、中国特色社会主义理论知识有正确的认识，对"四个自信"有较高的认同度，对时事热点有较高的关注度，也有较高的民族情怀和较强的家国荣誉感。但也有部分人存在意识形态安全意识薄弱、对主流意识形态认识不足或认可度不高的问题。

在被问及对待党的态度时，有69.1%的人有入党的想法，其中42.1%已付诸行动，另有9.6%的人不想入党。而在不想入党和未想过入党的人中，有40.6%的人认为自己不够优秀，35.5%的人对入党不了解、不感兴趣，也有小部分人不喜欢党员身份带来的束缚感。在对开展意识形态工作的态度上，师生们的支持率达63.5%，另有31.4%的人表示没什么想法，3.4%的人表示反感。关于是否信仰马克思主义的问题上，认可马克思主义的比率达84.3%，但表示信仰的比率只有19.5%，另有5.4%的人持怀疑态度。（见表1）在对本国文化和西方文化的喜欢程度上，93%以上的人表示十分喜欢或较喜欢本国文化，50.7%的人对西方文化持平和态度。（见表2）

表1 关于是否信仰马克思主义

身份	信仰	认可但谈不上信仰	不清楚	不信仰
大一学生	19	93	29	7
大二学生	39	149	14	11
大三学生	13	29	1	3
大四学生	2	4	1	1
研究生	9	9	0	0
教职工	5	6	1	2

表2 对本国文化及西方文化的喜欢程度

类别	1（不喜欢）	2（较不喜欢）	3（一般）	4（较喜欢）	5（十分喜欢）
本国文化	1	3	27	171	245
西方文化	11	50	227	114	45

从不同年级段来看，大一学生的意识形态安全意识相对薄弱，对党的理论知识和时政新闻认识相对模糊；大二学生认识较为清晰正确，但对意识形态工作反感率也较高，有两极分化的趋势；而更高年级的学生和教职工的意识形态安全观已基本形成，有自己的判断和想法，对党和国家的认识清晰和认可。（见表3、表4）由此可见，南粤高校意识形态教育工作的重心应在低年级学生上，但这种"趁热打铁"式的方式需要注意形式和把握好度，否则容易造成学生的反感，适得其反。

表3 对不同新闻的关注程度

类别	1（不关注）	2（较不关注）	3（一般）	4（较关注）	5（非常关注）
时政	10	38	147	161	91
经济文化	12	48	158	148	81
军事体育	32	93	164	91	67
娱乐生活	45	51	138	152	61

表4 描述与自身情况符合程度

描述	1（非常不符合）	2（较不符合）	3（一般）	4（较符合）	5（非常符合）
当别人批评中国时，我觉得是在批评自己	10	22	76	157	182
我经常因国家取得的成绩而骄傲	3	6	37	123	278
我对实现中华民族伟大复兴充满信心	2	6	43	120	276
我经常因国人做的"蠢事"而觉得耻辱	8	33	102	137	167
如果有机会，我会移民国外	173	113	99	42	20

（三）高校意识形态安全工作反馈

关于对高校意识形态教育工作的想法，此次调查共收到反馈意见94条，可归纳为以下两点。

第一，意识形态教育过于抽象，而目前的教育偏向理论，希望能进一步丰富形式，多贴近学生生活，激发学生的兴趣。如：举行一些户外活动、请知名理论工作者做宣传工作、加强网络宣传、深入到社团中、与新媒体结合、大范围内潜移默化而重点区域重点教育等。

第二，认为目前意识形态教育工作还须加强，仍存在部分学生意识薄弱的现象，在引导教育时希望能真正调动大学生的积极性，而非强制性要求学生参加。

二、当前大学生意识形态安全教育存在的问题分析

（一）政治理论课效果不够

当前高校几乎均开设思政课程，但由于其课程内容略显枯燥，教学内容与时俱进不够，而且教学方式方法较单一，这导致课程对大学生缺少足够的吸引力和认同感，无论是教学质量还是效率，都无法得到应有的效果。故在思政课程教学中如何发挥学生主体作用，还有待探讨和思考。

（二）社会多元化影响较多

一方面，随着改革开放的深入，大学生在生活中"物质"占据着越来越高的地位，拜金主义、享乐主义等不断侵蚀着大学生意识形态领域[3]；另一方面，当今时代高度开放、高度融合、高度发展，经济的交流、文化的碰撞、思想的交融冲击着大学生的价值取向，在这种多元化思潮和西方意识形态渗透互联网的背景下，各类纷繁复杂的信息一拥而入，而大学生正处在世界观、人生观、价值观成熟的关键时期，对是非的辨别能力有限，大量的社会思潮中存在着各种诱惑，很多不当的言论误导着大学生，致使他们对主流意识形态的认同逐渐淡化[4]。

三、加强高校意识形态工作方法

（一）加强党建引领，把思想政治教育摆在首位

党的十八大以来，以习近平同志为核心的党中央全面加强党对教育工作的领导，坚持立德树人，先后召开全国高校思想政治工作会议、全国教育大会及学校思政课教师座谈会等。习近平总书记多次提到办好思想政治理论课，最根本的是要全面贯彻党的教育方针，解决好培养什么人、怎样培养人、为谁培养人这个根本问题。思想政治理论课是落实立德树人根本任务的关键课程。青少年阶段是人生的"拔节孕穗期"，最需要精心引导和栽培。我们办中国特色社会主义教育，就是要理直气壮开好思政课，用新时代中国特色社会主义思想铸魂育人，引导学生增强中国特色社会主义道路自信、理论自信、制度自信、文化自信，厚植爱国主义情怀，把爱国情、强国志、报国行自觉融入坚持和发展中国特色社会主义事业、建设社会主义现代化强国、实现中华民族伟大复兴的奋斗之中[5]。

高校党委要切实肩负起政治责任和领导责任，以习近平新时代中国特色社会主义思想为指导，组织大学生定期开展"树理想　重品行　守纪律"主题教育活动，开展传承红色基因社会实践活动。同时，加强高校"课程思政"建设，明确"课程思政"建设是时代发展新要求，是高等教育内涵发展新要求，是人才培养新要求。

（二）加强社区渗透强化，将意识形态教育贯穿"三全育人"

习近平总书记在全国高校思想政治工作会议上指出，要坚持把立德树人作为中心环节，把思想政治工作贯穿教育教学全过程，实现全程育人、全方位育人，努力开创我国高等教育事业发展新局面。意识形态教育是潜移默化的，应贯穿在"三全育人"中，然而学生社区是学生在高校生活最多的场所，在对大学生进行第一课堂教育的同时，更要利用好学生社区进行意识形态教育的渗透强化。

我校充分利用学生社区，把学生社区建成集生活、学习、成长等功能为一体的思想政治教育载体，将意识形态工作教育与学生社区、学生管理、创新创业、传统文化教育、网络新媒体教育、廉洁诚信教育有机结合，打造了全国首个大学生思想政治教育创新基地和实务化基地，做到与学生生活实际

相融合，做到"月月有主题、周周有活动、日日有交流"，通过浸入式的教育方式，将意识形态教育与学生成长成才相融合，打通育人"最后一公里"，同时也不断丰富和完善我校"三全育人"大思政体系，构建"三全育人"大思政格局。

（三）充分发挥党员、学生干部先锋模范作用

在高校引导大学生积极培育和践行社会主义核心价值观、树立正确的意识形态安全观时，要充分发挥党员、学生干部的先锋模范作用。党员和学生干部相较于辅导员老师和专业老师会更容易与广大学生沟通，他们在老师的指导下对于主流意识形态的敏锐性相对于普通学生来说会更高一些，所以在一些线上线下的学习与交流时，能够引导其他同学弘扬正能量、传播主旋律。例如，华南农业大学资源环境学院通过举办学生党员"双周学"、评选党员之星、开展"设岗定责"工程等活动，做到学生党建工作"有形化、项目化、品牌化"，从而让大学生党员和学生干部在广大学生中充分发挥先锋模范带头作用。

（四）加强网络意识形态工作，营造良好的网络环境

开展意识形态教育，要注重传统媒体和新媒体的有机结合，利用互联网第一时间发布准确信息或进行辟谣，有效地引导网络舆论信息向正确的积极的方向去走，重视意识形态问题的正面宣传，宣传党和国家的重大方针、政策，宣传身边优秀共产党员的先进事迹，引导大学生树立正确的意识形态安全观，同时对不良信息的本质和相关负面的言论做到敢于发声、做到客观分析。[6]这就要求我们对官方网页、公众号等平台发布的文章高度重视，加强组织领导，认真贯彻谁主管谁负责的严责，认真梳理各类媒体的运营情况，严格进行审核把关，实行"三审三校"制度，确保网络意识形态的安全。

参考文献

[1] 张洋. 举旗帜聚民心育新人兴文化展形象　更好完成新形势下宣传思想工作使命任务 [N]. 人民日报，2018－08－23（1）.

[2] 习近平. 决胜全面建成小康社会　夺取新时代中国特色社会主义伟大胜利 [N]. 人民日报，2017－10－28（1）.

[3] 刘爽. 从意识形态层面分析当代大学生马克思主义观的价值选择 [J]. 才智，2018（8）：48.

［4］何期. 新形势下辅导员加强大学生意识形态教育工作探析［J］. 教育观察，2018（13）：34-36.

［5］本报评论员. 把思政课办得越来越好［N］. 人民日报，2019-03-19（1）.

［6］张亦舒，郭跃军. 互联网时代大学生党员理想信念问题研究——基于河北农业大学的调查［J］. 河北农业大学学报，2018，20（4）：93-98.

高校共青团网络思想引领工作研究

——以华南农业大学为例①

孙光荣　叶诗琪　王燕妮

一、问题的提出

随着互联网技术的发展，网络舆论开始以不同的形式介入社会现实生活和公共事务当中，改变了人们的生活方式。中国互联网络信息中心（CNNIC）数据显示，截至2017年12月，中国网民数量达到7.72亿，全年共计新增网民4074万人，增长速度更加趋于平稳，互联网普及率为55.8%，比2016年上升2.6个百分点。网络成为大学生学习、生活、娱乐休闲的重要工具。与此同时，共青团中央教育部印发的《关于加强和改进新形势下高校共青团思想政治工作的意见》指出，高校共青团要强化网络育人，大力创新推动网络思想政治工作。可见，新媒体已成为新时代高校共青团开展思想引领工作的主要阵地。

针对当前高校共青团网络思想引领工作进行研究，探讨高校共青团网络思想引领工作的影响因素，在加强党建引领，推动高校思政工作模式的构建和思政工作质量的提升，提高高校教育质量和教育水平，带动广大青年师生在网络空间传播青春正能量和推进高水平大学建设等方面意义重大。

---

① 论文信息：《海峡科学》2018年第5期，第72-74、84页。
作者简介：孙光荣，1989年生，男，广东阳江人，华南农业大学经济管理学院讲师，华南农业大学大学生学业指导工作室成员；叶诗琪，1997年生，女，广东惠州人，华南农业大学经济管理学院金融学专业本科生；王燕妮，1997年生，女，广东潮州人，华南农业大学经济管理学院农林经济管理专业本科生。

二、国内外研究现状

对高校共青团网络思想引领工作的研究日益增多,高校思政教育的应用研究也已逐步展开。国外研究主要体现在思想引领的落地实施、核心精神的推广方式等方面,国内研究主要围绕网络思想引领的背景、高校开展思想引领的特点、高校利用网络进行思想引领的方式等方面展开。

(一)国外研究现状

在思政教育理论研究方面,国外的研究以及教育呈现出以下特点:一是涉及学科领域多、研究基点多。二是在核心精神上作出探究与推广,如对民族精神、道德精神、公民意识的研究普适性更强、关注度更高,以此让学生形成正确的世界观、历史观。三是在教育模式上强化社会实践的综合性,国外强调对学生日常行为的养成和信仰的塑造。

(二)国内研究现状

第一,从高校网络思想引领的背景进行了探究。国内文献较多从宏观角度着手,研究一整个片区高校的网络思政教育的现状与转型趋势,从而全面地把握了目前高校共青团思想引领网络化、信息化的态势,却未深入某所高校中,研究仍停留在理论层面。

第二,从高校网络思想引领的"输出方"与"接收方"出发进行探究。高校作为思政教育的"输出方",研究其思想引领工作开展的特点、现状、意义等因素无可厚非。同时,孙磊等学者的研究同样注重思政教育的"接收方"——高校学生,通过研究新时代下高校学生的心理状态,总结出高校思想引领工作改革的方向。

第三,从高校网络思想引领的对策与方法上进行了探索。高校思想引领网络化势不可挡,众多文献结合研究数据为高校思想引领的改革提供指引,如郭超等学者提出注重网络青年话语领袖的培养以及线上线下有机结合的方式。

尽管目前高校共青团网络思想引领的研究日益增多,但不难看出,在研究主体方面,现有研究鲜少深入高校学生的网络特性与思想引领的需求;同时,在研究视角方面,现有研究多从宏观大格局出发,缺乏对特定高校的深入分析。

三、基于华南农业大学网络思想引领的 SWOT 分析

为响应共青团中央对高校进行网络思想引领工作的号召,各高校已逐步抓紧网络思想引领工作平台的转型与建设。本文利用 SWOT(企业战略分析方法),分析华南农业大学微信公众号平台,分析其思想引领内容、具体方式、发展态势,总结该校共青团网络思想引领建设面临的优势、劣势、机遇及挑战,并提出可行的对策。

(一)优势分析

1. 微信的覆盖面广、使用频率高

在移动通信设备不断普及的今天,微信成了青年无法脱离的软件。研究表明,81.8%使用微信的学生中,表示更加愿意通过微信与教师进行思想交流,而非传统的面对面的形式。华南农业大学校团委微信公众号的总粉丝数为 27020,而学校全日制在校生人数为 4.2 万余人。其在广东高校共青团一周微信排行榜中排行第八(统计时段为 2018 年 3 月 11 日至 17 日),如表 1。这表明,若华南农业大学充分利用好微信进行思想引领工作,则可在降低传播成本时提高思想引领知识的普及度。

表 1 高校共青团公众号影响力具体数据

排名	公众号	文章总数	阅读总数	平均阅读数	点赞总数	WCI(微信传播指数)	在校生人数/万人
1	广东石油化工学院团委	7	16971	2424	357	592.66	2
2	广州工商学院团委	11	16118	1465	1275	579.66	2.2
3	华南师大紫荆青年	4	13388	3347	260	578.97	2.5
4	深职院 SIC	4	14092	3523	311	578.01	2.4
5	广州大学团委	10	15725	1573	571	567.26	2
6	广东理工学院团委	8	16523	2065	188	560.96	1.09
7	广东机电职业技术学院	9	16337	1815	341	557.14	1.65
8	华南农业大学团委	8	13265	1658	404	544.48	4.2

2. 微信公众号板块服务性质高

目前微信公众号板块的设置、小程序的开发，都可让运营者设置出更为便捷的服务，从而增加高校学生对思想引领公众号的接受度。而如同"华农党建"这类的公众号，在主界面设置的学习知识汇总、学校动态、投稿等板块，涵盖了学生生活、学习和学生工作等方面的主要内容，使高校学生在使用时更有亲切感，不再被迫接受知识。

3. 微信公众号运营的成本低

不同于开展思想引领的课堂或是线下活动，微信公众号通过推送、线上活动即可达到相同的思想引领效果，大大地降低了思想引领活动开展的成本，可将思想引领的教育工作逐步转变为日常普及工作。

4. 微信公众号关注度高

华南农业大学新媒体中心是校党委宣传部下属的新媒体运营组织，设新媒体工作室和"铁牛"工作室，主要负责华南农业大学官方微博、微信等多个新媒体平台。团队聚焦华农师生，关注校园热点事件，及时报道高水平大学建设的最新成就，挖掘百年华农的文化内涵。其中，微信公众号第一篇推文阅读量仅有12次，短短4年，粉丝数量从0发展到15万，有数篇破10万阅读量的文章。多次获得《中国青年报》全国高校官微排行榜冠军，多次位居腾讯校园南部明星榜榜首。

（二）劣势分析

1. 目前的网络新媒体"输出"过多，"互动"过少

在微信上进行网络思想引领最大的弊端是难以形成互动。微信推送的输出量很大，但是并没有设立一个渠道系统来接收高校学生的反馈，缺乏互动，运营者很难把握读者阅读心理。长此以往，学生被动接受甚至忽视思政教育，无法真正做到将优良的思想作风"内化于心，外化于行"。

2. 微信思想引领工作转化指标难以衡量

一篇推送的阅读量中，究竟有多少人是认真阅读？有多少人是随意看看？看完后能获益多少？如何将其转换至日常生活中？运营者很难制定出一套合理的指标去衡量微信推送的效果。高校共青团网络思想引领工作也面临同样的问题。多元、开放的网络环境下，过去单一的衡量指标已无法满足高校网络思想引领工作的开展，因此什么样的指标才是正确的转化指标？如何建立此套转化指标？此类问题已横亘在高校开展网络思想引领工作的路途中。

3. 微信公众号建设缺乏专业的运营团队

据实地走访了解到，目前华南农业大学较为活跃的官方公众号中的工作人员存在技术水平参差不齐的现象，大部分表现为一边摸索一边运营，造成部分该校微信公众号建设慢、发展慢，无法在较短时间内取得预期的成效。

（三）机遇分析

1. 高校共青团微信建设得到高度重视与广泛关注

为响应团中央号召，目前华南农业大学在校内推广"青年之声""广东共青团"等微信公众号，并且在团活动开展的过程中加入并加强了微信公众号的使用。可见，华南农业大学共青团的思想引领应抓住此发展机遇，加强推广与深化发展。

2. 高校共青团思想引领的内容丰富

华南农业大学作为一个多学科充分发展的本科综合性大学，拥有着思想引领的丰富经验和开展基础。且校内思想引领工作受到外界好评，且已推进模范引领计划4年，并通过"青马工程""骨干培训"等培养出一批思想先进的学生干部，使微信公众号的推送内容在改革之后"有话可说"，进一步"围绕学生、关心学生和服务学生"。

（四）挑战分析

1. 共青团微信平台的建立仍处在起步阶段

目前华南农业大学共青团仍未建立起较为完善的思想引领教育平台，仅依靠团中央推进的"青年之声"等平台，仍需进一步扩大公众号的影响力，并结合本校特色开展思想引领工作。

2. 微信公众号语言碎片化现象

据调研，目前以"华农"冠名的微信公众号不在少数，然而其公众号推送的内容参差不齐，其中有一些个人用户以"华农"冠名，推送却存在质量低劣、内容杂糅、政治立场不坚定等问题，严重脱离主流思想。

3. 高校学生差异性增大，追求新鲜感

在网络媒体普及化的今天，高校学生更加注重自己的话语权，喜欢对时事热点发表自己的观点，且对阅读内容的实效性有追求。然而，问卷调查发

现，本校学生认为官方微信公众号在思想引领方面推出的内容没能"与时俱进"，或是主题并未贴近学生的时下热点话题，从而造成公众号思想引领效果不好。

四、结论

由上述SWOT的研究分析，得出以下结论。

（一）内容上，以生为本，即以青年为中心开展网络思想引领

重视青年思想输出，让非组织青年领袖积极参与网络思想引领。当前高校共青团网络思想引领需满足青年大学生的需求，同时要注重娱乐性和严肃性之间的协调把握。

（二）特色上，融入高校特点，建设微信公众号平台

高校共青团的引领工作必须抓紧高校特质，利用高校特点，搭建标签鲜明的思想引领微信公众平台，增强高校学生的认同感、亲切感。如华南农业大学开展"模范引领"活动，合理利用该活动中的模范事迹，形成青年话语领袖，扩大模范领袖的影响力。

（三）形式上，微信公众平台建设应强化"线上+线下"的方式

面对目前新媒体环境下的信息冗杂、效果难以量化所带来的挑战，高校应参照华南农业大学的方式，活跃线下共青团思想引领活动，以该方式改善微信公众平台单方面输出的现状，更好地接收来自高校学生的反馈，增强高校共青团与青年学生的互动。

（四）制度上，建设一支软文化与硬文化双管齐下的高校网络管理队伍

当前高校共青团的宣传网站、微信公众号等普及度高，但宣传力度不大，形式感过强，并没有很好地起到引领学生思想潮流的作用。内容的时效性、丰富性，平台的优化设计、视觉冲击力等仍有待提高，所以需要培养一支思想政治觉悟高、技术好的网络管理团队。还可利用资源，开发适用的新

产品，紧跟时代步伐，以促进网络思想引领作用。

综上所述，面对最具覆盖面和影响力的大学生微信群体，高校网络思想引领微信公众号平台的建设面临极大的机遇与挑战。从对华南农业大学的分析可以看出，高校共青团若想"抢占"高校思想引领的前沿阵地，必须密切关注网络动向，结合高校特点，加强新媒体软、硬件建设，精细化内容以及丰富开展方式，从而更好地推进高校网络思想引领。

参考文献

[1] 周碧蕾，郑灿玲，李维．"微时代"高校共青团思想引领与发展——以广东省高校为例[J]．中国青年社会科学，2017（5）：67-73．

[2] 纪小丽．国外教育经验对我国当代大学生思想政治教育的启示[J]．文教资料，2015（31）：77-78．

[3] 李志辉．当代国外思想政治教育模式及其借鉴意义[J]．河北理工大学学报，2010（11）：110-112．

[4] 金笛．微信背景下的高校共青团工作[J]．教育旬刊，2014（3）：58-59．

[5] 朱亮亮．微信时代高校共青团做好团员青年网络思想引领工作策略研究[J]．考试周刊，2018（19）：191-192．

[6] 郭超．高校共青团凝聚和培养青年意见领袖的困境及建构路径与平台建构——基于学生网络思想引领工作的视角[J]．山东青年政治学院学报，2012（11）：39-42．

[7] 贺丹君．微信公众号——教师研修的另一扇窗[J]．中学地理教学参考，2018（1）：63-65．

[8] 孙磊．大思政格局下高校共青团网络思想引领的体系优化和能力提升[J]．湖北函授大学学报，2017，30（21）：42-45．

[9] 邝木子，吴惠莉，李田恬．高校微信公众号运营思考——以华南农业大学官微为例[J]．新媒体研究，2017，3（24）：20-21，54．

[10] 任艳妮．大众传媒环境下大学生思想政治教育传播有效性研究[D]．西安：西北工业大学，2015．

构建研究生党建与思想政治教育工作的互动新模式①

孙 华

加强和改进研究生思想政治教育，是深入推进素质教育、全面提升研究生培养质量、推动高等教育改革发展的需要，是维护高等学校和社会稳定、建设和谐校园、构建和谐社会的需要。

一、当前存在的问题

当前，研究生思想政治教育仍是大学生思想政治教育中相对薄弱的环节。以研究生作为主体，从客观原因来看，主要是由于部分高校重视不够，领导体制和工作体制尚不健全，缺乏相应的专职工作队伍，条件保障还不完全到位等原因。从主观来看，则是因为研究生主体作用的发挥不明显所致，而这正是本文所要讨论的重点。笔者认为，研究生主体作用发挥不足主要有以下三个原因。

第一，研究生本身内驱力不足。大多数研究生读研最直接的目的是在专业学术上有所提升，而不是为了进一步端正自己的世界观、人生观、价值观与荣辱观，特别是研究生在面临学业、就业、经济、婚恋等实际困难及压力时，若处理不当便容易出现理想信念模糊、集体观念淡薄、学术道德失范、知行不够统一等问题。

第二，研究生骨干作用不明显。研究生作为专门的科研人才，在日常的学习生活中，较倾向于埋头钻研，模范引领作用意识较弱，研究生骨干的作用发挥存在天然的隔阂。

---

① 论文信息：《纳税》2017年第33期，第181页。
作者简介：孙华，1986年生，女，贵州兴义人，华南农业大学食品学院讲师，广东省高等学校名辅导员陈晓梅工作室及华南农业大学大学生网络思政名辅导员工作室成员。

第三，研究生思想定型不易改变。相较于本科生，研究生的年龄较大，人生经验较丰富，从某种程度上说为研究生思政教育带来更大的难度，对思政教育工作者提出了更高的要求。

二、解决对策

研究生党建工作是研究生思想政治工作的一部分，也是核心部分，所以笔者认为，做好了党建工作，就能做好思想政治工作。在实际工作中，党建的作用到底能发挥多少呢？带着这个问题，笔者抽取了广东6所高等院校的研究生群体进行调查。

研究生党员的总体比例为55.3%，非党员中有将近67%的比例有意愿申请入党，98.6%的非党员同学认为身边的党员具备先进性，能在学习、生活、工作中起到模范带头作用。这些数据充分说明了发挥研究生的主体作用，激发研究生群体的内驱力，通过研究生党员、党支部的骨干、堡垒作用，从而形成一个党建与思政教育相互促进的新模式是可行的。

第一，研究生党员骨干模范引领作用。通常来说，能考上或保送研究生的基本属于学习成绩中等偏上的学生，这样的学生入党概率较大，因此本文研究范围中"研究生党员比例超过一半"的情况具备一定普适性。

(1) 党员亮身份，宣承诺，做表率。通过在实验室、宿舍等处将党员信息、承诺等贴上墙，将党员身份凸显出来，令党员提高对自身要求的同时，扩大他们对普通同学的影响力。

(2) "1+1"制度。考虑到研究生党员的比例较高，可实行"1+1"或"1+2"制度，即一名研究生党员对应1～2名入党积极分子或群众。通过在学习、生活中进行朋辈帮扶，并在学术研究、恪守学术道德中加强党性锻炼，发挥先锋模范作用。

第二，研究生党支部的氛围引领作用。"三会一课"制度是健全党的组织生活、严格党员管理、加强党员教育的重要制度，是我党经过长期实践证明的一种行之有效的党组织生活制度。部分党支部对党小组会存在不同程度的忽视，甚至没有设置党小组。笔者认为，研究生因其群体的特殊性，更应用好党小组这个制度。

(1) 将党小组建在学科、实验室、课题组、宿舍。党支部是发挥研究生思想政治教育主体作用的重要组织依托，通常建在班上，而在学科、实验室、课题组、宿舍中等成立党小组，将党支部的工作细化，成员间由于学科、导师、课题、宿舍等天然的联系，加深了交流、互动与促进。

（2）探索符合研究生特点的党小组组织生活形式。积极探索符合研究生特点的组织生活形式，通过党小组的学习交流、实地参观、学术研讨、朋辈沙龙等方式，真正做到使党员教育与研究生的实践需求、学术科研、成长成才相结合。

（3）提升研究生党支部组织生活的学习性、研究性。当前，研究生党支部组织生活同本科生党支部组织生活没有明显区别，甚至有娱乐化、庸俗化、形式化的不良倾向。研究生党支部应在理论研究、思想深度上发挥引领作用，让组织生活回归到学习党的理论政策、紧跟党的最新文件精神等基本功上来。

总体来说，本文所研究的研究生党建与思想政治教育工作的双向驱动模式如图1所示。

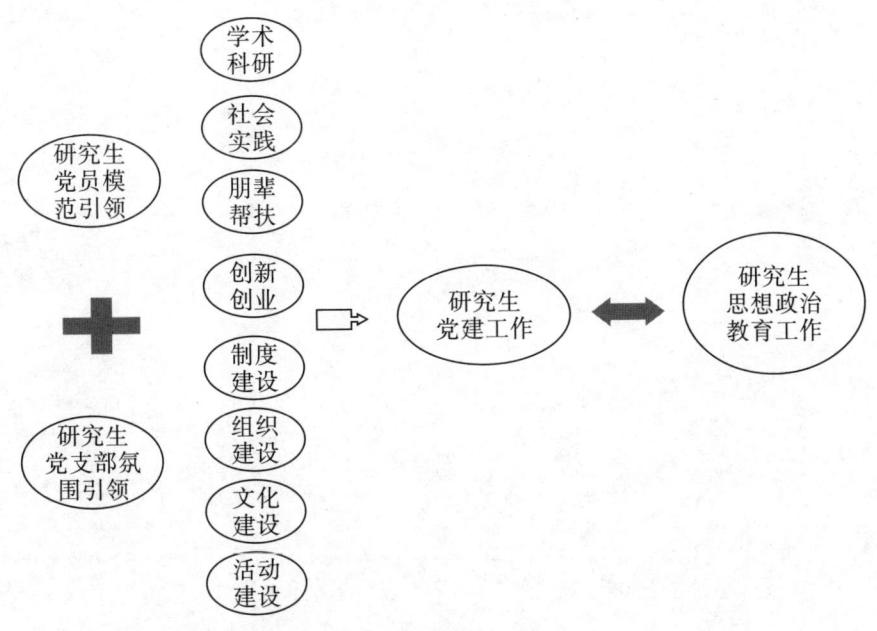

图1 双向驱动模式

（4）研究生党建工作是研究生思想政治工作的核心。激发研究生在党建工作中的主体作用，通过研究生党员的模范引领与研究生党支部的战斗堡垒作用发挥，在研究生的学习、生活、科研中营造出良好的模范效应，以党员带动普通同学，抓核心关键，做好研究生思想政治教育工作。

参考文献

［1］中共中央国务院关于进一步加强和改进大学生思想政治教育的意见［Z］.中发〔2004〕16号.

［2］教育部.普通高等学校学生党建工作标准［Z］.教党〔2017〕8号.

［3］中共中央国务院印发《关于加强和改进新形势下高校思想政治工作的意见》［EB/OL］.（2017－02－27）［2019－03－30］.http：//www.gov.cn/zhengce/2017－02/27/content_5182502.htm.

［4］教育部.教育部关于进一步加强和改进研究生思想政治教育的若干意见［Z］.教思政〔2010〕11.

［5］王庆波.谈当前研究生思想政治教育存在的问题及对策［J］.教育探索，2012（9）：21－22.

落实导师在研究生思想政治教育方面作用的有效方法研究

——以华南农业大学为研究对象①

谈庆娟　丘文辉　刘梦楠

研究生导师是研究生学习科研和成长成才的"指路人"和"引领者"，从道德情操到治学态度、思想品质到学术科研、处事方法到生活习惯等全方位对研究生产生着重要影响。正是在这样的意义上，教育部《关于进一步加强和改进研究生思想政治教育若干意见》指出："研究生导师对研究生为学、为人都产生着重要影响，是研究生德育工作的重要力量，要大力倡导并加强研究生导师教书育人工作。""充分发挥导师在研究生思想政治教育中首要责任人的作用。"各地方、高校也积极贯彻落实，广东省出台了《关于进一步加强和改进广东省研究生思想政治教育的实施意见》，华南农业大学也制定了《关于进一步加强和改进研究生思想政治教育工作的实施意见》，并推出了《研究生导师与辅导员互动交流工作指南》。

一、导师对研究生思想政治教育的现状

为了更好地了解导师在研究生思想政治教育中作用的落实和发挥情况，本课题组对华南农业大学的部分导师和研究生进行了调研和访谈。根据导师和研究生的不同特点，分别设计了调查问卷，发放问卷160份，回收有效问卷155份，其中研究生117份，导师38份。

---

① 论文信息：《科教文汇》2018年第3期，第8-9页。
作者简介：谈庆娟，1989年生，女，广东肇庆人，华南农业大学农学院助教，华南农业大学大学生资助育人名辅导员工作室成员；丘文辉，1989年生，男，广东梅县人，广州市交通运输局人员；刘梦楠，1993年生，女，华南农业大学资源环境学院学生。

（一）导师对研究生思想政治情况的了解程度有待加强

《关于进一步加强和改进研究生思想政治教育若干意见》规定，导师具有教书和育人两大职责，是研究生思想政治教育的首要责任人。导师除了要在教学和科研实践中培养研究生独立自主的创新精神，还要主动了解掌握研究生的思想政治情况。但调查发现，受访研究生中，只有2.56%认为导师非常了解他们，32.48%认为导师比较了解他们，而64.96的研究生认为导师对他们思想动态的了解程度处于一般或不了解状态（见表1）。这表明，只有一部分导师比较了解研究生的思想政治状况，而其他大部分的导师对研究生的思想政治状态了解程度仍然有待加强。

表1 导师对研究生思想动态的了解程度

项目	非常了解	比较了解	一般了解	不了解
人数	3	38	52	24
比例	2.56%	32.48%	44.44%	20.52%

（二）研究生和导师之间的沟通有待加强

沟通时间的充足与否不仅关系到研究生的学习科研能否得到有效的指导，而且关系到导师在研究生思想政治教育中的重要作用能否落实到位。从研究生每周与导师单独沟通交流时间的调研数据可知，大部分导师具有与研究生沟通交流的意识，对研究生学习科研等方面进行积极指导，但仍然有29.06%的受访研究生表示几乎没有与导师单独交流的时间（见表2）。由此可知，仍然有部分导师由于种种原因没有预留与研究生单独交流的时间，这不利于发挥导师在研究生思想政治教育中的作用。

表2 导师与研究生单独交流时间

项目	几乎没有	1小时	1～3小时	3～5小时	5～7小时	7小时以上	其他
人数	34	50	23	7	1	0	2
比例	29.06%	42.74%	19.66%	5.98%	0.85%	0%	1.71%

（三）导师与辅导员的沟通交流有待加强

在研究生思想政治教育中，导师和辅导员均处于重要的地位，发挥着重要作用。导师和辅导员共同合作，有利于更好地做好研究生的思想政治教育工作。但在调研中，50%的受访导师表示并没有与辅导员沟通过，34.21%的受访导师表示沟通间隔大于3个月（见表3）。由此可见，导师和辅导员沟通交流较少。这不利于导师和辅导员在研究生思想政治教育中通力合作，形成合力。

表3　导师与辅导员关于研究生问题的沟通频率

项目	1周/次	1月/次	2月/次	3月/次	>3月/次	没有沟通过	其他
人数	0	2	1	1	13	19	2
比例	0%	5.26%	2.63%	2.63%	34.21%	50%	5.26%

二、存在问题的原因探析

（一）导师对自身角色和作用的认识模糊

社会角色是指"与人们的某种社会地位、身份相一致的一整套权利、义务的规范与行为模式，它是人们对具有特定身份的人的行为期望，它构成社会群体或组织的基础"[1]。随着研究生数量的增加，导师承担着越来越重的教学、科研或行政任务。部分导师对自己所担当的职责、扮演的角色认识模糊不清，整天忙碌于教学和科研工作，对研究生的成长关心不够；对导师作用的认识也存在误区，认为在研究生的学习和科研方面，导师负有不可推卸的指导责任，至于研究生在思想、道德、心理、生活等方面的问题，则是辅导员的事情，导师没有责任和义务参与，没有意识到导师在研究生思想政治教育工作所具有的特殊地位和重要作用。

（二）考核评价制度不完善

目前，我国大部分高校对研究生导师的考核评价比较单一，缺乏科学性、系统性；强调导师的学术科研水平，弱化道德修养素质；突出导师对研究生学术科研能力的培养，没有把导师言传身教栽培育人的能力纳入考核；侧重学校官方对导师的考核，缺乏研究生对导师培养能力和质量的评价和反馈。这种考核评价制度，不利于全面提高研究生的培养质量和效益，不利于建立和谐稳定的师生关系，不利于对导师进行全面、客观、公正的评价。

（三）缺乏导师与辅导员沟通交流的长效机制

作为研究生思想政治教育工作中最重要的两支力量，导师和辅导员各自具有优劣势[2]。首先，两者应该密切互动，通力合作，然而在实际工作中，导师基本很少主动联系辅导员，尤其是在缺乏导师与辅导员之间有效沟通的长效机制的情况下，导师与辅导员一学期也见不了几次面，沟通不了几次，这不利于导师全面了解和掌握研究生的思想政治动态[3]。其次，我国高校的辅导员队伍普遍比较年轻，工作经验不足，身份地位也较低，相对导师而言处于弱势地位，二者之间的交流存在不平等的问题。最后，导师的工作业务比较忙，教学科研任务重，本身压力很大，普遍存在"重科研轻培养、重教书轻育人"的问题，很多导师没有足够的时间与精力和辅导员进行沟通交流，学校又缺乏让导师参与研究生思想政治教育的有效工作机制和平台，导师一般在学生出现问题时才会联系辅导员。

三、解决路径分析

（一）端正和强化导师对自身角色和作用的认识

一是加强政策法规的宣传。加大力度宣传、学习教育部关于"充分发挥导师在研究生思想政治教育中首要责任人的作用"的意见。研究生要全面发展，思想政治教育需要全员参与、全程育人，让导师充分认识到自己的独特地位和重要作用。二是加强针对导师的思想政治教育工作能力的培训。"闻道有先后，术业有专攻。"导师基本上忙于教学和科研工作，加强思想政治教育能力的培训，搭建学习交流的平台，可以让导师掌握正确的育人方法和途径，提高导师的育人能力。三是加强制度机制建设，鼓励导师担任研究生班主任、党支部书记、德育导师、兼职辅导员、生活导师等职务。

(二) 健全和完善考核评价制度

一是严格把关研究生导师的遴选程序，不仅考察导师的学术水平，还要重点考察导师的思想政治教育工作的能力。二是构建形式多样的导师考核评价制度，淡化导师的学术权威和评价的行政化倾向，把导师的学术道德、培养质量、师生关系纳入评价体系。例如，可以通过举行"我最喜爱的导师"评选等活动，强化学生、同行、社会对导师的评价。三是建立导师参与思想政治教育的奖惩激励机制，把导师参与研究生思想政治教育的情况纳入导师考核评价体系，实行导师竞争上岗、评聘结合、优胜劣汰。对于重视研究生思想政治教育、效果突出的导师，给予一定物质和精神奖励；对于马虎应付、考核评价低的导师，实行再教育培训、核减研究生招生指标，甚至不再聘为研究生导师等处罚，打破"导师终身制"。

(三) 建立导师与辅导员沟通交流的长效机制

一是制定关于辅导员与导师沟通时间以及内容的指导性文件，要求导师就研究生的思想政治工作，每个学期至少主动与辅导员或者学院党委沟通一次，沟通的形式可包括信件、电话、短信以及面谈等。二是建立导师与辅导员通力合作、密切配合的机制，通过多种渠道实现思想政治教育与多种教育方式结合[4]。例如，在转换导师、请假、出国培养等方面，实现导师与辅导员双签名，在业务办理时掌握研究生思想政治状况，把思想政治教育贯穿于业务办理的各个环节。三是搭建导师与辅导员交流的平台，定期举办以研讨"研究生思想政治教育"为主题的交流会。

参考文献

[1] 耿红. 导师在研究生思想政治教育中首要责任人作用的机制构建 [J]. 江苏高教, 2016 (5): 100-102.

[2] 蔡茂华, 戴雪飞, 陈翱. 理顺研究生思想政治教育工作体制的对策分析 [J]. 学校党建与思想教育 (高教版), 2011 (11): 31-33.

[3] 戴雪飞, 蔡茂华. 导师在研究生思想政治教育中的作用与发挥 [J]. 思想教育研究, 2011 (4): 107-110.

[4] 季明, 郭晓东, 鲁越华. 导师负责制与研究生德育工作 [J]. 中国农业教育, 2007 (6): 18-20.

高校共青团对青年团员思想引领的路径[①]

王雅迪　许舒闲

青年团员是共青团的骨干力量。目前，我国高校团员青年已超过在校生的95%，共青团对团员教育工作的好坏，关系着我国青年思想政治教育工作的成效及社会主义现代化建设事业的成败[1]。随着改革开放的深入发展，我国社会结构日益复杂，社会思想文化呈现多元、多变的趋势，高校青年团员的思想也受到一定程度的冲击。习近平总书记在全国高校思想政治工作会议上强调："把思想政治工作贯穿教育教学全过程，开创我国高等教育事业发展新局面。"[2]高校共青团组织根植于大学生团员中，在高校团员意识教育中具有教育、团结、联系大学生的天然优势[3]。通过对高校共青团对青年团员思想引领的路径研究，可以为丰富团员青年的思想政治理论储备提供更加科学的手段，并带领他们深入开展社会实践、投身志愿服务当中，引导青年团员认识自己的责任和使命，自觉为实现中华民族伟大复兴的中国梦贡献青春力量。

一、深入贯彻落实"一学一做"，为培养优秀团员青年夯实基础

2017年2月，共青团中央颁布了《关于在全团集中开展"学习总书记讲话　做合格共青团员"教育实践的通知》（即"一学一做"），开展"一学一做"教育实践系列活动，是党中央着眼于党的事业薪火相传、全面从严治党向基层延伸的一项重要工作，是旗帜鲜明坚持党的领导、学习习近平总书

---

① 论文信息：《文学教育》2018年第2期，第142－143页。
作者简介：王雅迪，1994年生，女，安徽阜阳人，华南农业大学公共管理学院讲师，华南农业大学大学生资助育人名辅导员工作室成员；许舒闲，1997年生，女，广东梅州人，华南农业大学社会学本科生。

记系列重要讲话精神和治国理政新理念新思想新战略的重要举措，是增强团员青年先进性和光荣感、为实现中国梦凝聚青春力量的重要抓手。大学生团员是共青团的骨干力量，高校团组织的主要工作应当是加强大学生团员的思想引领工作，从青年团员的思想现状出发，结合"一学一做"经常性地开展团活动、常态化地组织上团课，紧密结合"习近平新时代中国特色社会主义思想"等重要理论，牢牢把握"一学一做"这一核心主旨，引导团员青年学而信、学而用、学而行，树立远大志向、坚定理想信念。

高校团员青年接受新鲜事物的能力很强，但由于其缺乏筛选有用信息的能力，因此，开展政治教育和思想引领的相关培训的意义十分重大。但思想活跃的青年团员对传统式的培训套路难以认同，培训的效果差强人意。因此应当根据现阶段高校团员的学习规律和心理特点，循序渐进，结合高校实际情况，综合运用各类培训形式和多元化教育载体，推动培训模式的创新发展，保证高校团员培训的常态化。加强高校青年团员意识的建设，要准确把握习近平总书记讲话的精神与内涵，抓住精髓，通过全方位、多角度地开展教育活动，及时把握青年团员的思想变化，针对青年大学生普遍关注的问题，从实际出发，逐步引导学生正确认识国情、认识自身的责任和使命，为培养中国特色社会主义事业合格建设者和接班人夯实基础，为实现中国梦增添力量。

二、建设一批优秀先进典型团组织，培养综合素质高的大学生团干部

高校的党团组织、学生社团是大学生"三自"体系下的主体学生团体，也是"三自"体系下党组织和教师与大学生之间最直接最紧密的纽带。所谓"三自"，是指大学生进行自我教育、自我管理以及自我监督的总服务框架。

一个优秀的学生团干，能够团结和影响身边的一大批大学生，他们能够通过其自身优秀的学习能力和号召力，在学生中树立威信、形成榜样，紧密团结身边的大学生，扩大党团组织的影响力，进而有助于促进良好的学风和校风建设。各类学生组织在共青团的指导下开展各种各样丰富多彩的校园文化活动，并把党的最新政策和方针路线教育融入其中，通过此途径可以更好地让团员青年实现价值、追寻梦想。

正是基于这些因素，发挥党团组织的先进性，不仅要加强党团组织的建

设和引领作用，还要在组织内部培养一批品德优秀的学生干部，因此在选拔团干部时应注重考查候选人的思想道德素质，遵从"品德优先、才能次之"的原则，紧把团干部入口关，保证团干部的基本素质。团干部选拔任用之后，应将理论教育和业务培训作为团组织核心工作之一，通过聘请讲师团和专家、高年级党员、院校先进典型给团员干部做讲座和报告或者组织交流座谈会，不断提高团干部的理论水平和综合能力。

首先，在团干部具体培养过程中，要正确培养团干部的学习能力。学习能力不仅是要求团干部要有好的课业成绩，还要有接受新鲜事物及自主学习的能力。其次，要培养团干部协调人际关系的能力。因不同的家庭背景与生活环境，大学生团员的性格、"三观"等都有所不同，所以，团干部必须要有团结个性分明的团员和学生的能力，以便调动他们参与团组织活动的积极性。现如今，这对团干部来说是一个巨大挑战，但也是提高团干部综合素质的重要载体。最后，高校团组织必须建立健全团干部的激励机制，以长久保持团干部的工作热情和活力。团干部开展工作的效果，主要是通过其他同学、指导老师、党团组织等多方面的考核，因此，要制定切实可行以及完善的考核机制来对团干部的工作成效做出评价，并制定合适的奖惩制度，做到以评促改、以评促建、评建结合；与此同时，党团专职干部、指导老师等应当加强与团干部的沟通和交流，注重精神上的鼓励，对表现突出的团干部应当及时给予表扬；在奖励优秀的同时，也必须对团干部提出更加严格的要求与具体的工作目标，必须要树立团干部的榜样形象；团组织应通过开展多种有益的拓展活动为团干部创造更多的对外交流、社会实践的机会，加强专业之间、学院之间的交流，让他们在丰富多彩、形式多样的社会实践活动中增长才干和见识。

三、以优秀校园文化活动为载体，发挥党团组织思想引领作用

利用学生党团组织举办弘扬社会主义核心价值观等主流意识的校园文化活动，是发挥团员青年思想引领作用最直接有效的载体。笔者所在高校有如"树理想、重品行、守纪律"系列活动、"模范引领计划""五四表彰"等活动，通过此类活动在校园内评选出"自强之星""优秀团员""优秀团员干部""优秀学生干部""优秀党员""校园年度人物"等，以评促改、以优促

建,通过学习交流会、分享会等为广大团员青年树立学习榜样,以优秀典型事迹为示范带动、引领团员青年的正能量发挥。通过身边的故事激励广大团员青年奋发向上,让优秀成为一种习惯,团员的自我意识就自然地得到了提升。以此加强团员青年的社会责任感和奉献意识,向团员青年传输正确的思想观念,促使团员青年自觉参与社会主义建设,肩负起实现中国梦的历史责任。深入开展"学党史、知党情、跟党走"、青年马克思主义者培养工程、大学生骨干培训班、习近平思想研习社等主题教育活动,引导团员青年不断增强爱国、爱党、爱团、爱校意识;强化高校共青团组织对团员青年创新创业的引导作用,以创新创业类活动为载体,充实和活跃团员青年的课余生活。高校共青团要高度重视对团员青年创新创业精神的教育与指导,努力建设基层共青团在以"挑战杯"为代表的全国性大学生学术、创新创业赛事热烈进行的背景下对大学生创新创业能力的培养机制,为高校教学模式改革、人才培养方案的创新提供思路;广泛开展以暑期"三下乡"社会实践志愿服务等为代表的志愿服务活动以强化团员青年的社会责任感与使命感;结合专业特色,利用校园文化艺术节、学术科技节、运动会、社会实践等活动载体,充分发挥各基层团组织的优势,弘扬主旋律,突出高品位,营造良好的校园氛围,努力发挥实践育人和文化育人的功能。

四、把握新媒体矩阵力量,抢占共青团思想引领高地

传统的共青团知识宣讲方式已经渐渐跟不上社会发展的步伐,利用新媒体资源对整体信息进行整合也成为当前共青团进行网络思想政治教育的全新方式。例如,对各类新媒体资源的整合和分类处理,建立信息宣传和教育、网络活动构建和最新舆论情报收集综合性一体的网络新媒体,通过QQ群、微博、微信、青年之声以及易班等各类新型即时交互网络社交工具,针对时下的热点和青年团员关注的各类时事话题,开展针对性的网上交流讨论,等等。另一方面,新形势下的网络媒介的活跃也进一步增进了老师与学生之间的互动,能更进一步拉近彼此间的距离、增进彼此的了解。此外,应对高校自身的共青团所属传媒进行完善和强化,大力拓宽与青年团员互动的视角。以各种重大节日以及各种纪念日等特殊时间为契机,发布贴近高校青年团员生活、了解高校学生心声的即时类信息,想青年学生之所想,急青年学生之所急,通过学生大量关注的热点时事作为思想政治教育的切入点,努力扩大

上述提到的新媒体在高校青年学生当中的影响范围和感染能力，达到在青年团员群体中积极传递正能量的目的，将激情与斗志注入青年团员的思想当中。

参考文献

[1] 童健，陈宾，裴吉慧. 新时期高校团员意识教育的方法和途径的探索 [J]. 铜陵职业技术学院学报，2006（2）：16-21.

[2] 张烁. 把思想政治工作贯穿教育教学全过程 开创我国高等教育事业发展新局面 [N]. 人民日报，2016-12-09（1）.

[3] "一学一做"背景下增强高校团员意识的新途径 [J]. 盐城师范学院学报，2017（6）：95-97.

新时代高校学生党员教育管理机制研究

——从"思、言、行"相统一的角度分析①

谢庆彪　罗　军

一、引言

习近平总书记2018年五四前夕在北京大学师生座谈会上指出:"大学对青年成长成才发挥着重要作用。要把立德树人内化到大学建设和管理各领域、各方面、各环节,做到以树人为核心,以立德为根本。"高校要践行立德树人的根本任务,就需要把新思想新理念贯彻到高校学生管理中。教育部部长陈宝生指出:"高等学校的初心就是培养人才,一要成人,二要成才,也就是要培养德智体美全面发展的社会主义建设者和接班人,高校要用知识体系教、用价值体系育、用创新体系做。"高校学生党员在高校学生群体中具有先锋模范作用,为了深入贯彻新时代党的教育方针,培养高校学生达到成人成才的要求,建立健全新时代高校学生党员教育管理机制是至关重要的努力方向。

二、高校学生党员教育管理存在问题

随着新时代环境的演变与学生群体的变化,高校学生党员的思想发展、言论状况、行为特点出现了不同以往的趋势。要完善高校学生党员管理机制,需要从思想教育机制、言论引导机制、行为指导机制的角度对学生党员教育管理中所存在的问题进行梳理并深入分析。

---

① 论文信息:《青春岁月》2019年第9期,第199-200页。
作者简介:谢庆彪,1990年生,男,广东汕头人,华南农业大学经济管理学院讲师,华南农业大学大学生学业指导名辅导员工作室成员;罗军,1982年生,男,广东梅州人,华南农业大学经济管理学院党委副书记、副教授,华南农业大学大学生学业指导名辅导员工作室督导。

（一）思想教育机制不完善

随着时代发展，新自由主义、历史虚无主义等各种价值观直接影响高校学生群体的政治取向和价值判断，学生党员的思想教育机制有待进一步加强。其一，党员发展对象的思想教育制度不完善。针对党员发展对象的思想政治教育模式形式化与陈固化，导致部分党员发展对象的思想道德观念不牢固，共产主义信念不坚定。党员发展对象在入党动机上存在功利性，认为入党主要是为了在今后的就业和工作取得优势。其二，党员思想教育机制不重视。在针对党员的思想教育工作开展中存在着"重发展、轻教育"的倾向，缺乏入党后的长期考核机制，导致学生入党后缺乏进一步的理论学习，政治素质下降，党性观念不强，特别是高年级学生党员的教育较少进行，致使党员思想教育工作无法在学生群体中起到思想引领作用。

（二）言论引导机制不完善

社会在信息化特别是新媒体的发展下，给宣传舆论工作带来新的难题，对党员的言论引导机制上存在着新挑战。其一，言论引导上缺乏有效监督机制。由于缺乏明确的言论考察指标，使部分学生党员组织纪律不强，在一些社会重大理论问题上缺乏辨别是非轻重的能力，在一些自身相关事务上缺乏公正言论的尺度把握，缺乏冷静合理言论，有损党的形象。其二，言论引导上缺乏有效激励机制。部分学生党员忽视公共言论空间，在舆论上往往只关注自己的生活与感兴趣的话题，忽视社会与政治的发展，在微博、微信等个人公共空间没有做到"发声"的引领作用，缺乏应有的政治热情与责任意识，处于"隐身"的状态。

（三）行为指导机制不完善

现阶段我国各种社会矛盾和社会问题集中呈现，现实环境对学生的行为产生深远影响，对党员的行动指导机制是新的时代课题。其一，对党员与组织行为缺乏激励机制和监督机制。存在较多被动式的党建活动，党员对思想政治进一步提升表现松懈，对于参加党组织生活不够积极和重视，也不愿做群众工作，甚至违反校纪校规，在大学的学习生活中不能起到应具有的先锋模范作用。其二，缺乏奉献意识与服务意识。部分党员责任担当意识薄弱，个人主义表现突出，无法正确处理好个人与集体的利益关系，容易在学习和生活中独善其身，不能全心全意为他人服务，无法在学校、班级及宿舍的学生工作遇到困难的时候，挺身而出为其排忧解难。

三、健全高校学生党员教育管理机制

习近平总书记对广大青年指出："做到知行合一、以知促行、以行求知，正所谓'知者行之始，行者知之成'。"高校学生党员管理教育工作是思想教育、言论引导、行为指导组成的相互作用、相互连接的有机整体，"思、言、行"相统一是对广大青年的内在要求。高校学生党建工作以培养"四讲四有"合格学生党员为目标，在党员的发展机制、教育机制、管理机制上以"思、言、行"相统一为原则进行完善与创新，是高校学生党员管理的新途径。

（一）"思、言、行"相统一，完善党员发展机制

注重"思、言、行"相统一，健全发展党员综合素质量化考核制度。首先，在学生党员的发展过程中严格遵循"控制总量，优化结构，提高质量，发挥作用"的方针，注重把思想政治素质和学业情况、群众意见加以综合全面地考察，从"思、言、行"三个方面建立综合素质量化考核制度，提高发展工作的透明度与有效性，坚持做到学生党员发展高标准与规范化。其次，加强预备党员的考察管理，严把预备党员的转正关，把真正符合党员条件的优秀大学生吸收到党内来，使党员做到从思想上、言论上、行动上真正入党。最后，随着高校管理制度的变化，学生社区是党员的培养与发展的重要载体，要高度注重社区党建的制度完善工作。

注重"思、言、行"相统一，抓实入党积极分子全方位培养机制。习近平总书记指出："广大青年要培养奋斗精神，做到理想坚定，信念执着，不怕困难，勇于开拓，顽强拼搏，永不气馁。"在入党积极分子的培养机制中，要以理想信念教育为切入点，引导和教育学生党员形成正确的政治信仰与人生追求。通过"思、言、行"三者并举，紧紧抓住党员培养与发展的关键环节，建立全员参与、全程跟进的新生入党培养教育制度，抓实入党积极分子全方位培养机制。重点围绕提升学生党员的党性修养、品质锻炼、工作能力，开展以理论学习、实践锻炼为主要形式的教育培训，创造性地开展学生党员培养教育工作。

(二)"思、言、行"相统一,完善党员教育机制

注重"思、言、行"相统一,创新学生党员多层次学习体系。党的十九大报告指出:"要把坚定理想信念作为党的思想建设的首要任务,教育引导全党牢记党的宗旨。"教育是一个系统性与根本性的工程,为了提高学生党员质量与提升高校学生党建工作水平,在规范性的"三会一课"制度基础上,注重"思、言、行"的结合,形成以理想信念教育为主导的学生党建教育格局。习近平总书记指出:"要坚持移动优先策略,让主流媒体借助移动传播,牢牢占据舆论引导、思想引领、文化传承、服务人民的传播制高点。"在新形势下党员学习机制的构建中需要特别注重拓宽网络学习空间,通过新媒体网络等载体,让学习在"思、言、行"中打通线上与线下的通道,搭建党建学习交流平台,建立多层次的理想信念教育学习体系,教育引导学生党员做到"四个正确认识"。

注重"思、言、行"相统一,构建学生党员监督约束机制。党的十九大报告指出:"加强纪律教育,强化纪律执行,让党员、干部知敬畏、存戒惧、守底线,习惯在受监督和约束的环境中工作生活。"新时代要求大学生党员必须树立和发扬优良作风,牢固树立底线意识与纪律意识。首先,以贯彻落实"两学一做"与"三会一课"制度为着力点,建立学生党员"思、言、行"的常态化监督评价制度,不断加强党员的责任担当教育,持续增强党员身份自觉,构建党员监督约束机制。其次,不断探索公开透明、公正客观的党内监督与群众监督制度,比如推行党员全员亮牌与党员手册制度等,教育引导大学生党员形成底线思维,培养自律、自强的素养,督促学生党员认真履行党员义务。

(三)"思、言、行"相统一,完善党员管理机制

注重"思、言、行"相统一,落实党支部建设责任制度。首先,要加强对高校学生党建工作队伍的培训,构建学生党支部书记相互交流、相互促进的学习机制,引导学生党支部书记相互启发、相互学习、共同提高,切实提高学生党支部书记的党务工作水平。其次,要坚持理论指导实践,注重"思、言、行"相统一,聚焦解决工作实际问题,紧抓质量,讲求实效,不断增强支部书记抓党建的责任意识。最后,以支部书记牵头,从"思、言、行"综合建立和完善党支委责任清单,建立约束和激励机制,通过落实党支

部建设责任制度，督促支部书记履职尽责，同时奖励激励表现优秀的党务工作者，保证其贯彻落实，取得实效。

注重"思、言、行"相统一，推进立体化组织制度建设。首先，注重发挥学生党支部在班团组织建设中的引领与主导作用，创新工作机制，推进立体化组织制度建设，实现党支部、团支部、班级、社区的组织和工作的融合。其次，要明确学生党支部工作职责，建立学生党支部工作规范，注重发挥辅导员、班主任、党员教师在学生党支部建设中的指导作用，以完善的制度对学生党员"思、言、行"进行引导与监督。最后，建立学生党支部的激励引导机制，调动学生党员的积极性。通过党支部示范性活动的开展，表彰奖励品学兼优、敢于担当的学生党员，打造效果好的精品学生党支部活动，带动学校学院党支部活动的开展。

四、结语

改革开放40年来，我国高等教育事业取得了巨大的成就，同时也面临许多新时代下的新挑战。习近平总书记在党的十九大报告中提到关于如何培养新一代青年时指出："增强科学发展本领，善于贯彻新发展理念，不断开创发展新局面。"高校学生党建工作需要以适应新时代的创新发展理念与方法去构建与完善党员教育管理机制，才能不断保持与提升高校学生党员的先进性，培养可靠的社会主义建设者和接班人，为实现中华民族伟大复兴的中国梦提供强有力的人才支持和智力保障。

参考文献

[1] 习近平在北京大学师生座谈会上的讲话[EB/OL]. (2018-05-03)[2019-04-10]. http://cpc.people.com.cn/n1/2018/0503/c64094-29961631.html.

[2] 新时代全国高等学校本科教育工作会议召开[EB/OL]. (2018-06-22)[2019-04-11]. http://www.gov.cn/xinwen/2018-06/22/content_5300334.htm.

[3] 习近平在中国共产党第十九次全国代表大会上的报告[EB/OL]. (2017-10-28)[2019-04-15]. http://cpc.people.com.cn/n1/2017/1028/c64094-29613660.html.

高校研究生党支部"三会一课"
现状及改进研究[①]

曾皓鹏　刘运春　陈静璇

党的十八大以来，以习近平同志为核心的党中央高度重视高校思想政治和学生党建工作，多次在会议和文件中做出重要指示。在"两学一做"学习教育过程中，中央明确要求要以党支部为基本单位，以"三会一课"等党的组织生活为基本形式，以落实党员教育管理制度为基本依托，针对党员干部、普通党员的不同情况做出安排。本课题围绕党的创新理论成果和上述实践要求，全面深入调查了解作者所在学校的研究生党支部"三会一课"实际开展情况，查找和发现其在开展过程中所遇到的问题和困难，分析探讨目前研究生党支部"三会一课"现状及成效的深层次、本质性原因，探索找出相应的解决措施。

一、研究生党支部"三会一课"开展情况

我们通过调查问卷、座谈会等形式对6个博士研究生党支部和硕士研究生党支部近100名研究生党员进行了调查研究。经检查核实，这些党支部都能按照中央全面从严治党的要求，坚持"三会一课"制度，定期组织党员学习党的方针政策、时事政治和理论知识，结合实际开展红色教育基地参观、志愿服务等形式多样的组织生活，对于党支部的重大事情都能通过党小组会、支部委员会、党员大会进行民主讨论，按照民主集中制的原则，统一思想，做出决议。

---

① 论文信息：《智库时代》2018年第27期，第201-211页。
作者简介：曾皓鹏，1988年生，男，广东惠州人，华南农业大学园艺学院讲师，广东省高等学校名辅导员陈晓梅工作室及华南农业大学大学生网络思政名辅导员工作室成员；刘运春，1976年生，男，山东青岛人，华南农业大学园艺学院党委副书记、讲师；陈静璇，1992年生，女，广东汕头人，华南农业大学园艺学院讲师。

与此同时，我们也发现党员和党支部在落实开展"三会一课"时也存在一些问题，主要体现在："三会"质量不高，会前准备不充分、主题不明确，会中将上级党委布置的工作任务简单地上传下达了事，会后流于应付、缺乏落实，存在形式主义；党课理论学习成效不佳，形式单一，多为传统的理论内容讲授，缺乏理论联系实际，照本宣科、枯燥乏味；支部委员思想觉悟、主观能动性参差不齐，有些支部日常工作大多由支部书记开展落实，有些支委存在随意应付上级的思想和行为；党员由于党支部普遍缺乏严格的考核机制，"三会一课"存在迟到、早退、请假的情况，甚至有缺席的现象。

二、当前研究生党支部"三会一课"问题分析

针对当前研究生党支部"三会一课"存在的以上问题，我们通过走访调研，对问题的成因进行了研讨分析，总结出以下三个原因。

（一）部分研究生党员思想觉悟、党性修养不到位

近年来，我国研究生教育规模逐年扩大、研究生教育蓬勃发展，同时也带来了研究生教育质量参差不齐、思想政治觉悟和综合素质差异日趋明显等问题。体现在研究生党员上表现为入党动机不纯、思想认识不深刻、意志不坚定，在入党前表现很积极而入党后就松懈下来，对自己要求不再严格，不积极参加组织生活和理论学习。

（二）思想行为更易受导师和环境影响

与本科教育不同，目前我国研究生教育是导师制管理模式，以课题组为基本单位已成为目前绝大多数高校一贯的培养模式[1]，而且研究生日常科研任务较重（如人文社科学生常需外出调研、自然科学学生常需到校外实地调查和开展实验等），使得研究生党员思想动态容易受导师的思想意识、语言行为和科研环境、社会风气等因素影响，给研究生党员的教育管理带来曲折性和复杂性。

（三）专门针对研究生党支部的管理和激励机制不完善

目前，大多数高校的学生党建工作是以本科生群体为重心开展的，并以此相应地建立了由学校党委组织部、学生工作部（处）等部门牵头制定的完

善管理激励机制,形成了良好的工作格局。而随着近年来研究生人数的不断增多,很多高校并没有认真研究研究生党建工作的思路,相当一部分高校是本科生、研究生一起以管理学生的理念意识开展党建,较少走近研究生以帮助其成长成才为服务宗旨导向,导致研究生党员缺乏组织关怀感和党员归属感,支部委员缺乏业务能力培训和考核管理激励,党组织生活普遍欠缺专业指导、协同创新和跟踪改进[2]。

三、研究生党支部"三会一课"改进对策

(一)高校党委要重视和统筹研究生党建工作

党的十九大和全国高校思政工作会议精神都明确指出:"必须扎根中国大地,办中国特色社会主义大学",高校必须牢牢把握党建在研究生人才培养中的核心地位[3]。因此,高校党委要统领全校党建工作全局,做好顶层设计,从制度建设、组织建设、队伍建设、督查考核、保障激励体系等方面构建系统全面的研究生党建工作格局。同时要狠抓"三会一课"制度落实,主体责任层层压实,由学校党委、研究生工作部(处)、学院党委、支部书记联动负责,将研究生党建纳入日常工作考核中,形成分级负责、齐抓共管、层层落实的工作机制,通过核查党员出勤、支委述职考核、支部手册定期检查等约束性动作,以及评优表彰、榜样宣传、专项经费申报等激励性动作,共同促进"三会一课"制度规范化和常态化开展。

(二)院系党委要加强研究生党支部建设和干部队伍能力提高

大多数高校的党建管理体制是院系党委对基层学生党建工作负主体责任,因此院系党委要发挥政治核心作用,研究如何强化研究生党组织和干部队伍建设。目前,作者所在的学院及一些高校根据研究生党员科研学习实际[4],探索建立了以专业为划分的党支部以及教授研究生联合党支部。这些党支部和党小组设置的创新探索和实践,有效地加强了基层党组织的活力和凝聚力,为研究生党员之间的交流和学院党委、教授、老师对每个研究生党员思想动态、学习生活的实时追踪和指导关怀提供了便利,推动了研究生党员培养、教育和管理工作与学习科研工作的有机结合[5]。支委委员的政治素质与工作能力直接决定着基层党建工作质量的高低,因此院系党委要重视选

拔好党支部干部队伍，对这些骨干力量除了布置工作、定岗定责外，还要结合实际为他们制订相关党性教育和业务能力培训规划，通过培训讲座、业务交流等不断提升他们的专业化能力和水平，加快干部队伍的壮实。

（三）研究生党支部要提高"三会一课"质量和活力度

党支部要加强内部交流和建设，转变工作思路和方式方法，创新"三会一课"形式和内容，充分调动每一个党员组织生活的参与积极性、党的基本理论学习热情，做到真正吸引党员。形式上要改变以前的"支委说，大家听"模式，会前明确主题、提前沟通宣传、做足准备工作，会中保证充足的交流讨论时间，会后逐一跟党员收集落实情况和反馈意见[6]。党课教学时要灵活融合应用课堂传授、网上公开课、慕课、App 学习软件、微视频、微党课等多种教学方式和平台，内容上理论联系实际，结合研究生的学习、生活实际多用案例说话，用真事、真情、真理教育党员[7]。此外也可把握原则性，注重灵活性，"三会一课"除了在党员活动室开展面对面组织生活会和理论学习外，还可以探讨拓宽开展方式，如开展科研学术经验交流[8]、主题演讲、开展博士硕士党员志愿服务和三下乡调研实践、到红色教育基地和反腐倡廉教育基地参观等，升华研究生党员思想，提升"三会一课"党性教育的成效。

"三会一课"是中国共产党基层支部长期坚持的一项加强党员教育管理、健全党的组织生活、强化基层组织建设的重要制度。在当今研究生党建工作中，无论是院校党委还是基层党支部都要重视和加强自身建设、创新体制机制、改进工作方式、协同作用使这一传统制度避免流于形式，焕发出新活力，使其更好地服务于研究生党员"两学一做"学习教育和成长成才。

参考文献

[1] 冯慧. 支部建在课题组——高校研究生党支部建设探索与实践[J]. 法制与社会, 2018（7）：182-183.

[2] 吴景龙，李爱国，徐彦群. 新形势下高校研究生"党建+"模式探索[J]. 党史博采（理论），2018（4）：46-48.

[3] 孙立. 加强高校学生党支部"三会一课"建设[J]. 党政论坛, 2018（4）：31-34.

［4］李华婷. 以"一二三四"工作模式建设研究生实验室党支部的实践探索——以东华大学计算机学院"合胜－王嘉廉－电子商务"实验室党支部为例［J］. 新西部，2018（3）：62-63.

［5］刘笑，张玮. 研究生层次的师生党支部共建模式实践探索［J］. 教书育人（高教论坛），2018（6）：62-63.

［6］范芳娟，党青. 新时期高校研究生基层党组织建设探索［J］. 教书育人（高教论坛），2018（5）：50-52.

［7］李琼. 加强高校党支部"三会一课"建设的思考［J］. 学理论，2018（2）：145-149.

［8］杨戴竹，白一龙. 研究生思想政治教育途径与方法创新研究——以党建促进研究生科研水平的提高［J］. 吉林化工学院学报，2018，35（4）：55-57.

思想教育篇

现代个人主义视域下大学生自我实现的道德困境及对策研究

——兼评《道德习养：破土与新生——网络环境下大学生道德发展研究》[①]

彭金富

近年来，伴随着我国经济社会的高度发展以及社会文明程度的不断深化，社会各界对于我国当下社会道德水平以及国民整体道德素质的关注越来越多。高校大学生正处于人格完善、道德观念与意识形成的关键阶段，而且当下发达的网络环境使得大学生的道德发展更易暴露在公众视野。在此背景下，赵盈针对大学生在网络环境下的道德发展情况展开了细致的观察与深入的探讨，出版了《道德习养：破土与新生——网络环境下大学生道德发展研究》（同济大学出版社2017年版）一书。在书中，作者从现代个人主义视域角度展开，具体分析了我国当下的大学生自我实现的道德困境等实际问题，并就此深入展开对策研究，颇具指导意义。作者将马克思主义理论的基本观点和立场作为本书的指导思想，广泛借鉴、运用了现代教育学、心理学、社会学等相关理论，通过文献分析与实证调研相结合等研究方法就大学生道德发展在现代网络环境下的情况展开分析，为我国高校的德育工作提供指导。

赵盈系同济大学法学博士、副教授，2013年上海市"阳光学者"（上海高校思想政治教育优秀青年教师培养计划）。他致力于大学生思想政治教育理论与实践研究多年，曾发表多篇相关的理论研究论文，并主持、参与了十余项省部级研究课题。具体就该书来说，作者准确把握了当前我国大学生道德发展方面的趋势及存在的困境，并结合自身深厚的专业素养加以深入分析。

[①] 论文信息：《江西社会科学》2017年第12期，第86-87页。
作者简介：彭金富，男，河南信阳人，华南农业大学动物科学学院辅导员，华南农业大学大学生思想政治教育名辅导员工作室主持人。

全书共分为六章：第一章为导言，阐述了选题缘由及研究意义、研究现状及文献综述、研究思路及研究方法、研究结构及创新点。逐节阅读下来，能够帮助读者对该书有个基本了解。第二章为概念体系，阐述了道德教育、道德习养及环境。第一节道德教育与道德习养，包括道德教育的释义、道德习养的萌生、道德习养与道德教育的分野；第二节德育环境与网络环境，涉及德育环境的边界、构成要素和网络环境的内涵界定。第三章为理论框架，阐述了道德发展的多学科观照。第一节马克思主义关于人的道德发展的理论，具体阐述了道德发展的目标指向（人的全面自由发展）和实现路径（人与环境的交互作用）；第二节是相关学科关于道德习养的理论探索，分为道德习养哲学维度的主体性探究、社会学维度的实践性探究、心理学维度的生成性探究和教育学维度的习得性探究这四个视角。第四章为价值解析，阐述了德育视域下的虚实环境。第一节虚实环境的价值比较研究，包括虚实环境的同一性与差异性以及该环境下的人际交往关系；第二节网络发展动向及网络环境的应用载体，分为网络技术发展动向及网络应用现状、网络环境应用载体及其与德育的互动两部分。第五章为现状调研，阐述了现代网络环境下的大学生道德发展。第一节网络环境下大学生群体特点研究，主要针对网络环境下大学生群体特点的理性把握及大学生道德发展的主要特点做深入分析；第二节网络环境下大学生道德发展的实证调研，不仅介绍了调研问卷的编制及调研程序，还就网络环境下大学生道德发展的基本状况、道德习养的意愿及能力、道德习养的支持作用展开详细分析；第三节网络环境下大学生道德发展现状存在的主要问题，对道德发展问题进行分析，进而思考了德育实施存在的困境。第六章为思索与建构，阐述了大学生道德习养的实践体系。第一节网络环境下大学生道德发展的理论思考，探讨大学生德育目标的建构及德育契机与对策思考；第二节网络环境下大学生道德习养的机制，包括"知"的网络化解构、"情"的网络化转化、"行"的网络化异变；第三节网络环境下大学生道德习养的体系建构，从大学生德育主体平台、高校德育发展平台、网络德育共建平台展开构建探索。

纵览全书，我们可以清晰地看到作者是从当下大学生道德发展的现实问题入手，首先廓清了理论研究思路，进而基于网络环境与大学生个体之间相互联系的研究视角，提出了"道德习养"这一创新性的德育概念并展开深入分析。书中对网络环境下大学生道德发展的研究系统而全面，不仅填补了国内该领域的研究空白，也意味着高校德育工作进入了"破土与新生"的新阶段。全书具有如下两大特色：其一，视角独特，具首创性。作者别具眼光地发现了大学生道德发展与网络环境的密切联系，切入点巧妙准确。他在书中不仅详细呈现了道德习养理论的概念体系、理论框架、价值解析，还呈现了对现状展开的实际调研，并据此提出自己关于网络环境下大学生道德发展以及道德习养的实践体系建构思路的具体思考，既丰富了当下高校德育工作的途径，也有利于打开高校德育教师以及相关领域研究人员的探讨思路。其二，框架完整，层次分明。本书着眼于"网络环境"与"道德习养"这两个关键词，研究工作围绕大学生这一特殊德育主体展开。内容编排条理有序，整体框架清晰明了，研究系统且极具整体性。

  与此同时，书中的研究分析层层深入，不断递进。首先，作者厘清了"道德习养"这一概念的具体内涵，明确了网络环境与大学生德育环境之间的互动关系，由此划定了全书的研究范畴。其次，作者以马克思主义哲学的基本观点统领研究方向，分别从哲学、社会学、教育学、心理学四个维度搭建了"道德习养"的基本理论框架。再次，书中结合虚实环境的异同及交往关系的比较，解析了网络环境的价值。最后，作者通过实际调研了解网络环境下大学生道德发展的现状，并结合这些调研展开道德习养的具体对策研究，建构了大学生主体平台、高校德育平台、网络社会平台三位一体的德育发展体系，以期借助全书为我国高校德育工作的实践发展提供可靠的理论依据支撑。此外，全书后附当代大学生道德发展状况调查问卷，以供读者研究参考。

  综上所述，全书作为一本研究网络环境下大学生道德发展的学术专著，视角独特、极具创新性，内容编排条理有序、层次分明。书中作者从大学生这一学习主体的"习得"与高校德育环境的"培养"两方面着眼，实现了德育思路和德育模式的革新，值得从事德育及思想政治教育工作的专业人士一读。

艺术类大学生社会责任感调查研究

陈 越

一、研究背景

社会责任感,是指社会群体或者个人在一定社会历史条件下所形成的、为了建立美好社会而承担相应的责任、履行各种义务的自觉意识和情感体验[1]。培养大学生的社会责任感,对我国社会主义事业的成败,社会主义和谐社会构建和发展以及大学生自身素养的完善等都具有非常重要的意义,也是高校培育和践行社会主义核心价值观的内在要求和具体体现。

艺术类大学生作为当今中国大学生中不容忽视的一部分,在个性特点、专业发展等方面具有一定的特殊性,对艺术类大学生的社会责任感进行调查研究,具有重大的意义。文云英根据经济困难与否进行分类,调查研究了艺术类大学生的价值观,发现其并无本质区别[2]。为了更好地研究如何有效地进行艺术类大学生的社会责任感教育,本文分析了不同年级、不同性别、不同政治面貌、不同户籍等不同类别艺术类大学生的社会责任感差异,以期望在此基础上提出更有针对性的对策和建议。

二、研究方法

(一) 研究对象

本次调查,根据随机抽样的原则,选取了广州市华南农业大学艺术学院

---

① 论文信息:《科技创业》2017年第4期,第62-63页。
作者简介:陈越,1989年生,男,浙江临海人,华南农业大学艺术学院讲师,华南农业大学大学生心理健康教育与咨询工作室成员。

在校大学生为调查对象，共发放问卷 720 份，回收 672 份，回收率为 93.3%，其中有效问卷为 644 份，有效率为 95.8%，达到了研究分析的要求。样本构成情况见表 1。

表 1 问卷调查样本构成情况

项目	年级				性别		政治面貌		是否农村		合计
	大一	大二	大三	大四	男	女	党员	非党员	是	否	
人数	137	174	175	158	258	386	73	571	287	357	644
比例	21.3%	27.0%	27.2%	24.5%	40.1%	59.9%	11.3%	88.7%	44.6%	55.4%	100%

（二）研究方法

本文主要采用问卷调查的方法进行研究，对比了不同类别艺术类大学生的社会责任感的差异。笔者根据自我责任感、家庭责任感、他人责任感、集体责任感和国家（民族）责任感这五个维度，并主要参考赵兴奎[3]编制的USSR 调查问卷，从中筛选修改出适合以上五个维度的问题构成了本调查问卷。另外，本文使用李克特氏 5 分量表法进行数据提取（1 代表完全不赞同，2 代表不赞同，3 代表既不赞同也不反对，4 代表赞同，5 代表完全赞同）。

（三）数据处理

将每份问卷属于同一维度的问题得分取平均值，根据不同类别艺术类大学生分开进行方差分析及 Duncan 多重比较，采用 Excel 2007 对原始数据进行录入，用 SPSS 软件进行分析处理。

三、研究结果

（一）不同年级艺术类大学生的社会责任感差异情况比较

由表 2 可知，不同年级艺术类大学生的社会责任感在他人责任感、集体责任感和国家责任感方面具有极显著差异。通过 Duncan 多重比较可以看出：在他人责任感维度上，大一要显著大于大二、大三、大四；在集体责任感和国家责任感维度上，大三和大一之间存在极显著差异。

表2　不同年级艺术类大学生的社会责任感情况比较（$M \pm SD$）

项目	自我责任感	家庭责任感	他人责任感	集体责任感	国家责任感
大一	4.07±0.36a	4.24±0.29a	4.03±0.20a	4.07±0.28a	4.13±0.29a
大二	3.90±0.61a	4.08±0.58ab	3.84±0.38b	3.89±0.39ab	3.91±0.45b
大三	3.96±0.41a	4.06±0.44ab	3.78±0.30b	3.69±0.42c	3.77±0.48c
大四	3.88±0.54a	4.06±0.47ab	3.78±0.33b	3.78±0.44b	3.81±0.43bc
P	0.093	0.061	0.0002**	0.0000**	0.0000**

注：*表示$P<0.05$，不同类别之间存在显著差异，**表示$P<0.01$，不同类别之间存在极显著差异，下同；另外，纵向的不同字母表示，两者之间存在显著差异。

（二）艺术类大学生性别差异的社会责任感情况比较

由表3可知，自我责任感、家庭责任感、他人责任感和集体责任感4个维度的P值为0.27、0.67、0.26和0.91，均大于0.05，故艺术类大学生性别差异在以上4个维度上不具有显著差异。而国家责任感维度的P值为0.012，故国家责任感在性别上具有显著差异。

表3　不同性别艺术类大学生的社会责任感情况比较（$M \pm SD$）

项目	自我责任感	家庭责任感	他人责任感	集体责任感	国家责任感
男	3.91±0.59	4.09±0.56	3.82±0.34	3.84±0.47	3.81±0.48
女	3.97±0.42	4.11±0.38	3.87±0.31	3.85±0.37	3.95±0.40
P	0.27	0.67	0.26	0.91	0.012*

（三）艺术类大学生政治面貌差异的社会责任感情况比较

由表4可知，自我责任感、家庭责任感、集体责任感和国家责任感4个维度的P值为0.022、0.0007、0.002和0.007均小于0.05，故自我责任感（P值大于0.01）在不同政治面貌之间存在显著差异，家庭、集体和国家责任感（P值均小于0.01）具有极显著差异。而他人责任感的P值为0.11，无显著差异。

表4 不同政治面貌艺术类大学生的社会责任感情况比较（$M \pm SD$）

项目	自我责任感	家庭责任感	他人责任感	集体责任感	国家责任感
中共党员	4.12 ± 0.30	4.35 ± 0.25	3.95 ± 0.20	4.06 ± 0.36	4.09 ± 0.36
非党员	3.92 ± 0.51	4.07 ± 0.47	3.84 ± 0.33	3.81 ± 0.40	3.87 ± 0.44
P	0.022*	0.0007**	0.11	0.002**	0.007**

（四）艺术类大学生户籍差异的社会责任感情况比较

由表5可知，自我责任感、他人责任感和国家责任感3个维度的 P 值为 0.592、0.065 和 0.618，均大于 0.05，故不同户籍艺术类大学生在这 3 个维度上无明显差异。而家庭责任感和集体责任感的 P 值均为 0.012，具有显著差异。

表5 不同户籍艺术类大学生的社会责任感情况比较（$M \pm SD$）

项目	自我责任感	家庭责任感	他人责任感	集体责任感	国家责任感
农村	3.96 ± 0.32	4.18 ± 0.29	3.89 ± 0.24	3.91 ± 0.30	3.91 ± 0.35
城镇	3.93 ± 0.62	4.04 ± 0.58	3.81 ± 0.38	3.79 ± 0.49	3.88 ± 0.50
P	0.592	0.012	0.065	0.012	0.618

四、分析与建议

从年级、性别、政治面貌和户籍因素的差异，分别来判断在自我集体感、家庭责任感、他人责任感、集体责任感和国家责任感这五个维度上的差异，可以看出：

在年级因素上，他人责任感、集体责任感和国家责任感具有极显著差异，且均是大一要明显好于其他各年级。分析其原因，由于艺术生具有较强的个性，在大学的集体生活中会发生更多的摩擦，如果没有及时进行思想教育和引导，其各方面社会责任感都会受到不同程度的影响。针对艺术类大学生鲜明的性格特点，在构建新生班集体、宿舍文化等方面应该下更大的功夫，如充分发挥助理班主任的作用，增强班级内部凝聚力，同时落实好同专业的优秀学生党员对接每个宿舍，发挥先锋模范作用。除此之外，在日常的学习生活中学校学院方面也应当加大对优秀集体宿舍的宣传力度，让正能量随时随地与学生同在。

在性别因素上，自我责任感、家庭责任感、他人责任感和集体责任感均无明显差异，只是在国家责任感方面具有差异性。结果表明，不同性别的艺术类大学生在社会责任感上并无本质上的差异。而在国家责任感方面女性要略高于男性，其差异主要体现在"我会为环保产品多付出一些钱"和"我会为受灾地区进行捐款"两个问题上。所以，可以利用学生活动中的现有资源，积极鼓励并引导更多的男生参加各类志愿服务活动和爱心义卖义画等活动，让他们体会到能为社会贡献自己一份力的喜悦感和成就感，以此来提升艺术类大学生的社会责任感。

在政治面貌因素上，家庭责任感、集体责任感和国家责任感具有极显著差异，自我责任感方面具有差异性。由结果分析可以看出，学生的入党培养上能够较好地挑选出更具社会责任感的优秀学生，同时艺术类大学生党员能够较好地发挥党员的先锋模范作用，但仍需加强换位思考及为他人考虑的思想教育。除此之外，也要利用好学生党员吸引更多的普通艺术学生积极地向党组织靠拢。

在户籍因素上，家庭责任感和集体责任感具有显著差异，且均是农村要好于城镇。分析其原因，由于当前来自城镇的艺术类大学生大多以自我为中心，更关注于释放自我个性和个人目标，而在这个过程中，往往忽视甚至排斥他人的存在，在家庭中和集体中只享受权利而不履行义务。所以要加强家庭和学校之间的联系，实行家校配合教育。家庭是学生接受教育的重要一环，虽然与学校有本质区别，但其功能却是无可替代的。除此之外，由于艺术类大学生的社会交往相对比较频繁，与社会联系更加紧密，因此全社会也应当努力建设起良好的社会氛围，使得学校与社会的环境能够有机统一起来，创造出一个良好的思想教育环境。

参考文献

[1] 高艳艳. 当下大学生社会责任感培养探究 [J]. 山东省农业管理干部学院学报, 2011, 28 (1): 181-182.

[2] 文云英. 艺术院校大学生价值观调查分析与对策研究 [J]. 思想教育研究, 2014 (7): 97-99.

[3] 赵兴奎. 大学生社会责任心结构及发展特点 [D]. 重庆: 西南大学, 2007.

"晒文化"环境下开展网络思政的对策研究

——以微信"朋友圈"为例①

程夏敏

随着微信用户数量的日益增长，朋友圈成为人们展示自我的重要社交平台，衍生了朋友圈"晒文化"。朋友圈"晒文化"是指微信用户通过朋友圈这个平台向微信好友展示个人生活、个人观点、个人情绪的一种行为，是当代青年亚文化中重要的一部分。微信是大学生日常生活、学习、工作的基本社交通信工具，"晒文化"对大学生群体的影响不可忽视。

一、"晒文化"的内涵和兴起

"晒"作为分享、共享的意思主要来源于英语 share 的音译，在国内最早兴起于 2006 年国内最大的中国晒客网，此后便出现了一系列的"晒"族词[1]。作为网络语言，"晒"很快就在各个社交网络平台流行起来。2006 年北京大学副教授阿忆在个人博客上晒出了自己的工资条，2015 年辞职信"世界那么大，我想去看看"在微博引起热议，到现今的微信朋友圈里晒旅游、晒美食的内容，"晒文化"已经渗透到人们生活、学习、工作的方方面面。

二、"晒文化"折射的大学生价值观

大学生群体在微信朋友圈"晒"出的内容主要集中在生活分享、情感宣泄和热点讨论上。生活分享类诸如晒自拍、晒美食、晒旅行等；情感宣泄类诸如"晒"自己的喜怒哀乐、心灵鸡汤等；热点讨论主要是通过转发热点事

---

① 论文信息：《现代交际》2019 年第 5 期，第 131–132 页。
作者简介：程夏敏，1992 年生，女，广东河源人，华南农业大学人文与法学学院助教，华南农业大学中华优秀传统文化教育工作室成员。

件并加以评论，表达观点态度。"晒文化"背后往往折射出大学生的价值观。结合大学生朋友圈"晒"的内容，总结为如下四种类别。

（一）通过情感宣泄寻求存在感和认同感

近期，一个名为《啥是佩奇》的微广告在微信朋友圈刷屏，引起了大众的关注。《啥是佩奇》通过一个农民爷爷为了过年时能完成孙子得到"佩奇"的心愿，四处求问"佩奇"为何物，直至问到隔壁家在城里做过保姆的女人"佩奇"的模样后，自己徒手制作了一个"佩奇"的感人故事。《啥是佩奇》这部微广告发布时间临近春节，得到了不少在外工作群体和在外求学学子的转发，他们纷纷发出"想家了""回家过年"的感叹。这是微信朋友圈一次成功的传播，同时也透露出转发者对《啥是佩奇》这个视频所表现出来的情感认同。"自我表露"的前提是自我认知，其目的在于实现自我认定[2]。微信朋友圈作为一个情感表达的社交平台，人们在"晒"情感的过程中，除了抒发个人内心情绪外，更希望依靠这个平台凸显自己的存在感，得到关注和认同，达到自我的认定和自我价值的实现。

（二）进行自我的塑造，打造虚拟理想形象

微信朋友圈是一个虚拟的平台，人们在朋友圈上看到的都是发布者主观意愿和主动选择"晒出"的内容。因此，发布者可以通过这个虚拟平台来进行自我塑造，向朋友圈其他人展示一个自我打造的理想形象。但是这种形象具有一定的迷惑性，往往与发布者本人在现实生活中的真实形象存在一定的偏差。如不少大学生因为虚荣心理和攀比心理，在朋友圈里营造出富裕的假象，常常发布与奢侈品相关的图文，满足个体的欲望。虽然自我形象的塑造一定程度上可以给予个体积极的心理暗示，但是如果没有把握好尺度会导致个体沉迷在虚假的理想形象里，脱离现实，最终使得个体因为虚拟和现实的偏差太大而无法接受现实中的真实形象。

（三）缓解心理压力，达到娱乐效果

随着App自定义软件的增多，人们有了更多的途径和方式去展现张扬的自我。例如微信表情中的"拍自己的表情"制作个性表情包，还有美图秀秀、抖音、快手等热门App，均在个性化作品完成后有一个分享键，通过分

享可以把作品"晒"到微信朋友圈、QQ 等社交平台上。这些个性化的展示除了具有上文所提及的自我塑造和自我表达的特点外,还带有一定的娱乐性和戏谑性,既满足了人们自我的娱乐,进行了心理压力的缓解和释放,同时人们也在娱乐的过程中实现了朋友圈用户间的互动。

(四)扩大知识视野,加强人际交往

微信朋友圈囊括了用户微信好友分享发布的所有信息,相对个人用户而言,可以拓宽大学生的知识视野和信息广度。尤其对于正在找工作的毕业生而言,朋友圈内他人所发布的招聘信息变成他们获取相关信息的一个重要途径。此外,微信朋友圈的互动有利于大学生人际交往,朋友圈平台打破了时间和空间的阻隔,大学生可以在朋友圈里看到远方朋友的近况,并且通过评论功能进行互动,维持人际关系。

三、"晒文化"的双刃剑

(一)负能量情绪的积压引发心理问题和群体影响

微信朋友圈为大学生提供了一个情感宣泄的平台,但是这个平台缺乏严格的限制和有效的管理。大学生群体大多缺乏自制力,当他们的情感在微信朋友圈平台得到表达和宣泄的时候,对个人情绪压力的缓解具有一定好处。但是大学生长期持续性发布消极、负面情绪的朋友圈,这种消极的情绪一直得不到排解,越积越多时,会导致大学生陷入负能量情绪的漩涡无法走出,引发个人心理问题。此外,朋友圈作为一个传播平台,当大学生通过朋友圈发布消极情绪时,就意味着这种情绪通过这个平台传播给了更多人,可能会引发群体性的负面情绪影响。

(二)陷入虚构的理想形象无法自拔影响现实生活

沉迷于向网络世界的他人展示自我打造的理想形象,容易导致大学生无法区分网络世界与现实生活,把大量时间消耗在虚拟世界里,影响现实生活、学习和工作。不少大学生因为攀比心理在朋友圈塑造不符合自己实际消费能力的形象,选择通过校园贷、网贷等极端方式来维持这种虚拟世界的形

象。其次，这种理想形象与大学生现实生活中的形象存在一定偏差，大学生如果无法认清和接受真实的自己，将导致自卑等心理问题的产生。长期沉溺于网络形象的打造上，为了保持被他人认可、表扬的状态，大学生需要花更多时间去揣摩他人的偏向喜好，导致他们形成价值依附的心理，失去价值判断的能力和方向。

（三）有部分内容欠缺判断力和辨别力，为随波逐流式的言论评语

微信朋友圈既是一个情感宣泄的平台，也是一个自我表达的平台。这个平台把大学生用户之间的世界连接起来，实现了信息交换的畅通。很多热点事件、热点视频和热门网络语言都是依托于微信朋友圈这一平台流行起来的，大学生把朋友圈作为一个"发声"的平台，通过转发、评论、互动等形式对热点事件进行观点表达。但网络世界中披露出来的热点事件往往只是局部的，而非事件的全貌。个别公众号运营者和用户为了博取眼球发表不实言论，并且进行言论煽动，引发网络恶性舆论危机。大学生受到多元文化的冲击，心智尚未成熟，辨别能力有限，在朋友圈的这种舆论氛围中容易被蒙蔽，被他人所利用发布一些不当言论。

（四）过于公开个人隐私引发人身安全危机

社交平台个人信息的透露会引发人身安全危机。其中朋友圈的定位功能成为个人信息泄露的常见渠道，用户的足迹、日常习惯、家庭住址，甚至身份证号码等私人信息都被暴露在朋友圈里。如若有人别有用心利用这些个人隐私进行违法犯罪行为，后果将不堪设想。

四、利用"晒文化"开展网络思政的对策

"晒文化"作为当代的青年亚文化，并非洪水猛兽，而是时代青年文化的体现。如能利用"晒文化"合理有效地开展网络思政，对大学生思想政治教育和思想引领工作的开展具有重要意义。

（一）引领大学生"晒"文化价值观，加强思想引领进朋友圈

在开展网络思政的工作中要率先占据主动位置，因此在"晒文化"环境

下思政工作要主动进驻朋友圈，引导大学生的价值观。首先，结合重要的节日时间点举办主题"晒"活动，坚持线上和线上结合，引导大学生回归现实生活。如春节回乡"晒"家乡文化，追寻乡土记忆；期末"晒"课堂学习笔记，营造良好的学习氛围；寒暑假"晒"社会实践活动，培养大学生的社会责任感。其次，提高思政公众号及推文的青年契合度，推送大学生喜闻乐见又具实效性的文章。最后，形成辅导员、班主任、党员、学生干部的朋友圈平台思政四级联动力量，通过朋友圈发布、互动等形式把正能量和思政教育渗透到朋友圈平台里，通过身边师长、朋辈的力量让大学生更乐于、更主动地接受思想引领。

（二）加强网络监管工作，培养大学生网络意见领袖

健全校园网络监管机制，制定校园网络规章制度，加强校园网络文化的建设，增强大学生的网络文明意识。校园网络文化的内核是制度文明，这就要求必须从"晒"的内容和传播路径方面规范大学生的网络行为，从而保证校园网络文化健康有序、积极向上[3]。对校内的新媒体公众号加强管理，实行"谁管理，谁负责"的责任制度，及时发现和处理公众号上的不良言论和舆情危机。在党员、学生干部中挑选一批思想先进、信仰坚定的青年培养成为大学生网络意见领袖，及时地对校园内的网络舆情、负能量言论进行引导，善于用好朋辈模范引领作用。

（三）加强大学生网络道德素养的培养

通过课程教育、主题活动、视频宣传等方式加强大学生网络道德素养的培养。首先，大学生要提高信息的辨别能力，在日常生活和学习中培养自我的分析能力和知识底蕴，对朋友圈平台上的内容不能一味地被动接受，要进行过滤筛选后把有用的信息纳为己用，摒弃不良信息。其次，要树立正确的网络道德原则，大学生在朋友圈平台使用上要"有所为，有所不为"。除了要学会辨别信息虚实，还要不随意传播虚假、未证实的传闻消息，不盲目随众评论和转发，不发表极端激烈言论。最后，要养成良好的网络习惯，不沉迷于网络，不把所有的精力和时间用在网络之中，在网络世界里要学会文明用语和理性思考。

参考文献

[1] 梁珊珊. 说网络语言"晒"[J]. 新疆教育学院学报, 2008（6）：97.

[2] 闫方洁. 自媒体语境下的"晒文化"与当代青年自我认同的新范式[J]. 中国青年研究, 2015（6）：84.

[3] 汤龙升, 宗晓蕾. 高校社会主义核心价值观的大众化现状及认知路径[J]. 沈阳大学学报, 2018（4）：180.

新时代高校大学生法治意识教育机制研究①

蓝学明

全面依法治国是新时代坚持和发展中国特色社会主义基本方略的重要内容。高校大学生是我国未来社会主义建设的生力军，更是法治中国建设的强有力的后备军。高校大学生的普法和守法又是全面普法和守法的关键环节。然而，综观当前大学生法治意识现状，依然存在着不少问题，诸如"校园暴力""裸贷""裸条""校园贷""校园传销"等种种现象反映出大学生自身法治意识淡薄、法治信仰缺失等问题，也凸显出大学生法治意识培养的紧迫性。

一、高校大学生法治意识存在的问题分析

为深入了解高校大学生法治意识存在的问题，笔者选取广东高校普通本专科学校大学生作为研究对象，采取线上线下相结合的方式发布调查问卷，对广东高校大学生的法治意识现状进行了调查统计，共收到有效问卷2051份。经过统计分析发现，当前高校大学生法治意识存在以下四个方面的问题。

（一）缺乏对法治的主动关注

调查结果显示，仅有10.92%表示"非常关注"我国法治建设，32.91%表示"比较关注"我国法治建设情况，超过一半人表示对法治建设只关注一点、不太关注甚至完全不关注。另外，笔者将3月15日"国际消费者权益日"、4月26日"世界知识产权日"、6月26日"国际禁毒日"以

---

① 论文信息：《学理论》2019年第9期，第163–166页。
作者简介：蓝学明，1990年生，男，广东河源人，华南农业大学人文与法学学院助教，华南农业大学中华优秀传统文化教育工作室成员。

及12月4日"国家宪法日"供大学生选择哪一天是"国家宪法日",发现仅有57.73%的人选择了正确答案,这与山东大学郭乐蕊(2017)针对山东六大高校的调查得出的49.29%的正确率相比高出8.44个百分点,但不可否认的是,仍有四成多大学生对"国家宪法日"并不了解。

当面对学校及班级的各类选举、评优活动时,75.82%认为"属于自己的权利,一定会认真、客观地行使权利",仅有3.56%认为"选谁都与我无关,随便",20.62%的大学生是处于被动的状态,选择"既然有这样的选举或评优,那就选一下吧"。

对比发现,在与自己的切身利益息息相关的事情面前,大学生表现出了较强的参与度;而对于看起来"遥远"的国家法治建设,大学生却缺乏关注,存在"事不关己"的心态。可见,当前大学生的民主参与意识仍较弱,缺乏主动关注、主动参与国家法治建设的积极性。

从个案来看,不少大学生对社会法治现状,尤其是对社会新型的违法犯罪活动缺乏及时的了解,以至于频频陷入诈骗、传销等陷阱。例如,继2016年河南某高校在校大学生因"校园贷"问题跳楼自杀事件之后,广东"校园贷"、"套路贷"、高利贷等违法活动问题也愈发突出。2018年3月,广东某校大四本科生戴某被发现深陷"校园贷"、高利贷危机。戴某称其大学共消费120万元左右,其中70万元为家人给予,另外向借贷平台及私人贷款共借30余万元,还请求13名在校同学通过"校园贷"为其借款共计20余万元。显然,戴某平时并不关注"校园贷"等热门案件的相关报道,对新型的诈骗活动没有充分的了解,以至于在"校园贷"、高利贷危机中越陷越深,无法自拔。

(二)对法律权威性的真诚信仰不足

调查结果显示:仍有17.5%的大学生会不顾法律的相关规定,购买"以低价出售来历不明而且可能是偷来的自行车"。依旧有15.7%会对自己的亲朋好友涉嫌违法犯罪的情况选择"假装不知道"或者"严格保密,帮其掩盖真相"。可见,在利益与法纪、人情与法律的抉择面前,大方向上是尊重法律权威的,但仍有不少大学生缺乏对法律权威的真诚信仰,选择了利益、人情为先。

调查结果显示,超过一半大学生表示曾经有过闯红灯或者跨越围栏过马路的行为,仅有48.12%表示没有过这样的行为。这是一个非常值得我们关注的问题，大学生都做出这种无视规则、无视法律的行为，如何引导其他公民自觉尊重并遵守规则呢？

2016年5月，Z校大学生吴某，多次使用假名在网上购买运动鞋，在快递员派件时趁其不备先后4次未签收就将相应的包裹偷走，事后以未收到货物为由向商家申请退款，以此非法牟利。2017年10月当地法院判决吴某犯盗窃罪，单处罚金3000元，追缴其犯罪所得运动鞋8双，上缴国库。在诱惑面前，少数大学生缺乏自我控制能力，以至于跨越法律底线，做出违法犯罪的行为，最终受到法律的制裁。从根本上来讲，上述种种现象充分体现出部分大学生对法律的权威性缺乏真诚信仰，没有发自内心地认同法律、依靠法律、遵守法律和捍卫法律。

（三）法治知识水平有待提高

由于缺乏法律常识而上当受骗的大学生不在少数。例如，2017年年底，S校女大学生丘某接到自称某地公安机关的工作人员的诈骗电话，对方说丘某家人涉嫌洗黑钱，要求其到银行柜员机在指定的账户上汇款作保证金，否则将对其进行逮捕。丘某按照对方电话要求将款项打到指定账户，因钱款不足，该生又将自己名下的房子按电话提供的机构进行了贷款，从而被骗，金额高达60余万元。这名女大学生显然不了解公检法的办案程序，才会轻信骗子的伎俩。

再如，2015年4月某日夜晚，H校大四学生刁某尾随一女子至偏僻处，对其实施猥亵行为后逃离现场。一周后，刁某被抓获归案，被实施刑事拘留7天。经当地法院审理，对其判以强制猥亵妇女罪。调研过程中，笔者与该案涉案学生刁某进行了进一步的交流。刁某表示，当时在就业与毕业的双重压力之下，导致自己的思想和行为出现了偏差，而且当时自己以为这只是单纯的耍流氓行为，并不知道自己的行为已经触犯了刑法，因为不懂法律，所以才犯下令自己追悔莫及的罪行。

二、大学生法治意识问题的高校层面原因分析

（一）高校对法治意识教育工作缺乏足够的重视

就笔者了解到的情况来看，当前高校对法治宣传教育工作的重视度非常

不够。主要表现为：一方面，高校的主要关注点在于专业教育和科研工作，注重学生专业水平的提升，追求教学科研成果等在各类评估中占据重要地位的内容，而对于大学生法治意识提升则并没有一个很好的关注度；另一方面，全国高校思政工作会议召开以来，虽然各大高校对思想政治教育工作的重视度不断提升，但是其关键内容依旧是政治教育、思想教育和道德教育，而法纪教育则依旧未得到重视。

（二）高校法治教育相关课程建设存在问题

本文的调查结果显示，广东省绝大部分高校均开设了"思想道德修养与法律基础"课程，不少高校也通过开展"形势与政策"课的形式向学生讲解法律知识。但是调查结果还显示，大学生对法治教育课程的满意度并不高，仅有7.36%的学生认为这些课程能满足大学生对法律知识的需求，51.78%的学生认为基本上能满足，33.79%的学生认为满足不了，还有7.07%的学生认为"相差甚远"。综合分析后发现，目前高校法治教育课程的建设主要存在三个问题：一是师资力量薄弱，教师法治素养有待提高。从调查结果来看，28.08%的学生反映这些课程的授课老师是法学专业科班出身，但是水平一般，25.4%的学生表示授课老师并非科班出身。从"形势与政策"课的情况来看，目前大部分高校的这门课程的授课老师主要是不同专业背景的辅导员，极少有法学专业背景。据此，法治教育课程的师资力量可谓捉襟见肘。二是课程教育方法单一，教育理念陈旧。目前的高校法治教育相关课程以课堂教学为主，大部分授课依旧是传统的以教师为主、老师讲学生听的教学方式。对于一些新内容，部分教师的把握程度也不高，"照本宣科"、照读PPT的教学方法也就逐步形成了，这就直接影响到学生对学习内容的兴趣和关注。三是课程考核方式陈旧，学生对法律知识的掌握仅仅停留在死记硬背上。目前"思想道德修养与法律基础"课程考核以考试为主，通常大学生的应考方式就是"考前背一背"。在考试面前，逐渐形成了高分容易、应用困难的局面。

（三）缺乏常态化的法治意识教育机制

校园法治文化环境在大学生法治意识的培养过程中具有举足轻重的作用，它直接影响到大学生对法治的认知和看法。然而，当前高校校园法治文化氛围依旧淡薄，主要表现在三个方面：一是法治校园建设成效不佳。例如，部分学生管理制度不健全，内容陈旧，甚至出现与法律相悖的情况。二是法治宣传教育活动"重形式轻内容低成效"，学生参与度不高。例如，大部分学校仅仅是在"3·15""12·4"等相关的重要日期前后开展"维权知识摊位"宣传、法律知识讲座、派发法律知识宣传单张等"应节"活动，没有形成常态化的法治意识教育机制。个别高校只是"做做样子""摆摆pose"，领导、老师、学生到位"摆拍"，然后简单交流几句，没有实质性内容，学生没有真正参与进去，更难以从中获得知识。三是法治宣传教育针对性不强。例如，法治宣传教育活动的设置没有很好地把握大学生的特点、调研学生的实际需求，而是重点宣传大政方针政策和理论知识，难以吸引大学生的关注。再如，不少高校都曾通过讲座的形式开展法治宣传教育，然而，往往请来的主讲人都是法治研究方面的专家，讲授的内容往往偏向于专业化内容，使得大部分非法学学生难以理解并吸收这些内容。法治宣传教育的重点在于"普"，而非"专"，将普法讲座变成专业知识讲座，其成效自然不足。

三、新时代高校大学生法治意识教育机制的构建

笔者认为，新时代背景下，要高度重视高校大学生法治意识培养，打造集理论教学机制、文化涵养机制、实践涵养机制以及模范引领机制四大方面内容于一体的高校大学生法治意识教育机制。

（一）健全理论教学机制

高校法治意识教育机制中的理论教育机制是指以法治知识与理论传播为主要目标，以课堂教学为主要形式的法治宣传教育模式。教育部部长陈宝生在新时代全国高等学校本科教育工作会议上的讲话中提出"全面坚持以本为本，推进四个回归"，强调高校要回归培养人才的初心，要加强课程思政、专业思政。因此，首先要明确课程的育人要素和责任，将思想政治教育融于专业教育过程中，真正回归"培养建设者和接班人"的初心。

第一，优化法治课程建设，提升课堂教学主渠道作用。一方面要深化教育内容。"思想道德修养与法律基础"课程内容主要介绍了法律基本常识和法律体系等方面的内容，对于法治理论、法制史、法律原则等方面的内容没有太多的涉及，导致大学生在学习过程中走入"知其然而不知其所以然"的

尴尬境地，难以对法律知识形成整体的认知和深度的理解。因此，要深化教育内容，侧重于法治精神的培育，研究和增加法治理论、法制史、法律原则等方面的相关内容，全面提升大学生法律素质。另一方面要创新法治课程教学方法，加强师生互动，使法治教育内容生动化、形式多样化。可以采取典型案例分析法、主题式教育法、分组讨论法、模拟法庭教学法等方法，使大学生充分参与到课堂的互动当中去，运用法律的思维、从法律的角度去看待和处理问题，切身感受和体验法治精神，从而提升大学生学习法律知识的积极性。

第二，强化法治宣传教育师资力量。法治宣传教育师资队伍包括"思想道德修养与法律基础""形势与政策"课等课程的任课老师，也包括组织开展法治宣传教育活动的辅导员等相关教师。一是要提高任课教师的法治教学业务水平。从事法治教育的师资队伍需要有法治理论相关的专业知识和专业素质，同时还要具备较强的法治教学业务能力。然而，目前广东高校法治师资力量依旧薄弱，不少高校法律基础课的任课教师并非法学相关专业毕业的教师，"形势与政策"课的任课老师更是由不同专业背景的辅导员担任。教师法治教学业务水平的不足会制约法治课程的实际效果，使大学生对法律知识及理论的学习大打折扣。因此，要通过开展教师业务技能培训、鼓励教师参与相关的学术研究及交流活动等方式不断提升教师的法治教学业务水平。二是要促进高校辅导员队伍建设，提升辅导员法治宣传教育水平。辅导员的工作涵盖了学生的学习、生活、工作、心理等各个方面的内容，与学生之间有着最为密切的关系，做好辅导员法治宣传教育水平的提升工作至关重要。一方面，要使辅导员在各类评选、奖助学等工作过程中贯彻民主、公正、平等的法治理念，言传身教，引导大学生树立正确的法治观念；另一方面，要提升辅导员的法治知识与理论水平，提升其开展法治宣传教育活动的组织能力，从而提升思想政治教育工作尤其是法治教育工作的实效性。三是要增强全体教职工的法律素质。一方面，强化行政人员的法治意识和服务意识，提升其在服务工作中的依法治校、依法办事能力；另一方面，加强教职工的法律知识教育，使教职工知法、懂法、守法、护法，从而形成教书育人、管理育人、服务育人的良好氛围。

第三，加强校内外资源互动，为法治宣传教育师资力量提供有益的补充。一是引进法律实务专家担任兼职教授，鼓励他们结合自身在法律行业的实践经验为大学生讲授法治宣传教育课程，用具体化的案例分析法给大学生具体客观地呈现法律实施与运用的过程,增强大学生自觉学习法律知识的积极性,提升大学生对法律知识及法治理念的认识和掌握程度。二是邀请法律实务专家为大学生开展法治宣传教育讲座,传播法治理念,弘扬法治精神。运用通俗易懂的讲授方式,使不同专业背景的大学生能够有效掌握法律知识。三是加强高校间的交流互动,尤其是师资力量的交流互动,取长补短,互助互长。

(二) 构建文化涵养机制

高校法治意识教育机制中的文化涵养机制是指通过优化高校校园法治文化环境,以达到"文化育人"之目的,传播法治文化,弘扬法治精神,提升大学生法治意识的法治宣传教育模式。

第一,加强制度建设,全面推进依法治校。目前高校各方面的规章制度已逐步完善,但是仍然存在不少问题,例如:部分规章制度缺乏制定前的充分调研,导致制度出台后操作性弱、落实困难等问题;部分规章制度未能随着形势的不断发展变化而得到有效的完善,导致不能有效解决高校管理过程中出现的新问题;部分规章制度虽然已经制定出来了,但是在实际操作过程中却常常被忽视,未能发挥实效;等等。这些问题不仅不利于依法治校工作的推进,而且对大学生法治意识的培养也会形成消极影响。

加强制度建设是实现依法治校的重要前提。首先,高校要充分了解师生的实际情况,严格依据法律的相关规定,制定出符合高校实际情况的规章制度。其次,要引导大学生积极参与到规章制度的制定过程之中,采取听证会等方式征求师生意见,让大学生切身体会制度形成的全过程,培养民主参与意识。最后,要做到与时俱进,结合制度实施过程中出现的新问题对规章制度进行及时的补充和修改,或出台相应的补充说明,确保制度的有效性。

第二,丰富法治宣传教育内容及形式,打造以法治宣传教育为主题的校园文化活动体系。第二课堂是法治宣传教育的重要阵地,丰富多彩的以法治宣传教育为主题的校园文化活动能够有效促进大学生积极学习法律知识,提高法律应用能力,从而提升法治意识。

法治宣传教育校园文化活动体系的建设,一方面,要紧紧把握法治宣传教育的主要时间节点及重要时政节点,"趁势而作",提升活动的实效性。例如:在每年的3月15日"国际消费者权益日"前后开展"维权知识宣传教育活动",在4月26日"世界知识产权日"前后开展"知识产权法宣传教育活动"，在6月26日"国际禁毒日"前后开展"禁毒知识宣传教育活动"，在12月4日"国家宪法日"前后开展"宪法宣传教育活动"，等等。另一方面，从其本身来看，活动的开展就是为了吸引更多的大学生参与进来，从中有所收获。因此，要充分了解大学生的实际需求，科学合理地设计活动内容及形式，贴近学生，提高大学生的积极性和参与度。一是丰富宣传教育内容。要将马克思主义法治理论贯穿于活动全过程，在宣传教育过程中将法理与法律条文相结合，让大学生"知其然"而且"知其所以然"；将法律法规与法律案例、法律实务知识相结合，而不单纯是对法律条文的普及；将法律法规与大学生实际相结合，使大学生更好地将法律内容内化为一种内心自觉，外化为具体的知法、懂法、守法、护法的具体行为。二是创新活动形式。例如：充分利用校园广播、校园报刊、宣传栏等传播媒介，塑造校园法治软文化；通过开展法治宣传教育讲座、专家讲学等形式，为大学生了解前沿法律知识创造机会；通过举办法治辩论赛、法律知识竞赛、模拟法庭大赛、模拟联合国大赛等与法治相关的校园文化活动，让大学生亲身体会法律知识的运用过程，培养大学生的法治思维；通过相声、小品、话剧等形式将法治素材融入其中，在欢乐的氛围中学习法律知识，培养法治意识。

第三，推进法治文化"进网络、进社区"，提升法治教育的实效性。法治宣传教育不能仅仅停留在课堂教学，而且要充分利用网络及社区文化平台的积极作用，推进法治文化"进网络，进社区"，贴近学生生活，形成潜移默化的积极影响。一方面，要打造微信、微博等新媒体公众平台，将法治宣传教育内容融入网络社区，定期推送法治热点分析、法律知识及涉法案例分析等内容。开展网络社区"一日一法"普及活动、知识产权网络大讨论、普法宣传H5页面设计大赛等具有吸引力的线上普法活动，通过线上线下互动交流的活动形式，营造普法、爱法、护法的良好氛围，激发大学生学习法律知识的兴趣，提升法治教育的实效性。另一方面，要充分利用社区文化平台，将法治宣传教育活动带入学生社区。例如，由法学专业教师带领学生定期开展社区"法律义诊"活动，现场为大学生解答法律问题，提供法律意见以及帮助他们更好地维护自己的权益。再如，建设社区法治沙龙室，定期组织法学专业教师或校外法律实务专家以各类实际案件为主题，与大学生开展法治文化沙龙。改变传统的教师讲学生听的讲座形式，让学生参与讨论，发表自己的观点，形成自己的认识。教师的作用则是引导学生讨论，以及在学生认识出现偏差的时候给予及时的纠正，从而提升大学生法治意识培养的实效性。

（三）创新实践养成机制

第一，加强高校与法律实务部门的交流互动，丰富法律实践教学内容，提升法律专业学生用法能力。法律是一门集理论性与实践性于一体的学科，法治意识的培养离不开社会实践。从调研中发现，法学类专业学生的法律知识水平优于其他专业学生，但是运用法律手段解决现实维权问题方面并没有优于他人的表现。这是法律实践缺乏的体现。为此，针对法学类专业大学生，要鼓励他们到法律实务部门或者与法务相关的实习岗位上参加教学实践，真正接触法律实务，将所学的法律知识运用到社会实践当中，提升用法能力。

第二，拓宽大学生法律视野。一方面是"请进来"。例如，引进司法厅普法办公室的普法宣传活动，承办省市级法律知识竞赛等活动，等等。另一方面是"走出去"。例如，组织大学生到司法机构旁听，直观地了解司法运作；组织大学生到监狱、戒毒所等机构实地参观，切身认识到触犯法律的后果，体验法律的实际权威。

第三，利用暑期"三下乡"社会实践活动平台，组织大学生投身社会开展法治宣传教育。组织大学生尤其是法学类专业大学生投身社会实践，到农村、基层开展法治宣传教育实践活动，将自己所学的法律知识以通俗易懂的方式传播给更多人，这不仅有利于促进大学生的实践能力提升，而且有利于提升大学生的法治信仰，培养其社会责任意识和法治意识。

（四）推进模范引领机制

第一，重点关注党员、学生干部法治意识培养。结合调查结果以及笔者在实际工作中的观察发现，大学生党员、学生干部的法治意识并没有明显呈现出优于普通学生的表现。为此，高校需要重点提升大学生党员、学生干部的法治意识。一方面，要将法治理论与知识融入"三会一课"之中，尤其要把握好"党课"这一党员教育平台，让学生党员学习马克思主义法治理论，充分理解全面依法治国的重要意义，带头践行社会主义核心价值观，弘扬社会主义法治精神。另一方面，要加强党员、学生干部的日常法律知识培训，培养其自我教育、自我管理、自我服务的能力，充分显现其先进模范作用。

第二，充分发挥法律相关专业大学生的模范引领作用。鼓励法律相关专业大学生应用所学法律知识，组建学生法律社团，带领更多非法律专业学生关注国家法治建设，提升法治意识。例如：组建法治理论研究交流平台"法治研究"协会，引导大学生自主探讨学习法治理论；组建法律实务技能实践平台"模拟法庭"协会、"法治辩论队"、"模拟联合国"协会，引导大学生关注法治、探讨法治、运用法治；组建"法律诊所"学生团队，在法学专业教师的指导下为身边人提供公益法律服务；组建"创新创业法律服务中心"学生团队，为创业大学生传播法律知识，促进创新创业与法律实践的结合等等。

高校是大学生学习生活的重要场所，是大学生法治意识培养的主阵地。高校环境对大学生法治意识培养有着更为直接、具体的影响。新时代背景下，务必充分发挥高校在大学生法治意识培养过程中的巨大作用，营造浓厚的校园法治氛围，充分提升大学生法治意识，从而促进大学生的全面发展。

参考文献

[1] 中共中央文献研究室. 习近平关于全面依法治国论述摘编［M］. 北京：中央文献出版社，2015.

[2] 葛洪义. 法理学［M］. 4版. 北京：中国人民大学出版社，2015.

[3] 柯卫. 当代中国法治的主体基础：公民法治意识研究［M］. 北京：法律出版社，2007.

[4] 柯卫. 社会主义法治意识与人的现代化研究［M］. 北京：法律出版社，2010.

[5] 李步云. 法理学［M］. 北京：经济科学出版社，2000.

[6] 张文显. 法哲学范畴研究［M］. 北京：中国政法大学出版社，2001.

[7] 习近平. 决胜全面建成小康社会 夺取新时代中国特色社会主义伟大胜利——在中国共产党第十九次全国代表大会上的报告［J］. 学理论，2017（11）：1-12.

[8] 李林，莫纪宏. 新时代中国特色社会主义法治理论的创新与发展［J］. 暨南学报（哲学社会科学版），2017，39（12）：1-7.

[9] 马志忠. 高校内部规章制度建设问题研究［J］. 山东理工大学学报（社会科学版），2009，25（1）：104-108.

[10] 郭乐蕊. 当代大学生法治意识养成研究［D］. 济南：山东大学，2017.

[11] 习近平. 把思想政治工作贯穿教育教学全过程 开创我国高等教育事业发展新局面［N］. 人民日报，2016-12-09（10）.

[12] 习近平. 关于《中共中央关于全面推进依法治国若干重大问题的决定》的说明［N］. 人民日报，2014-10-29（2）.

[13] 习近平. 决胜全面建成小康社会 夺取新时代中国特色社会主义伟大胜利［N］. 人民日报，2017-10-28（1）.

［14］教育部. 全国教育系统开展法治宣传教育的第七个五年规划（2016—2020）［R］. 2016：15.

［15］中共中央关于全面推进依法治国若干重大问题的决定［N］. 人民日报，2014-10-29（1）.

［16］中央宣传部，司法部. 中央宣传部、司法部关于在公民中开展法治宣传教育的第七个五年规划（2011—2015年）［R］. 2016.

高校"大德育体系"构建的困境与突破路径①

綦 林

国家教委在 1996 年颁布的《中国普通高等学校德育大纲》中指出,德育即思想政治和品德教育,是学校教育的重要组成部分。这里所指德育,是从中国传统教育活动与教育实践中形成的,从"德智体美劳"中逐步发展出来的狭义的德育概念。而随着社会、经济、文化、环境的不断发展,当前高校的德育工作正面临着更多的挑战。越来越多的学者指出,随着外部条件的变迁,当前现有的高校德育体系,无论从内容、方法还是成效,都显得有所落后,甚至是陈旧。而社会和个人对于终身学习的需求,使得高校有必要对当前的德育模式做出充实、调整和完善。具体来说,就是构建"大德育体系",为每一个社会成员的终身教育打下良好基础[1]。

从内容上来看,"大德育体系"中的德育,是指通过知识传授、道德养成、性格培养等途径来提高受教育者在思想道德、政治意识、行为规范、心理调节等方面的素质,包括价值观教育、政治教育、道德教育、法制教育、心理素质教育等内容。因此,"大德育体系"中的"德育"是建立在现代教育理念基础之上的"整体德育"。它超越以思想政治和品德教育为主要内容的传统德育观念,融合了政治参与、法律规范、心理调节等诸种现代教育理念[2]。而在高校德育的实际工作中,"大德育体系"的构建却面临着许多问题和困境。《中国大学生思想政治教育发展报告(2014)》指出,只有 40.1% 的大学生对当前高校思想政治教育给出肯定性评价,有 11.8% 的大学生认为当前高校思想政治教育效果"比较差"或"非常差"。报告同时认为,需要努力创新思想政治教育方式,提高思想政治教育的吸引力和感染力,其中,最需要改进的是"教育方式"[3]。本文试图从"大德育体系"构

---

① 论文信息:《高教学刊》2017 年 6 期,第 20-21 页。

作者简介:綦林,1986 年生,男,湖北黄冈人,华南农业大学经济管理学院讲师,华南农业大学大学生学业指导名辅导员工作室成员。

建的内容、方法、组织和制度、评价和反馈等方面分析当前高等学校所面临的困境。

一、当前高校"大德育体系"构建所面临的困境

"大德育体系"构建的是一个系统性、开放性的体系,其内涵随着当今时代和社会的发展,也产生了诸多变化。但由于过往的经验和现实条件的种种约束,当前高校的德育工作存在着种种误解,由此产生了工作中的诸多偏差。主要表现在以下几个方面。

(一)对"大德育体系"的内涵解读不完整,内容不完善

对于德育这一工作和内容,每个专家和学者都有不同的解读。但普遍同意的一点是,随着经济社会的不断发展,国家和社会对高校德育提出了新的要求,在政策层面上,国家对于德育工作也有了进一步指示和指导。1987年,中共中央颁布的《关于改进和加强高等学校思想政治工作的决定》,明确提出大学德育是要对大学生进行思想政治教育,即要对大学生进行马克思主义的世界观、人生观和人生理想的教育。党的十四大以后,大学德育中又增加了关于道德教育的内容,开设了思想道德修养课。此后,又增加了法制教育的内容,即在大学中又增设了"法律基础"课。并进一步规范了高校思想政治理论课课程体系,确定大学德育内容为:政治教育,思想教育,道德教育与法纪教育。这些方案的发布,体现了国家对大学生思想政治教育的重视,也体现了德育工作的与时俱进性。但就当前的社会发展和需求以及工作现实来看,并不能很好地满足当代大学生的实际需求,也不能满足当前高校学生德育工作的发展需求。总体来说,我国高校德育工作在其目标设置和内容设定上存在着注重政治理论教学而忽视社会生活实践、注重理想信念而忽视现实解读、注重社会需求而忽视个体发展需要的问题,不利于德育功能的完整合理高效发挥,甚至在一定程度上偏离了德育工作原本的目标。

当前,我国高校德育的主要内容包括思想教育、道德教育、法律教育、心理健康教育、职业规划教育等。从德育最开始的概念说起,我国国情决定了社会主义教育的最根本目的是培养合格的社会主义事业建设者和接班人,国民教育一贯强化政治思想教育,当代大学生在思想政治方面一般没有太大问题,普遍拥护党和国家的领导,认为实现中华民族伟大复兴必须坚持中国

特色社会主义道路。沈壮海等人在 2014 年面向全国 30 所部属重点高校开展调研的数据也从侧面支持了这一论点。目前，高校普遍开设了道德修养和法律基础课程，但大学生在道德意识和法制观念上还存在进步空间。当前大学生普遍对各类道德模范的关注不够，参与公益活动次数偏少，表明当代大学生道德实践不足。同时，大学生对校园内道德状况的评价不高，校园内存在诸多不道德行为，部分大学生甚至都没有意识到某些行为是不道德的。例如，学术剽窃、数据造假、上课迟到、早退、说脏话、语言暴力、考试作弊等。在法制观念上，部分学生法律意识淡薄，弱化自身社会人的身份，存在机会主义的倾向，违法犯罪现象时有发生。而随着社会竞争的日益加大，大学生的职业规划问题、心理健康问题也日益突出。自马加爵事件后，虽然各高校纷纷设立心理健康中心，但每年因为心理健康问题发生的校园惨案为数不少，心理工作也日益成为高校学生工作的一个重点和难点，甚至是痛点。以上内容构成了当前我国高校德育工作的主要结构和框架，而构建"大德育体系"，应当从内涵上有所突破，也就是说，"大德育体系"不仅包含以上内容，还应当包含党团建设、校园文化建设、感恩教育、网络教育、社会礼仪教育等方面。这也是当前构建"大德育体系"所面临的一个困局，各专家学者和实际工作者对于各个细分方面研究较为深入，却陷入了一种较为狭隘的德育工作困境中，没有能跳出现有框框，实现对"大德育体系"各方面的有效整合。

更进一步地，"大德育体系"内容构建应当深入到课程体系建设中去，囿于篇幅，此处不再进行讨论，留待后续开展。

（二）构建"大德育体系"的方式和方法相对单一，不能为受众所普遍接受

"大德育体系"构建的方式和方法是指具体的实施德育的方法和手段，它服务于"大德育体系"的目标和内容，是"大德育体系"最终目标和最终实现程度的关键所在，因此，在整个"大德育体系"构建过程中有着重要的位置。但从目前我国高校德育的实施实践来看，不论是中小学的思想政治课还是大学的德育课程，理论灌输的教育方式仍占主导地位，过分强调课堂灌输这种教学方式往往会忽视在教育过程中对学生的启发和引导，以及内化和外化在德育养成中的作用[4]。高校主要还是以理论教学为主，甚至是空洞的纯理论教学。而实际数据显示，在"影响大学生思想政治教育成效的原

因"上，教育方式是大学生选择比例最高的一项，达到27.1%。其次才是社会环境（20.2%）、教育内容（19.1%）、学生自身原因（17.7%）、专业教师水平（10.3%）等。需要特别指出的是，根据调查显示，71.9%的大学生认为"社会实践活动"对"大学生思想品德发展的积极作用"很大或者比较大，62.8%的大学生则认为是"校园文化活动"，60.6%的大学生认为是社团活动，而选择"思想政治理论课堂教学"的大学生则只占45.0%[3]。这表明，当代大学生对于已经不满足于完全的纯理论教学，认为非教学类的实践活动对自己的思想品德发展作用更大，高校德育活动的实施需要更好地贴合受众的需求，寻求更加丰富的方式和方法，提高德育实施效果。而这也无疑是当前高校德育实施的一个困境，即如何能针对当代大学生特点开展有效的德育工作。

（三）构建"大德育体系"的组织架构不完善，人员没有充分调动，制度上存在一定缺陷

当前各高校的德育实施组织主要由组织部、宣传部、学生工作部（处）、招生就业处、研究生工作部、校团委、各二级学院（系）团委学生会、思想政治教育课教研部（室）等相关部门组成。具体的德育实施工作也由以上部门人员完成。但"大德育体系"的构建则在组织架构、人员构成、制度建设上提出了更高要求。

首先是在组织架构上提出更高要求。上文所述的德育工作实施部门是传统意义上的，而随着当前社会、教育发展的需求的增加，传统意义上的组织架构已不能有效满足德育工作发展的需求。从本质上来讲，教育是一种特殊的服务性产品，隶属于第三产业，但同时也有其自身发展的特性。实际上，高校应当将"育人"作为工作的一个重点和核心，全校各部门积极参与，树立服务育人的概念，而不仅仅将"德育"这一工作归结为部分部门的职能。特别是教学业务单位，更应当积极主动地承担起"育人"这一功能。但现实情况则没有那么理想化，部分教学人员认为"育人"这一工作不是自身分内工作，自己只需要做好"教书"这一环节就好，甚至部分教学人员由于自身科研、发展、社交等需求，连最基本的"教书"都没有做好，无法在学生中起到模范作用，更别说积极主动承担学生思想政治教育工作。例如，有的教师在发现学生考试作弊后，会直接将其通报给辅导员，由辅导员来进行后续的教育工作，自己则认为没有义务对学生进行批评教育。其他服务部门也存

在同样的问题，导致部分学生认为在学校职能部门办事是件很困难的事情，也就没有能起到任何的"育人"职能。

其次是在人员构成上，存在人员配置不齐、流动率偏高、教育背景不匹配等问题。各高校均有部分专职德育工作人员，各学院（系）还有专职副书记、辅导员、班主任等。看起来人员众多，但随着高校扩招，普遍不能达到教育部要求的1∶200的师生比，更有甚者，一个辅导员需要管理800～1000人，管理幅度过广，根本做不到对个体学生的充分了解，何谈"育人"？而辅导员等核心德育工作人员由于工作的特殊性，例如，经常性加班、处理突发事件等，导致流动率偏高，大部分辅导员在岗位工作5～7年后，即转入到其他工作岗位中，无法形成积累。另外，当前高校思政教育工作人员大都并非专业从事思想政治教育研究，以辅导员为例，各学院、各系往往会留用或招聘本学院、本专业相关的研究生担任辅导员，在理论水平、学术研究上存在天然不足。甚至有些高校辅导员等思想政治教育工作人员都没有参加过完整的岗前培训，对当前的工作形势、方法、途径处于不了解、难以了解的状态，势必会影响到高校德育工作的实效性。

最后是制度建设方面。一个体系需要良好的运作，必须要有一套行之有效的制度来进行支撑。当前的现状是，各高校针对德育工作的常规模块均提出了一系列制度，例如，学生管理制度、社团管理制度、辅导员工作办法等，但对于新兴的德育工作模块显然还缺乏良好的制度支撑。同时，对于"大德育体系"构建，往往也只是存在一个概念，缺乏必要的文件和办法来规定、解释具体操作流程等，不能够起到对构建"大德育体系"的指导作用，也就没有办法真正从制度、财务、人力上对"大德育体系"建设起到促进作用。

（四）对于德育实施结果的评价较为缺乏，反馈机制不畅

德育评价是人们依据一定的评价标准，通过科学的方法和正确的途径，多方面搜集适切的事实性材料，对德育活动及其效果做出价值判断的过程[5]。如何构建德育评价工作体系，对于在高校育人过程中增强德育活动实效性、提高学生德育素质和促进德育评价工作科学、合理开展至关重要。当前高校的德育工作存在着重结果、轻过程，重数量、轻质量的误区。高校德育工作有许多的"指定动作"，要求各团体必须完成，却没有对活动效果进行良好总结和评估，采用一种形而上学的态度对待当前的德育工作，具体工

作人员由于得不到及时有效反馈,无法得知自身工作存在的缺陷和不足,导致高校德育工作存在着原地踏步的现象。在评价和反馈过程中又存在以下主要问题:一是如何评价的问题。对于评价的方法,专家学者给出很多方案,有目标管理法、360度评价法等,哪一种才是适合各校特点的方案,需要高校在工作中具体摸索。二是由谁来评价的问题。由于经费等因素限制,各高校往往较少聘请校外专家对本校德育工作的实施展开具体评价,大部分开展了评价的高校也是内部开展,在一定程度上影响评价结果的客观性和准确性。三是反馈机制如何建立。中国人在传统上重人情,特殊的社会关系往往导致评价结果无法准确有效传递到德育工作者手中,如何消除反馈过程中的"噪声"是当前评价工作中面临的一个现实问题。

二、高校构建"大德育体系"的突破路径

(一)更新现有德育的思想观念和目标

社会经济文化的发展,给当前高校的德育工作带来了许多新挑战和课题。构建"大德育体系"则是顺应时代发展和社会需要的重要途径。首先要坚定树立社会主义的道德观念。在日常工作和实践中,要始终坚持社会主义核心价值观,树立以爱国主义为核心的民族精神、以创新发展为核心的时代精神,始终牢记高校德育工作的目标是培养社会主义事业的接班人。其次是要树立"人本"的思想。"人本"观念是指在德育过程中要以学生为主体,强调学生的参与感,同时注重人文关怀和个性化发展,促进当代大学生的全面发展。"实现教育中人性的复归,使教育真正成为关注人、理解人、尊重人、发展人的活动"成为德育工作者的追求[6]。最后是要树立创新、发展和包容的观念。事物是一个不断发展变化的过程。除了变以外,没有什么是不变的。在具体的德育实践中,也应当根据实际工作的需要不断创新,发展新的内容、新的方法,使工作更贴近实际。同时,要学会兼容并包,不断吸收其他国家和民族在德育方面的特色优势。学会从我国古代文化中提取精粹,为我所用,共同为"大德育体系"的构建提供丰富养料。

(二)丰富、完善"大德育体系"的内容

"大德育体系"的"大"字,应当体现在内容上,应当在现有政治教

育、思想教育、道德教育和法纪教育的基础上，增加心理健康教育、礼仪教育和审美教育等方面的内容，从而构建起一个更为科学、更为完善的内容体系。具体而言，包括但不限于以下内容。

第一是政治教育。政治教育即对学生进行马克思列宁主义、毛泽东思想、邓小平理论和"三个代表"重要思想以及科学发展观的教育，进行党的基本理论、路线、纲领教育，帮助大学生树立起马克思主义的世界观，深刻理解中国特色社会主义理论体系的科学内涵，坚定在党的领导下走中国特色社会主义道路的理想和信念。

第二是思想道德教育。思想教育应以理想信念教育为主，指导大学生运用马克思主义的世界观和方法论来认识和分析问题，帮助大学生树立起服务祖国、服务人民的人生目标，树立起强烈的社会责任感和使命感，引导大学生认识社会主义核心价值体系的内涵，帮助大学生树立正确的世界观、人生观和价值观。道德教育主要是应对大学生进行社会主义道德、中华民族优良传统、公民道德、社会公德、职业道德和家庭美德的教育。帮助大学生加强自己的道德修养，培养自己以诚实守信为主的道德品质，不断提高自己的道德境界。同时，还应引导和帮助大学生树立起以"八荣八耻"为主要内容的社会主义的荣辱观。

第三是法制教育。法制教育主要是对大学生进行社会主义民主、社会主义法制和纪律的教育，以提高大学生的法律意识和法制观念为主，以"学法律、讲权利、讲义务、讲责任"为主要教育内容，帮助大学生了解和认识中国特色社会主义法律体系，正确行使自己的公民权利，严格履行自己的公民义务，自觉遵守法律，依法办事，依法维护国家利益和自身的合法权益。

第四是礼仪审美教育。礼仪教育是对大学生进行系统的关于礼仪的基本理论和基本规范的教育，培养大学生的礼仪素养。通过理论教育和实际训练，帮助大学生形成在人际交往和公共生活中应有的对人的尊重意识、公德意识、友善精神。审美教育即审美教育和美感教育。培养学生感受美、表现美、鉴赏美和创造美的能力，有利于提升学生个人修养，帮助学生感受自己美好的生活，产生热爱生活、建设美好生活的积极的人生态度，促进学生个性的发展和创造能力的提高，提升其精神境界。

第五是心理健康教育。心理健康教育主要是向学生普及关于心理健康方面的知识，培养学生良好的心理品质，促进学生身心全面发展和学生素质的全面提高。心理健康教育可以帮助学生正确地对待和处理自己的心理问题，增强克服困难、承受挫折的能力，促进学生形成良好的心理品质，使自己养成自律、自爱、自尊、自强的良好的个性和关心他人、与人为善的良好的处世能力，从而有效地发掘自己的心理潜能，培养自己的创新精神，保持自己良好的适应环境的能力和积极向上的精神状态。在当前竞争日趋激烈和大学生就业压力不断增大的大背景下，对大学生进行心理健康教育的重要性越来越突出[7]。

第六是职业发展教育。职业发展教育主要是向学生进行职业生涯规划教育，提供职业发展指导服务，帮助学生树立良好的择业观和就业观，为将来的发展提供方向和动力，可以帮助学生树立明确的发展目标和方向。职业发展教育可以将职场生活与大学生活相对接，为大学生提供更为贴近现实的职场教育，能有效提高学生的就业竞争力，帮助学生更好地适应职场，提升学生职业发展潜力。

第七是校园文化建设。环境的力量不容忽视。在校园内积极创建整体德育氛围，校园文化建设也应当在"大德育体系"的框架下运行。潜移默化的方式对于受众来讲更容易被接受，因此，要不断加强校园文化的建设，例如校园宣传栏的维护和运用、校园道德模范的发掘和表彰等。

（三）探索德育工作的新方式

传统的说教灌输式教育已不再受到学生和时代的欢迎。在"大德育体系"时代，应当寻找更符合学生和时代需要的教育方式和方法。

首先是变纯理论教学模式为实践性教学模式。从调研数据来看，71.9%的大学生认为"实践性教学"能更好地实现教育目标。因此，高校应当格外重视实践性教学模式的开发，充分发挥当代大学生动手能力强的特点，让学生从被动变为主动，实现德育的高效高质。

其次是让德育回归生活之中。早在20世纪80年代初，我国著名德育专家胡守棻教授就撰写文章呼吁教育界重视校外德育工作，并以社区为中介，连接学校与家庭，积极探索大德育的新格局[8]。实际上，除了课堂上的德育，生活中的德育也是德育工作中的一个重点，而且大学生更容易受到身边事物或者人的影响，因此要积极探索生活德育，丰富校园文化，宣传正能量，以潜移默化的方式实现德育目标。

再次是注重利用新媒体积极开展德育工作。当今是信息化的时代，微博、微信等新媒体深刻影响着当前社会的生活、工作和社交。教育部前部长袁贵仁曾提出要大力推进网络思想政治工作。广大德育工作者应当接受并熟练掌握新媒体使用方法，通过新媒体了解当代大学生思想动态，积极引导学生正确使用新媒体。利用新媒体开展德育工作，使正能量在网络得以宣传，占领新媒体这一良好的宣传渠道。

最后是加强多种德育方式方法的融会。德育工作是一个复杂动态的过程，具体工作实际中不能局限于某一种方式方法，而应当注重将多种方式相互融合，实现德育工作方式的创新。

（四）建立完善的德育工作主体体系，形成"全员德育"的工作氛围

高校中，学生处、团委等专门从事大学生思想政治教育工作的学工干部是对大学生进行思想政治教育的主力军。而在实际工作中，往往会陷入这样的怪圈，那就是，大学生德育工作是学工干部的任务，其他教职工没有这一义务。而事实上，高校内部所有教职员工都具有对大学生进行思想政治教育的责任和义务。应当要建立一个完善的德育主体体系，明确各岗位教职员工在其中的地位和作用，提升高校教职员工德育工作的积极性和主动性，是建立高校"大德育体系"急需解决的一个途径。

（五）建立完善的德育工作组织体系与评估体系，为高校德育工作提供制度保障

建立完善的高校德育评估体系，分析德育现状与预定目标之间的差距及其产生的主客观原因，是督促学校提高学校德育教学质量的有效手段。科学完善的高校德育工作组织体系与评估体系是高校德育工作顺利进行的制度保障，也是高校德育体系建设的重要组成部分。郑海友指出，多方参与是德育评价工作的重要组织形式，保障机制是德育评价工作的基本要求[9]。在"大德育体系"建设的背景下，单靠学校学工人员的力量，很难保证德育评价工作的科学有效的开展。高校必须组建一支以教育评价专家为主导、以高校教师为主体、广泛吸纳社会组织和学生个体参与的德育评价队伍，以实践表现作为大学生德育评价的主要标准应该被突出，这对德育评价工作所需要的智力、人力、物力和财力提出了更高的要求。高校要坚持教书育人、德育为先的方针，重视德育评价工作，从评价的管理制度、学校的政策导向、评价队伍建设方面建立保障机制。

参考文献

[1] 张靖. 论高校德育体系的重构 [J]. 河南科技学院学报, 2011 (7): 119 – 121.

[2] 舒也. 对"大德育体系"的思考 [J]. 高等教育研究, 1999 (3): 52 – 55.

[3] 沈壮海, 王培刚, 等. 中国大学生思想政治教育发展报告 (2014) [M]. 北京: 北京师范大学出版社, 2015.

[4] 李洋. 德育现代化道路上的困境与突破 [J]. 学理论, 2013 (8): 194 – 195.

[5] 鲁洁, 王逢贤. 德育新论 [M]. 南京: 江苏教育出版社, 1994.

[6] 余茉莉. 2004 年德育研究热点与前沿问题综述 [J]. 思想理论教育, 2005 (9): 79 – 80.

[7] 郭现军. 谈大学和谐德育内容体系的构建 [J]. 教育探索, 2012 (7): 126 – 128.

[8] 邱伟光. 社区教育: 创建德育体系的有效载体 [J]. 思想理论教育, 2010 (4): 39 – 41.

[9] 郑海友. 实践育人背景下的大学生德育评价工作体系研究 [J]. 丽水学院学报, 2016 (7): 113 – 116.

社会主义核心价值观引领当代大学生就业观研究[①]

张雨婷　彭之琦　郭毅博

一、社会主义核心价值观的内涵

社会主义核心价值观凝练的 12 个词中，总共划分为三大部分[1]。"富强、民主、文明、和谐"为社会主义核心价值观的第一部分内容。这 4 个词是体系的核心内容，同时也引导着整个体系的价值观走向。富强，即是国家最根本的发展方向。一个国富民强的社会，便是维持整个国家安定与国际地位的基本保障。民主，即是人民民主[2]。这个词充分体现出社会主义的性质与优势，是不同于其他社会制度的最主要特点之一。文明，是现代社会中物质基础之上的进一步追求。它充分体现了人民在生活条件逐渐完善的背景下对精神层面的更高要求，这也是社会主义社会在"质"的发展上的一大跨越。和谐，是保障社会主义社会以及整个世界发展的最根本的实现方法。孔德在《实证主义概论》中提道："稳定是社会大治之母。"稳定和谐若不能成功实现，社会的物质基础与精神产物都无法延存下去。国家只有做到了富强、民主、文明、和谐，才能够着眼于下一步的改进与提升。

社会主义核心价值观的第二部分内容为"自由、平等、公正、法治"，不同于第一部分内容的是，自由、平等、公正、法治是立于国家层面上的发展方向。追溯中华五千年的文化，人民对于自由的理解从未有过固定的答

---

① 论文信息：《智库时代》2018 年第 26 期，第 183－184 页。
作者简介：张雨婷，1987 年生，女，广东梅县人，华南农业大学农学院讲师，华南农业大学大学生就业创业名辅导员工作室成员；彭之琦，1998 年生，女，广西柳州人，华南农业大学农学院本科生；郭毅博，1997 年生，男，广东广州人，华南农业大学农学院本科生。

案。在我国的价值观体系里，对自由的诠释是人的意志自由、存在和发展的自由，这说明人民在意志、存在和发展三个方面上实现自由是历史社会中总结下来的发展捷径。平等，可涉及国家、社会，甚至是个人上。国家之间做到平等，可有效进行政治、经济交流；社会里做到平等，可有效维持社会秩序稳定；个人之间做到平等，是建立和谐稳定的社会主义社会的最基本单位。而公正，是在自由、平等的基础之上的升华，是全人类共同打造的社会结晶。法治建立在治国理政的方面上，是自由、平等、公正的法律保障，也是最为有力的武器。自由、平等、公正、法治是全人类对社会性质的追求，同时也是我们对于社会主义社会的美好表述。

社会主义核心价值观的第三部分内容为"爱国、敬业、诚信、友善"，这些是相对于个人角度来建立的价值观。作为公民，首先，应热爱自己所身处的国家，并且为国家的发展做出自己的一份贡献，这才是巩固国家发展的根本途径与国家发展源源不断的动力；其次，人人得做到敬业，才能让国家产业不落空，得到实质发展；再次，诚信是人与人交往中的最为重要的品质，"人无信而不立，商无信而不成"，没有了诚信，整个社会都会失去原有的灵魂；最后，友善是社会主义的新型人际关系，这是我们对人类精神方面的更大追求。

二、当代大学生的就业观现状

随着现代社会的多元化发展，大学生在就业时期面临着纷繁复杂的就业选择。但不难发现的是，当代大学生的就业观主要分为两个方面。其一，部分大学生重视自己的多方面综合发展，努力为将来的就业道路打下扎实的基础。同时，这类型的大学生倾向于接受挑战，挖掘挑战机会。因此，他们更有可能接触并且也更容易地进入高薪企业阶层或是富有想象力和创造力的工作团队中。其二，部分大学生以稳定工作岗位，稳定工作收入为标准来衡量自己面临的诸多就业工作孰优孰劣。这部分的大学生的一致思想是认为稳定的工作与收入是他们生活的最大保障，而低风险的工作性质是他们趋于稳定的主要原因。二者的就业观都存在各自的观点之上，并无唯一指标来衡量这些观点体系。可以说，大学生不存在最好的就业观，但拥有一个适合自己的就业观尤其重要。

三、社会主义核心价值观引领当代大学生形成良好就业观的可行性与必要性

无论是何种就业观,大学生的就业观都不应该偏离社会主义核心价值体系中的价值观念和走向。一份工作,最大的作用应是促进国家富强、民主、文明、和谐,这也应是工作最基本的价值走向。偏离了富强、民主、文明、和谐的工作,那么它也是转瞬即逝的。其次,一份工作处于的环境应是自由的、平等的、公正的、法治的。

若是少了其中的任何一项,那么这份工作的体系根基不会稳固,早晚都会垮塌。而爱国、敬业、诚信和友善是维护工作的良好人际关系,也是工作关系中的基本要求。所以,社会主义核心价值观必须贯穿于大学生的就业观中,才能让大学生形成一个健康完善的就业观。

四、社会主义核心价值观引领大学生形成良好就业观的途径

世上做两件事最难,第一件事是把别人的钱掏进自己口袋里,第二件事是把自己的想法强加在别人头上。我们要做的便是要通过诱导的方式,先迎合大学生对于就业的需求,再在引导大学生满足自身需求的过程中将社会主义核心价值观慢慢渗透到大学生的脑海中,以此为主要方式让大学生自觉以社会主义核心价值观为基准去形成就业观。

(一)国家层面以社会主义核心价值观为主旨打造良好就业环境

"富强、民主、文明、和谐"是最根本的国家发展目标,是大学生形成健康就业价值观的根本保证[3]。国家在政策上的制订,对市场的调控都决定着大学生就业价值观智库时代的形成导向。大学生要形成以社会主义核心价值观为基准的就业价值观,国家要做到以下几点。

1. 深化对社会主义核心价值观的解释

大学生对于"富强、民主、文明、和谐、自由、平等、公正、法治、爱国、敬业、诚信、友善"24字的理解仅停留在表面,而并没有结合时代发展,结合中国国情去体悟这24个字的真谛。因此,国家应该深化对社会主

义核心价值观的解释,用通俗易懂的话语进行转述,告诉民众在社会主义核心价值观的引领下,我们要建设什么样的国家,要建成什么样的社会。中华人民共和国成立初期,毛主席在进行工业化建设时,结合了当时的时代背景,向民众传递了社会主义工业化场景就是"楼上楼下,电灯电话"。清晰明了的一句话,便让民众知道自己要服务的是一个怎样的国家和社会。

2. 顺应经济发展的现状、迎合经济发展的趋势,制定相应的大学生就业便利政策

经济是发展的基础,一个国家的经济发展水平、国际的经济发展趋势决定了一个国家的发展方向。中国在结合当今经济发展方向与态势和自身国情的基础上,明晰了要把中国建设成怎么样一个国家的战略目标之后,就应该考虑要完成如"五位一体"总体布局和"四个全面"战略布局等战略目标需要什么样的人才。为此,国家应针对人才需求,制定相关就业政策,扩充就业岗位,打造符合国家发展需要的多元化就业环境。

(二) 社会层面以社会主义核心价值观为主旨营造良好就业氛围

社会理应以"自由、平等、公正、法治"作为建设目标,对于社会职场的建设更是如此。营造健康良好的就业环境,更有助于大学生形成积极良好的就业价值观。从目前现状可看出,大学生在毕业之后的求职过程中,拼关系、走后门的现象依旧存在,部分企业对于性别、非"985"与"211"的歧视同样存在。这些乱象在社会上构成了"不平等,不公平"的就业氛围,需要社会去规范与整顿。同时,响应社会主义核心价值观中"法治"的需求,社会更应该完善和落实大学生就业的政策体制,让国家的政策的预期值经由社会的落实达到百分之百。

(三) 高校层面以社会主义核心价值观为主旨做好良好就业导向

高校与社会仅一墙之隔,因此,高校对大学生的就业教育与就业引导显得尤其重要。这就要求高校在教育引导中渗入社会主义核心价值观的内容,使大学生逐渐形成以社会主义社会价值观为导向的就业价值观,并应牢牢把握住以下四个方面。

1. 高校需深化对学生的就业教育

就业教育给学生传递的应该是在新时代的背景下,在国家"五位一体"总体布局,"四个全面"战略布局的部署下,在以"富强、民主、文明、和谐、自由、平等、公正、法治、爱国、敬业、诚信、友善"的价值观引领下，以此为基调来推进大学生就业前教育的进行，充分让大学生认识到自己所面对的机遇与挑战是什么，分析透彻本专业的发展潜力。在教育形式上，不局限于碎片化的讲座活动，而是针对各高校的特色形成一套规范而专业且更具有时代性的就业教育体系，切勿让学生把就业教育当成是一种累赘，而应让学生将就业教育作为一种机遇。

2. 高校需加大职业生涯规划课的重视程度与开发程度

职业生涯规划课要做到的是引导学生主动去了解新时代下国家、社会的需求，然后再主动去挖掘本专业能契合国家哪一部分的发展，能契合社会哪一部分的建设，最后再结合自身特色去制定属于自己的职业生涯规划。在课程开展形式上，除了加大课程学分比重与期末考核多元性来引起学生重视程度之外，在课堂上，教师切勿生搬硬套或是做教室的"唯一发声者"；在此类课程设置上，更应通过小组任务与课堂讨论的形式激发学生们去主动了解，主动思考，主动规划，主动践行。学校更应该把课程设置重心放在这类主要养成学生形成良好就业价值观的课程上面，即便减少专业课的授课时间也不应懈怠此类课程的开发。

3. 高校需加大对思政课的重视程度与开发程度

当今高校思政课的授课现状是，学生对此类知识的学习仅仅停留在认识阶段，大一懵懂时所形成的价值观在经历4年思政课"熏陶"后仍旧未变。思政课若像专业课授课一样仅仅向学生脑子里灌输表面思想，注定会失败。一门教学成功的思政课应该引导学生主动结合时代精神去创造观点，为新时代中国特色社会主义培养能准确结合现状向党和国家提出针对性建设性意见的公民。在这类课程形式设置上，老师不应该仅仅作为知识的输出者，而更应该作为一个引导学生主动去成为观点的创造者，尝试与学生共同遨游在思政的海洋中。学生能有意识去理解社会主义核心价值观引领之下的国家和社会具体应该是什么样子的时候，也就为了学生应该成为怎么样的人，要如何去就业打下了坚实的基础。

4. 做好不符合社会主义核心价值观行为的惩罚机制

要使社会主义核心价值观深入大学生心中并成为大学生的就业价值导向，除了营造外界正向引导的环境循序渐进之外，还需要对违背社会主义核心价值观的行为做严格管制，完善惩罚机制。目前现状就是，高校在各方面有关于学生"爱国、敬业、诚信、友善"的管制还不算很到位，譬如说在

"诚信"方面,高校对于学生作弊现象不够重视,导致部分学生将平常作弊的习惯延伸至自己的就业价值观形成中,是导致职场中拼关系、走后门的行为司空见惯的重要原因。高校应以治本为目的,把社会主义核心价值观渗透进学生的脑海中,通过行为反作用于心态的机制,潜移默化中让学生把社会主义核心价值观当成是自身就业观的价值导向。

参考文献

[1] 石健文. 中华优秀传统文化与大学生社会主义核心价值观的培育研究 [J]. 当代教育实践与教学研究, 2018 (5): 56.

[2] 何士清. 以人为本与法治政府建设 [D]. 武汉: 武汉大学, 2005.

[3] 肖强, 顾姗姗. 用社会主义核心价值观引领大学生就业价值观 [J]. 中国大学生就业, 2015 (21): 34-38.

学风建设篇

大学生学业表现性别差异研究

梁耀明　何勤英

近年来，男孩"弱势"现象引起了教育界的普遍关注。不少研究表明，从小学到中学，甚至到大学，男孩的学业表现普遍落后于女孩。学业表现上出现的这种男生学业落后现象引发了部分学者对"男孩危机"的担忧[1][2]。而在现实当中，教师往往对男孩抱有较高的期望，甚至认为"女孩在能力方面不如男孩"[3]。社会上流行的一种看法是，在小学阶段女孩学习成绩好是阶段性的，但是到了高中之后男孩就开始超过女孩。岳龙（2010）指出，在家长和教师的潜意识中，男性在发展方面有着天然的优越性，经过一定时间努力自然会赶上并超过女性[4]。这是事实，还是性别偏见？男孩在大学成长中具备以上所谓的"后发优势"吗？

一、"男孩弱势"与"后发优势"

长期以来，人们对于两性的认识一直保持着"男高女低""男强女弱"甚至是"男尊女卑"的传统观念。他们很执着地相信，很多重要的工作只有男性才能胜任。可以看到的社会现实是：各级领导、社会精英、高薪职业人士几乎都被男性所垄断。这又进一步强化了人们对于男性处于优势地位的看法。但是近年来，在教育领域男孩的学业表现并非如此，而"女性优势"在不断凸显，这一现象甚至逐渐从基础教育向高等教育延续。例如，毕立立（2014）以农村某小学为例，分别从课堂教学、班级管理、课间活动三个方面对学生的学业表现进行了调查，结果显示：女生的学习成绩总体上明显优于男生，并且男女生的学习成绩差距会随着年级的升高而呈扩大趋势[5]。吴

---

① 论文信息：《中国成人教育》2017年第6期，第55-59页。

作者简介：梁耀明，1985年生，男，广东广州人，华南农业大学经济管理学院讲师，广东省高等学校名辅导员陈晓梅工作室及华南农业大学大学生学业指导名辅导员工作室成员；何勤英，1978年生，女，江西上饶人，华南农业大学经济管理学院教授，通讯作者。

岚（2002）对重庆市26所中学6539名高中生会考成绩进行统计分析后发现：女生的学习成绩总分显著高于男生，女生总分平均分为632.28，男生总分平均分为624.27；学习最好的女生多，学习最差的男生多，女生处于高、中、低分段的人数比例分别为10.0%、80.0%、10.0%，而相应的男生比例则为7.0%、79.4%、13.6%[6]。文东茅（2005）对全国34所大学2003级毕业生的调查同样发现：成绩排名靠前的女生多，排名靠后的男生多，学习成绩前25%的女生比例为44.9%，男生比例为31.2%，学习成绩后25%的女生为2.5%，男生比例为7.7%[7]。肖丽梅（2012）调查发现：2006—2007年度的50000名大学生国家奖学金获奖者名单中，男女生获奖的"实际比例"为1∶2.01，2007—2008年度为1∶1.95[8]。

  男孩的学业表现落后于女孩这一观点在高考成绩的性别差异比较中同样获得支持。2003年高等教育扩招以来，随着教育性别平等政策的较好贯彻落实，女孩在高考竞争中的优势也日益凸显。图1描述了1999年大学扩招以来男女大学生（本科）比例。1999年女大学生的入学比例为39.66%，经过10多年的发展，2011年女大学生比例为50.04%，首次超过男生比例，此后男女大学生入学比例出现"逆转"，2015年女大学生入学比例提升至53.08%，明显高于男生。根据艾瑞深中国校友会网对1952—2015年内地、香港特别行政区和台湾地区3000多名省级高考"状元"展开的追踪调查：中国高考女"状元"比例从1999年的34.78%上升到2015年的52.38%，呈一定的上升态势；1999年以来女"状元"比例有10年超过50%，17年间女"状元"平均比例为51.215%，女"状元"人数超过男"状元"人数。

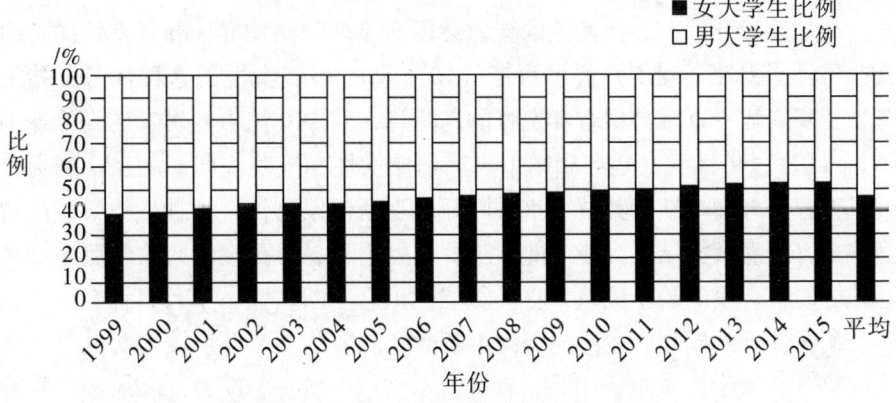

图1 1999—2015年男女大学生比重

数据来源：教育部发展规划司历年《中国教育统计年鉴》。

在学业表现上，男孩落后于女孩似乎成为一种客观事实。有学者对学业表现性别差异影响因素进行研究发现，同等年龄层次的男性在学业表现上落后于女性的直接原因可能在于，男生在生理和心理等很多方面的发育比女孩要晚。里奥纳多·萨克斯（2009）经过多年研究发现，在儿童青少年时期，男孩的大脑发育总体上要落后于女孩[9]。根据英国学者葛非·哈曼的量化研究，11岁时，男孩口语、读写和计算能力的发育水平分别会比女孩晚11、12和6个月[10]。研究还表明，在自制力和言语发展上，男孩落后于女孩的情况更为突出，加之在应试教育模式化的培养模式下，教学方式对男孩的不利[11]，男孩在学业上落后似乎显得"情有可原"。但有少量研究发现，男孩在学习后期会展现出一种"追赶效应"。比如Lai（2010）基于对北京市东城区普通初中1999届学生的调查数据发现，在初中阶段，尽管男生在数学和科学上逐渐追赶女生，但是女生的领先优势却随着学业进展而不断降低[12]。孙志军等（2016）采用分位数回归方法和增值模型，对一个地级市三届全部普通高中的学生数据进行统计分析发现，在平均意义上，男生在高中理科成绩上的绝对值低于女生，而增值（学业进步程度）却远高于女生；对高中理科成绩而言，随着分位点的提高，男生在学业成绩的绝对值和增值上均实现了对女生的赶超[13]。这些研究在一定程度上印证了一些教师和家长们认为男孩具有"后发优势"的看法。有学者研究发现，大学生情绪智力对学业表现具有显著的正向促进作用，改善大学生的情绪智力能有效提升大学生的学业表现水平[14]。傅安球（1987）分析了男女两性智力差异的发展变化过程[15]。他指出，男女两性在学龄前的智力差异并不算明显，但是随着生理和心理的变化，家庭和社会环境的各种影响以及学校教育作用的发挥，从学龄期开始，男女两性的智力会逐渐出现明显差异，并且女性的智力会明显优于男性。到了青春发育期（10～20岁），女性的这种优势开始下降，下降趋势一直维持到青春发育的高峰期，其中女性青春发育的高峰期为10～13岁，男性则在起点和结束点上都比女性相应晚2年。相反，当男性到了青春发育高峰期，其智力水平则开始逐渐优于女性，这种优势一直维持到整个青春发育期结束。基于此，随着年龄增长，男孩在进入大学后生理和心理的发育会逐渐趋于成熟，自我觉醒意识会不断增强，学习目标性、主动性和积极性不断提高。在潜能得到不断激发的情形下，男生较之女生的"后发优势"在大学成长过程中是否存在？本文对省属一本院校939名经济管理类专业本科学生4年的学业表现数据进行统计分析，试图对以上问题进行探讨。

二、数据、变量与方法

(一) 数据来源

本文研究对象为地处广州市的某农业类省属第一批本科高校经济管理类专业2012级964名本科学生,数据中包含全面的学生基本信息和学习成绩,包括学号、专业、性别、户籍类型、修读课程成绩等。在剔除休学、退学、成绩缺失等不完整数据后,共有939名学生(不含外国留学生)的可用信息进入数据统计分析,样本有效率97.4%。其中,男生363人,占38.66%,女生576人,占61.34%;总体平均年龄为22.76岁,男生平均年龄22.86岁,比女生平均年龄大0.15岁;高考时城镇户口的有603人,占64.29%,农村户口的有335人,占35.71%;专业涵盖电子商务、工商管理、会计学、农林经济管理、人力资源管理、市场营销和物流管理6个管理类专业和金融学、经济学、国际经济与贸易3个经济类专业,分别占比62.19%和37.81%。

(二) 变量说明

学业表现是研究的主要变量。由于课程难度不一,大学课程学习普遍采用学分制,学生群体学业表现则普遍采用平均学分绩点GPA(Grade Point Average)进行量化。平均学分绩点GPA=所学课程学分绩点之和/所学课程学分之和。因此,GPA是统计一段学习时间内多门课程综合表现的综合指标。理论上讲,高考成绩理应作为衡量大学学业表现初始状态的最好变量,但是由于学生生源地来源于多个省份、各省份重本线不一样、学生(文理)考试科目存在较大差异、统计高考成绩存在较大难度等诸多因素,本文将一年级平均学分绩点作为衡量男女生学业表现的初始状态。二至四年级平均学分绩点指的是分别在二、三、四年级所学课程的平均学分绩点,四年平均学分绩点指的是大学四年期间所学的所有课程的平均学分绩点。一年级课程以公共课程为主,包括语文、政治、英语、数学、计算机、体育等全校公共课程和宏观经济学、微观经济学、管理学、会计学原理等少量专业公共课程;二年级除继续完成一年级时未修读完的部分公共课程外,还有组织行为学、农业经济学、林业经济学、中级会计、现代物流管理、金融学等部分专业课程;三年级以专业核心课程为主,包括农产品国际贸易、自然资源与环境经济学、国际金融、商品开发学、电子商务网站设计与管理、供应链管理、物流管理、会计信息系统等专业必选课程与专业选修课程；四年级以专业选修课程为主，包括专业实习、毕业论文等专业公共课程，以及农村社会学、农产经济学、农业技术经济学、财务报告分析、公司战略与风险管理、会计理论等专业选修课。贯彻大学四年的还有18个学分的全校性公共选修课程。

（三）研究方法

本文的数据统计分析分为两部分。第一部分为非配对双样本T检验（Two Sample T-test），即分别对男女生在一、二、三、四年级所取得的平均学分绩点是否存在显著性差异进行统计检验，以考察男女生在不同时间段内的学业表现平均水平是否出现显著的变化。第二部分借鉴卢晓东等研究城乡两个群体学生学业水平相对水平的方法（2016）[10]，基于GPA采用优异指数 EI（Excellence Index）探讨男女生群体学业表现水平的变化过程。男生学业表现优异指数 EI 指的是GPA排名在所有学生中前30%的男生人数与后30%的男生人数的比值，女生学业表现优异指数 EI 内涵相同。当 $EI<1$ 时，说明该群体学生大部分分布于后30%，整体学业表现水平相对较低；当 $EI=1$ 时，说明该群体学生处于前30%的学生与处于后30%学生所占比例相等，整体学业表现处于平均水平；当 $EI>1$ 时，说明该群体学生大部分分布于前30%，整体学业表现水平相对较高。

三、男生"后发优势"：学业表现性别差异的分析结果

（一）学业表现均值及其性别差异

双样本T检验基于同方差的假定，因此本文在假设存在异方差的情况下，对数据进行非配对双样本T检验。表1报告了男女生学业表现GPA均值及其差异情况。首先我们可以看出，男生的初始学业表现水平显著低于女生。一年级男生GPA均值为3.33，女生GPA均值为3.48，男生比女生低0.15（$P<0.01$）。男女生初始学业表现水平延续了基础教育时男生落后于女生的状态，这与较多研究结果相一致。其次，男生在大学学习中后期的学业表现出现"逆转"。进入二年级，男生GPA均值为3.57，赶上了女生的成绩，二者学业表现无显著的差异。三年级男生GPA均值为3.67，反超女生

0.049 个单位（$P<0.05$）。四年级男生 GPA 均值 3.76，领先女生 0.038 个单位（$P<0.10$）。随着时间的不断向前推移，男生学业表现平均水平从低于女生平均水平，到逐渐高于女生平均水平，并展现出一定的上升趋势。正如我们预期的那样，男生在大学的学业表现确实有一种"后发优势"。但遗憾的是，男生在大学中后期取得的成绩还不足以超越女生初始学业表现优势。从大学四年的学业表现看，女生 GPA 依然高于男生 0.1497 个单位，这一差距主要源于一年级男生的 GPA 大幅落后于女生 0.1503 个单位。

（二）优异指数的性别差异及趋势

双样本 T 检验的目的是检验两样本所来自总体的均值是否相等。以上对男女生的学业表现进行双样本 T 检验的结果仅表明，男女生在不同（年级）时期内学业表现的整体水平（均值）存在显著的差异。为了进一步验证不同时期下男女生的学业表现差异及其变动趋势，本文对男女生学业表现优异指数 EI 进行比较分析。由于 GPA 排名容易出现末位相等，对于重分者，先后依据该学年内学生所学主要核心课程均值、大学四年 GPA 均值进行第二、第三次排序。经过计算统计，将 GPA 排名前 1～282 者定为前 30%，排名 658～939 者为后 30%。

从表 2 的数据可以看出男女生大学四年学业表现的变化趋势。一年级女生 EI 值为 1.36，远远高于男生的 0.61，表明女生学业表现远远优于男生；二年级男生与女生的 EI 值差距缩小，男生只低于女生 0.07 个单位；三年级男生的 EI 值为 1.08，反超女生 0.13 个单位，男生学业表现优于女生；四年级男生的 EI 值继续提升至 1.18，超出女生 0.29 个单位。从变动趋势上看，大学四年男生的学业表现优异指数 EI 呈现明显的上升趋势，说明学业表现在不断改进；相比之下，女生的学业表现优异指数 EI 出现明显的下降趋势，学业表现持续下滑。从群体内部分布上看，男生在男女生总体学业表现前 30% 的比例在持续上升，后 30% 的比例在持续下降；而女生则相反。

（三）城乡学生学业表现及其性别差异

由于区域经济社会发展不平衡，我国教育资源分配展现出巨大的城乡差异[16]。已有研究对教育获得平等性的城乡差异进行较为细致的实证研究，如吴愈晓和黄超（2015）[17]。为进一步探讨学业表现的性别差异是否在城乡学生群体中有所不同，本文继续对 604 名城镇籍大学生和 335 名农村籍大学生进行非配对双样本 T 检验。结果显示，农村籍大学生学业表现性别差异明显，男生学业表现均值在一年级时落后于女生 0.0822（$P<0.01$），二年级后一路反超女生，三、四年级分别超出女生 0.0883（$P<0.01$）、0.0830（$P<0.05$），男生相对女生的"后发优势"明显。城镇籍男生学业表现均值在一年级大幅落后于女生，二年级差距缩小，三、四年级反超女生 0.0266、0.0140，同样展现出一定的"后发优势"，但是差异不显著。另一方面，尽管城镇学生可能享有更好的教育资源，农村男生学业表现均值在大学四年均比城镇男生要高，说明农村男生可能比城镇男生更加努力；而农村女生学业表现均值除一年级高于城镇女生外，二、三、四年级均低于城镇女生，在女生都同样努力的前提下，这可能更能反映目前城乡女生在前期基础教育和大学教育资源获得上的差距。表 3 和表 4 报告了城乡学生学业表现的优异指数及其性别差异。结果表明，城镇籍男孩和农村籍均在学业表现落后的初始状态下追赶女生，而最后又反超女生。总体上讲，农村学生学业表现性别差异比城镇学生差异大，农村男生更具有"后发优势"。

表 1 学业表现的均值及其性别差异

项目	男生（363 人）		女生（576 人）		差异
年级	均值	标准误	均值	标准误	
一年级	3.333636	0.0240227	3.483889	0.0167774	-0.1502525***
二年级	3.567163	0.0192153	3.565538	0.149959	0.0016243
三年级	3.668871	0.0158174	3.620347	0.0147435	0.0485233**
四年级	3.765014	0.0194078	3.72658	0.0131836	0.0384339*
四年平均	3.374435	0.0192629	3.524171	3.524171	-0.1497357***

注：***$P<0.01$，**$P<0.05$，*$P<0.10$。

表 2 学业表现的优异指数及其性别差异

项目	男生（363 人）			女生（576 人）		
年级	前30%人数	后30%人数	EI 值	前30%人数	后30%人数	EI 值
一年级	82（22.59%）	135（37.19%）	0.61	200（31.45%）	147（23.11%）	1.36
二年级	115（31.68%）	120（33.06%）	0.96	167（26.26%）	162（25.47%）	1.03
三年级	114（31.40%）	106（29.20%）	1.08	168（26.42%）	176（27.67%）	0.95

（续表2）

项目	男生（363 人）			女生（576 人）		
年级	前30%人数	后30%人数	EI 值	前30%人数	后30%人数	EI 值
四年级	124（34.16%）	105（28.93%）	1.18	158（24.84%）	177（27.83%）	0.89
四年平均	78（21.49%）	148（40.77%）	0.53	204（32.08%）	134（21.07%）	1.52

注：（*）中百分比数据表示，男生或女生学业表现进入男女生总人数前 30% 或后 30% 的人数占男生或女生总人数的比例。

表3 城乡学生学业表现的均值及其性别差异

项目	城镇			农村		
年级	男生（363 人）	女生（368 人）	差异	男生（127 人）	女生（208 人）	差异
一年级	3.285339	3.471603	-0.186264***	3.423386	3.505625	-0.082239**
二年级	3.562119	3.577364	-0.015245	3.576535	3.544615	0.03192
三年级	3.657415	3.630788	0.026627	3.690157	3.601875	0.088282***
四年级	3.750466	3.736495	0.013971	3.792047	3.709038	0.083009**
四年平均	3.345636	3.516746	-0.17111*	3.427953	3.537308	-0.109355***

注：***$P<0.01$，**$P<0.05$，*$P<0.10$。

表4 城乡学生学业表现优异指数 EI 及其性别差异

项目	城镇			农村		
年级	男生（236 人）	女生（368 人）	差异	男生（127 人）	女生（208 人）	差异
一年级	0.58	1.43	-0.85	0.69	1.22	-0.53
二年级	0.94	1.05	-0.11	1.08	0.96	0.12
三年级	1	1	0	1.19	0.92	0.27
四年级	1.08	0.96	0.12	1.38	0.81	0.57
四年平均	0.49	1.63	-1.14	0.56	1.47	-0.91

注：城镇学生（604 人）GPA 在排名前 1～181 者为前 30%，排名 424～604 者为后 30%；农村学生（335 人）GPA 排名前 1～101 者为前 30%，排名 235～335 者为后 30%。

四、主要结论与启示

本文利用某省属一本院校 939 名经济管理类专业 2012 级学生 4 年的学业表现数据探讨了大学生学业表现性别差异。本文的主要发现包括以下三个方面。

第一，男孩大学学业表现平均水平存在"后发优势"。非配对双样本 T 检验结果表明，男女生在不同年级内学业表现的均值存在显著的差异：大学一年级男生学业表现大幅落后于女生，与大量已有的基础教育研究数据事实一致；二年级男女生差距消失并出现"逆转"迹象；三、四年级男生学业表现均值反超女生，且差异显著。

第二，大学四年男孩的学业表现在不断改进，而相比之下女孩的学业表现则在下滑。通过男女生学业表现优异指数 EI 的比较分析，大学四年男生的学业表现优异指数 EI 呈现明显的上升趋势，女生则相反。从群体内部分布上看，男生在男女生总体学业表现前 30% 的比例在持续提高，后 30% 的比例在持续下降，而女生则相反。

第三，相对于女生，农村男生的学业表现比城镇男生更显"后发优势"。通过对 604 名城镇籍大学生和 335 名农村籍大学生的学业表现数据进行非配对双样本 T 检验，结果显示，农村籍大学生学业表现性别差异更为显著，"后发优势"明显，而城镇籍男生学业表现同样展现出一定的"后发优势"，但差异不显著。在普遍认为男孩出现"弱势"和"危机"的社会现实下，发现男孩在大学四年的学业表现上存在"后发优势"，结论是令人鼓舞的。但是，这一发现是否在其他专业的学生学业表现中得到同样的数据支持尚有一定的探讨空间。毋庸置疑的是，大学教育教学改革更需立足性别差异，尊重男生和女生在生理和心理上的成长规律，最大限度地挖掘男女生的智力潜能，激发男生的觉醒意识、责任意识和自觉意识，保障女生教育过程和教育结果的公平性。同时，与女生相比，正是由于男生在学习教育后期具备相对的"后发优势"，高考录取可考虑为男生进入文科专业更多优惠，而女生进入理科专业更多优惠，这有利于解决两性因成长规律差异而导致错失专业教育机会的问题，提高教育满意度，同时有利于解决大学专业性别隔离的问题，促进教育性别平等。

参考文献

[1] 李文道，孙云晓. 我国男生"学业落后"的现状、成因与思考 [J]. 教育研究，2012（9）：38-43.

[2] 孙云晓. 青少年健康成长需要因性施教 [J]. 中国青年研究 2010（11）：5-9，91.

[3] 王文，盖笑松，胡晓红. 弱势男生：性别平等教育中被忽视的问题 [J]. 东北师大学报（哲学社会科学版），2010（3）：176-180.

[4] 岳龙. 男生性别弱势：教育现代性的内在危机 [J]. 教育发展研究，2010（2）：43-42.

[5] 毕立立. 农村小学男生学业弱势研究——基于对农村 A 小学的实地研究 [D]. 南京：南京师范大学，2014.

[6] 吴岚. 高中学生学业成绩的性别差异及教育对策研究 [D]. 重庆：西南师范大学，2002.

[7] 文东茅. 我国高校扩招对毕业生就业影响的实证分析 [J]. 高等教育研究，2005（4）：25-30.

[8] 肖丽梅. 男孩危机现象的归因与对策研究 [D]. 长沙：湖南大学，2012.

[9] 萨克斯. 家有男孩怎么养 [M]. 北京：中国青年出版社，2009.

[10] Hannan, Geoff. Improving Boys' Performance（Framework Guides）[M]. Heinemann，2000.

[11] 杨建朝. 男孩危机背后的隐忧——关于教育性别公正缺失的思考 [J]. 教学与管理（中学版），2010（32）：12-14.

[12] Lai F. Are boys left behind? The evolution of the gender achievement gap in Beijings' middle schools [J]. Economics of Education Review，2010（3）：383-399.

[13] 孙志军，等. 谁在学业竞赛中领先？——学业成绩的性别差异研究 [J]. 北京师范大学学报（社会科学版），2016（3）：38-51.

[14] 李宪印，杨娜. 情绪智力与大学生学业成就关系的实证研究——以地方普通高校为例 [J]. 中国成人教育，2016（7）：78-81.

[15] 傅安球. 男女心理差异与教育 [M]. 开封：河南教育出版社，1987.

[16] 卢晓东，于晓磊，陈虎，等. 基础教育中的城乡差异是否在大学延续——高校城乡学生学业表现差异的实证研究 [J]. 高校教育管理，2016（1）：56-60.

[17] 吴愈晓，黄超. 中国教育获得性别不平等的城乡差异研究：基于 CGSS2008 数据 [J]. 国家行政学院学报，2015（2）：41-47.

新媒体环境下青年学生思政慕课教学设计探析[①]

徐聪聪　鲍金勇

青年学生思政慕课建设是基于"慕课"平台开设思想政治教育理论课所形成的一种新的思想政治教育模式,是新时代背景下做好学校思想政治教育工作尤其是网络思想政治教育的一项重要举措。因此,将"慕课"平台运用于学校思想政治教育教学中,对有效提升思想政治教育课程的吸引力和感染力,多途径激发学校思想政治工作新活力具有重要意义。

一、新时代背景下开展青年学生思政慕课建设的必要性

新时代背景下,青年学生思政慕课建设为学校思想政治教育工作的创新提供了一个新的载体,也为深入学习宣传党的基本理论政策、析事明理、答疑解惑提供了共享交流平台。因此,不断加强青年学生思政慕课建设,以"互联网+思政课"理念推动学校思想政治教育工作顺应时代潮流发展成为必要而紧迫的任务。

[①] 论文信息:《学校党建与思想教育》2019年第2期,第44-46页。

作者简介:徐聪聪,1987年生,男,山东临沂人,华南农业大学党委办公室主任科员、讲师,华南农业大学大学生网络思政名辅导员工作室成员;鲍金勇,1980年生,男,安徽安庆人,华南农业大学学生处副处长,副教授,华南农业大学大学生网络思政名辅导员工作室主持人。

基金项目:本文系广东省学校德育专项资金项目"指导网络文化工作室建设"(项目编号216292)、中国农学会教育教学类科研项目"互联网+农业"背景下农业院校创新创业教育体系构建研究(项目编号FCE1601)、2018年广东省高校党建研究课题"高校'三型'基层学生党支部建设现状分析与路径探讨"(项目编号2018BK091)的部分研究成果。

(一）新时代背景下开展青年学生思政慕课建设是将"两学一做"学习教育内容"落细、落小、落实"的必然要求

针对如何开展好"两学一做"学习教育，习近平总书记多次作出重要指示，要坚持学做结合、突出问题导向，创新形式、采取丰富多彩的教育方式[1]。青年党员学生群体在落实"两学一做"学习教育过程中具有一定优势，可充分利用自身特点，采取青年学生思政慕课的形式将"两学一做"学习教育融入日常学习生活，进一步推动学习成为青年党员学生群体的自觉行动和日常习惯。因此，将青年党员学生思政慕课建设与"两学一做"学习教育相结合，不仅可以紧密地联系学生的"学"与"做"，而且还是将"两学一做"学习教育内容不断抓细、抓小、抓实的一项有效举措与创新诠释。

(二) 新时代背景下开展青年学生思政慕课建设是主动适应思政工作"新特点、新任务、新要求"的必然要求

在全国学校思想政治工作会议上，习近平总书记指出，要推动思想政治工作传统优势同信息技术高度融合，增强时代感和吸引力[2]。随着网络信息化的逐步普及，新媒体、新技术的应用也为学校思想政治教育工作提供了多种全新的手段。结合新媒体技术，开展青年学生思政慕课建设已然成为学校思想政治课程网络化、微型化建设的趋势。因此，在新时代背景下有效开展青年学生思政慕课建设，不仅是学校思想政治教育工作进行实践创新的需要，而且是学校思想政治教育工作主动适应新时代新特点、新任务、新要求的有效路径选择。

(三) 新时代背景下开展青年学生思政慕课建设是着力构建"大思政"工作格局，增强工作"前瞻性、针对性、实效性"的必然要求

学校思想政治教育工作要坚持"互联网+思政课"理念，创新教育的形式、方式，探索工作的新载体，拓宽"大思政"格局的网络外延。在新媒体时代，青年学生更加喜欢选择自由的时间和空间进行阅读与学习，传统理论思想政治课程学习也因此存在着一定的局限性。青年学生思政慕课正是对传统面授思想政治课程教学模式的有益补充，进一步拓展了思想政治教育工作的网络外延，为有效开展思想政治教育工作提供了一个崭新的途径。同时，

青年学生思政慕课建设也是对思想政治教育模式的积极探索，符合当代青年学生群体的学习生活习惯，工作愈加贴近学生、贴近生活、贴近实际，教育也更具前瞻性、针对性和实效性。

二、青年学生思政慕课教学课程精准化定制

青年学生思政慕课不仅是对传统思想政治课堂的有效补充，而且要适合当下青年学生个性化、深度学习的需求，突出对青年学生主体性的充分尊重，在定制模式上需要精准化设计，要充分利用新媒体语言让身边人讲身边事，使深奥难懂的问题通俗化、生活化，进而提高青年学生思想政治课程的针对性与吸引力。在青年学生思政慕课教学课程定制方面，依然可以参照德育教育过程中知、情、意、行顺序进行设计[3]。以青年学生思政慕课"习近平总书记对青年说"设计为例，该课程设计背景是"学习习近平总书记在北京大学师生座谈会上的重要讲话精神"，教学目标为以党的十八大以来习近平总书记关于青年的系列寄语为主题，引导青年学生树立和培育社会主义核心价值观，从而到基层和群众中去建功立业，让学生的青春之花绽放在祖国最需要的地方，成为敢于有梦、勇于追梦、勤于圆梦的人。课程设计总时长为15分钟。

由于该课程设计的理论知识背景、素材资源较多，很难在短时间内让学生充分理解和完全掌握。因此，将该课程的脚本主要设计为"据"透现象、情景再现、辨析明理、践行立誓和课堂总结五个环节，力争引导青年学生深刻领会习近平总书记对青年的深情寄语，从而坚定其激情奋斗的决心。

（一）"据"透现象——知

"知"是指课堂教学过程中所传授的知识。"习近平总书记对青年说"青年学生思政慕课所讲授的知识就是要引导青年学生树立和培育社会主义核心价值观，敢于有梦、勇于追梦、勤于圆梦。为了活跃慕课的展示形式，在直接引入知识前，可通过反面案例进行导入。此案例中以"佛系青年"为例，通过大数据、图片、动画等内容揭示当前青年学生存在的不良现象，让青年学生首先认识到自己在日常生活中的种种表现，引发其思考，以达到自我认识的目的（2分钟）。

（二）情景再现——情

"情"是指课堂教学过程中所表现出的情感价值。在青年学生思政慕课教学中，了解学生对某一现象或问题所表达的情感价值与态度，是思想政治教学活动中不可或缺的情感教育。因此，在青年学生思政慕课的课程设计中，主讲者可以将自己亲眼所见、亲耳所闻、亲身所历、亲身所感的实例再现给受众，并发表自己的感受与体会，让受众从中受到感染，实现自我教育的目的（3分钟）。

（三）辨析明理——意

"意"是指课堂教学过程中要明确的道理。人无学，则不明理；人之有学，则有力。在青年学生思政慕课教学中，在了解青年学生所表达的情感价值与态度的基础上，要对引起的各种不良情绪和行为进行辨析，通过引入习近平总书记所引用的古今中外经典名句案例进行引导，引用中央电视台"平语近人"节目直观展现青年学生应如何在激情奋斗中绽放青春的光芒，进而让青年学生明白"新时代是奋斗者的时代，青年学生要争做新时代有担当的奋斗者"的道理，以达到引导教育的目的（4分钟）。

（四）践行立誓——行

"行"是指经过课堂教学的过程不断促进学生良好行为的养成。青年学生思政慕课的主讲人以思想政治教育专业教师为主，同时也要着重在表现优秀的学生骨干中选拔，让他们自动融入整个课程的教学过程中，在凝聚学生骨干的同时又能起到模范引领的作用。在"习近平总书记对青年说"青年学生思政慕课教学中，引用习近平总书记对青年的系列寄语的内容，要引导青年学生进行反思，并提出意见建议，让他们能以小见大、见微知著，然后采取宣誓、承诺践诺的方式约束自己日常生活的一言一行，以达到自我管理的目的（4分钟）。

（五）课堂总结

在青年学生思政慕课的总结部分，通过梳理慕课的主要内容，凝练意见建议，并提出措施，引导青年学生牢固树立在习近平新时代中国特色社会主义思想引导下砥砺前行、绽放青春异彩的中心思想，再次点明主题内容，从而深化主题、对应主题、回归主题（2分钟）。

三、新媒体环境下青年学生思政慕课教学流程设计策略

利用"互联网+思政课"思维,不断增强青年学生思政慕课建设的针对性,还应紧贴当下青年学生特点,满足其多样化需求,突破时间、空间上的局限,并多措并举使之日常化、持续化和系统化,以发挥其最大价值。因此,新媒体环境下青年学生思政慕课教学设计方法和流程主要由四个方面组成,分别为沟通诊断(时间安排、资料信息收集、明确课程主题等)、开发设计(课程内容:时事热点、案例分析等;课程师资:知名专家、学生、思政教师以及学生骨干等;课程形式:互动式教学、头脑风暴、专题式授课等)、课程考核(线上:完成相应的课程题目;线下:心得体会、社会实践总结等)、后续跟踪(学习展示、"创意思政慕课"评选、提供课程安排信息以及课程评估表等)。基于此,在具体实施过程中,青年学生思政慕课教学流程设计可参考如下策略。

(一)时间安排

青年学生思政慕课要坚持每两周推送一期,每一期的时间约为10～15分钟。开展青年学生思政慕课可以采取集中学习为主、自由学习为辅的方式,集中学习主要在重要时间节点和重大主题宣传期间,具体时间安排由各个学生班级自行决定,一般可以安排在班级团日活动、主题班会等时间,尽量满足青年学生对时间的灵活选择。

(二)思政慕课内容

青年学生思政慕课内容的选取主要源于三个方面:一是党和国家提出的先进理论、重要会议精神以及时事热点话题等探讨;二是党的基本知识学习,包括党章、党规、党纪等;三是青年学生在日常生活、学习、社会实践中的优秀典型事迹分享、经验介绍等。

(三)思政慕课师资力量

青年学生思政慕课的主讲者主要来源于四个方面:一是在学科专业上有重要造诣的教授、专家和学者;二是邀请学校思想政治理论课教师、专职党务干部以及学生工作者来担任主讲;三是以学生干部骨干为主导、普通学生

为辅助的形式进行选拔来担任主讲人，使其在深入领会党和国家先进理论、重要会议精神以及党的基础知识的基础上，结合自身实际体会进行汇报；四是邀请优秀校友、优秀毕业生等先进人物进行优秀事迹报告会以及自身成长经验分享等。

（四）思政慕课课程考核

青年学生思政慕课不仅体现在适应青年学生乐于接受的新媒体技术思维意识和网络生活习惯，更是体现在思想政治课程的形式不再简单地受场地、经费以及时间的限制。在青年学生思政慕课考核环节，各学生班级可以利用班会、课间等时间进行学习。在学习之后，线上完成慕课课程所规定的流程，并取得相应证书，线下各个学生班级可通过上交学习心得体会、社会实践总结、微视频以及 PPT 等多种形式来完成课程作业，最后交由学校学生工作职能部门组织负责具体考核，并给予一定的"形势与政策"课程的学分。

（五）思政慕课课程学习展示

青年学生思政慕课可每一季推送四期，学校各学生班级可根据每一季思政慕课主题其中之一的内容进行设计，在每一季思政慕课结束之后，在全校进行"创意思政慕课"评选活动，并进行总结。同时，对积极踊跃表现的班级和个人进行表彰。

四、结语

尽管慕课进入我国的时间不是很长，尚处于起步阶段，但是得到了学校思想政治专业领域的专家、学者以及思想政治工作者的高度重视，积极探索学校思想政治教育"互联网+思政课"的模式，一些高校还尝试将学分制引入慕课，达到对在校学生学习成绩的认可[4]。因此，青年学生思政慕课作为互联网时代学校思想政治工作的新媒体教育模式，把"小讲台"变成"大讲堂"，为青年学生坚定理想信念信仰与提升素质修养发挥了重要作用。然而，学校思想政治教育工作是一项系统工程，在新的历史起点上，新时代给学校思想政治教育工作带来了新机遇，同时也提出了新任务新要求。面对新时代，青年学生思政慕课建设也要不断挖掘主题内涵、突出特色优势、创新教育形式。只有这样，学校才能合理运用好、建设好思政慕课，真正使青年学生思政慕课这一教育形式成为学校传统思想政治课堂的有益补充和学校思想政治教育工作的最佳创新途径。

参考文献

［1］陈殿林，田慧萍. 深入开展"两学一做" 推动全面从严治党［J］. 红旗文稿，2016（9）：32－34.

［2］把思想政治工作贯穿教育教学全过程 开创我国高等教育事业发展新局面［N］. 人民日报，2016－12－09（1）.

［3］刘小兰，邬海明，陈行龙. 整合知情意行 提高德育实效［J］. 南昌大学学报（人文社会科学版），2003（6）：172－175.

［4］王锦涛. 慕课没有想的那么美［N］. 人民日报，2014－10－24（19）.

协同创新视域下高校社区品牌文化建设实证研究

——以华南农业大学为例[①]

尹卓君 陈少雄 周艳华

一、调查研究的背景与意义

随着高校学生教育管理社区化的不断改革与发展,高校学生社区逐渐成为培养学生成长成才的新阵地[1]。大学生社区文化不仅对于大学生的人格塑造、品德修养和道德养成起着重要的作用,而且对学校校风的践行及高水平大学的建设也起着十分重要的作用。社区品牌文化既是社区文化核心价值的体现,又是社区文化发展的必然走向。然而,当前的各高校社区文化建设才刚刚起步或初有成效,远远落后于当代大学生日益多元的文化需求[2],如笔者所在的华南农业大学于2013年启动学生工作进社区工作,在泰山区、华山区、启林南区、启林北区率先设立成长服务中心并开展了各种关于社区文化建设行之有效的探索,但尚未形成品牌文化,且存在社区间协调联动机制缺乏、各社区文化建设零散、不具规模等问题。在这种大背景下,本研究在

---

① 论文信息:《中国成人教育》2017年第2期,第57-59页。

作者简介:尹卓君,1988年生,女,山西太原人,华南农业大学工程学院讲师,华南农业大学大学生网络思政名辅导员工作室成员;陈少雄,男,福建莆田人,华南农业大学党委副书记、研究员;周艳华,1977年生,女,广西钦州人,华南农业大学资源环境学院党委书记、副研究员。

基金项目:本文系2015年广东省德育创新重点项目"协同创新背景下高校社区思想政治教育实践育人机制创新研究"(项目编号2015DYZZ027)阶段性研究成果,2015年教育部人文社会科学研究专项任务项目(高校思想政治工作)"高校德育视野下大学生网络社团生存状况及发展策略研究"(项目批准号15JDSZ3054)阶段性研究成果,2015年华南农业大学学生工作专项基金重点项目"大德育体系下高校社区品牌文化建设研究"(项目编号2015F005)阶段性研究成果。

参考多所高校社区文化建设相关文献的基础上,通过对华南农业大学各社区学生进行线上调研和线下访谈,从多个方面对学校的社区文化活动进行调研,并围绕现存的问题,运用协同创新的理念提出建设高校社区品牌文化的可行路径,从而构建符合新时代发展进步需求、大学生成长成才诉求及高水平大学建设要求的学生社区文化建设格局,以期推动社区文化的可持续发展,更好地促进学生素质提升和全面发展。

二、调查研究的目的与步骤

(一)掌握高校社区文化建设的现状

深入了解华南农业大学社区文化建设现状,包括当前社区文化的亮点和不足,各大社区文化活动普遍存在的如活动缺乏规模、缺少联动、缺乏特色等情况。

(二)总结高校社区文化建设的问题

全面总结社区文化建设中存在的突出问题,并在此基础上分析其背后成因,力求针对高校实际情况提出切实有效的社区文化建设改进思路。

(三)归纳高校社区品牌文化建设的建议

收集研究调研中社区师生的反馈意见,并归纳社区居住学生、社区工作人员、社区研究学者等对社区品牌文化建设的建议,为提炼高校社区品牌文化建设的创新策略提供参考。

(四)提出高校社区品牌文化建设的方略

客观分析华南农业大学各社区开展文化活动的现状,及时吸收社区师生建议,并在参考相关研究成果和文献的基础上,运用协同创新的理念提出社区品牌文化建设的可行路径。

三、调查研究的对象与方法

为更好地了解当前高校学生社区文化建设的基本现状、存在问题和解决良策，本研究注重调研对象的普遍性，选取了华南农业大学泰山区、华山区、启林南区、启林北区、燕山区五大社区的在读学生作为主要调研的对象；同时，本研究重视调研方法的科学性，采用了文献研究法、问卷调查法和个案访谈法作为主要调研的方法，其中，调查问卷法采用线上电子问卷发布和线下纸质版问卷发放相结合的方式，个案访谈法采用专家访谈和学生访谈相结合的方式。

四、调查研究的内容与层面

本次调查主要包括三个方面：一是调查当前社区文化建设和社区组织工作的现状，二是调查学生对现有社区文化活动质量和现存社区组织工作内容的满意度，三是调查社区文化发展中存在的突出问题和师生对社区品牌文化建设的意见和建议。从主观层面，调查高校学生对当前社区文化的满意程度和认知态度；从客观层面，分析高校社区文化建设的基本情况及存在问题；从创新层面，提出高校社区品牌文化建设的创新策略和可行路径。通过以上三个层面的调查研究，全面剖析高校社区品牌文化建设的影响因素，进而为高校社区品牌文化建设路径的提出打下坚实的基础。

五、调查结果分析

（一）基本调查情况

本次调查抽样充分考虑了被测样本的差异性，以区别、性别、年级、学历、学科五个因子作为区分维度，并以五大社区随机选出的学生作为调查样本，涵盖文学、农学、理学、管理学、法学、历史学、工学、哲学、经济学、艺术学十大学科门类的本科生、硕士研究生、博士研究生各学历层次的同学，共发放问卷 900 份，回收 894 份，回收率为 99.33%。有效问卷 887 分，占比 98.56%，调查对象的基本情况如表 1 所示。

表1 调查对象情况分析

项目	性别		年级					社区					学科								
类别	男	女	一	二	三	四	研	泰山	华山	启林南	启林北	燕山	农	工	文	理	经	管	法	史	哲	艺
人数	359	535	339	259	114	102	80	458	202	60	100	74	179	265	31	80	105	174	34	9	6	11
比例（%）	40.2	59.8	37.9	29.0	12.8	11.4	8.9	51.2	22.6	6.7	11.2	8.3	20.0	29.6	3.5	8.9	11.7	19.5	3.8	1.0	0.7	1.2

（二）调查结果分析

通过对问卷数据的统计分析，92.36%的同学认为社区文化活动的开展有助于营造良好的社区氛围、打造和谐的校园环境和促进学生的成长成才。但是，受社区学生人数众多、需求多元、层次多样与文化活动经费有限、形式单一、缺乏指导这一矛盾的制约，学生对当前社区文化活动的满意度为76.75%，仍有较大的提升空间。此外，有7.64%的学生对社区文化的重要性还存在一定的认知误区，对社区文化的观念模糊，认为社区文化活动可有可无。因此，建设社区品牌文化十分必要，具体的调查结果分析如下。

1. 社区活动实际效果还需提高

社区文化活动是高校社区文化建设的重要载体，学生是否积极参加社区文化活动，不仅直接关系着社区文化活动本身的开展，还影响着社区文化育人功能的充分发挥[3]。从调查结果来看，经常参加社区文化活动的学生占50.51%，偶尔参加的学生为39.73%，从不参加的学生为9.76%。由此可见，学生对社区文化活动的参与程度有待提高。从调查数据入手，深入分析活动缺乏吸引力的主要原因包括文化理念笼统模糊、文化载体陈旧落后、文化方式单向被动、文化内容片面单调等问题。

2. 社区文化活动内容还需创新

目前，各社区现有的文化活动主要包括心理公园、电影放送、创业沙龙、朋辈课堂、走进名企、社区有约、志愿服务、学业互助等，活动的参与情况见表2。而从高校学生期望的社区文化活动的调查结果来看，学生更希望在思想引领、精神凝聚、内涵发展等方面加强建设。在调查当前社区文化活动存在的问题时，超过50%的学生认为存在活动数量多而影响小、活动形式多而效果少、活动时间多而意义浅等问题。

表2　学生在当前社区文化活动中的参与度

项目	心理公园	电影放送	创业沙龙	朋辈课堂	走进名企	社区有约	志愿服务	学业互助	其他
人数	191	410	148	231	114	191	624	43	83
比例（%）	21.3	45.9	16.6	25.8	12.7	21.3	69.8	4.8	9.2

3. 社区专项经费来源还需落实

在调查社区文化活动质量不高的原因时，调研小组通过访谈各社区辅导员和主要学生干部了解到，缺少专项资金的支持是造成学生社区文化建设基础薄弱的重要原因之一。在活动经费有限的情况下，社区文化活动在邀请优质嘉宾、选择活动场所、配备完善设施等方面就会大大受限，而高品位的社区文化活动往往在设备齐全与功能方面要求相对较高，这一矛盾的存在势必会削弱社区文化的影响力和号召力。

4. 社区建设组织力量还需加强

据调查，64.65%的学生认为组织力量薄弱是制约社区文化活动质量不高的主要原因，学生对当前社区组织的满意度仅为73.89%。结合调研组所在的社区情况，目前社区建设的主要参与者和执行者是学工部门相关同志和社区辅导员，学工部门相关同志"势单力薄"，无法建立与广大学生的联动机制和反馈机制；社区辅导员"有心无力"，本身还承担了大量的学生管理工作和院系事务工作。因此，当前社区文化建设存在"上面抓不住，下面不主动"的尴尬局面。

六、高校社区品牌文化的建设路径

（一）以健全落实配套措施为保障，增强制度协同

1. 设立专项资金，提供社区文化活动的质量保证

活动经费是开展社区文化活动必不可少的支撑，推动社区文化活动成为品牌的首要前提就是充足的经费。为最大限度地发挥经费的作用，一方面，要设立社区文化建设专项经费，将学生社区文化建设工作列入学校全年学生工作计划和财政预算体系，保证资金投入力度，提升建设资金利用率；另一方面，要创新经费的引进及投入方式，适时寻找并拓宽资金的筹措渠道，积极引导相关社会资金的参与，比如企业赞助、校友捐助等。

2. 加强分类指导，促进社区文化活动的有序开展

在宏观层面，要制定社区文化工作长远发展规划，分别针对社区、专业和学历层次的差异性方面开展特色文化活动，持续丰富学生的文化生活，以达到提升学生综合素质和促进学生全面发展的效果；在微观层面，要对学生反响良好的社区文化活动进行"深耕细作"，充分考虑学生对社区文化活动的目的、类型、时间、场所、人数等需求，并在此基础上体现人文关怀、独到创新和个性设计；在发展层面，要结合不断变化的客观实际，逐渐形成文化创建方向明确、文化导向功能凸出、文化载体不断创新、文化框架长效稳定的社区文化建设长效机制。

3. 建立考评机制，推动社区文化活动的良性循环

完善的社区文化活动效能考评机制可促进学生社区文化建设工作的不断提升与创新发展。一是要在活动开展前，征集活动提案，科学预估活动中的突发情况和实际效果，避免盲目开展、摸黑探路；二是要在活动进行中，加强督导监测，及时纠正活动中的可能偏差和人为失误，确保有序开展、扎实推进；三是要在活动结束后，建立评价体系，系统总结活动中的突出问题和改进策略，不断积累经验、改善不足。此外，还需从时间维度、空间维度、心理维度等多维度建立有效的社区文化活动反馈机制。

（二）以优化创新活动内容为核心，促使区际协同

1. 加强顶层设计，盘活社区文化活动的现存资源

建设高校社区品牌文化，首先要确立正确的高校社区文化战略目标，运用协同创新的理念，将分散在不同社区的文化资源进行共享和优化配置，对"封闭、单一、分散、低效"的社区文化体制机制进行再设计，建立"开放、多元、集成、高效"的协同创新体制机制，以促进高校社区文化品牌化[4]。具体来说，就是根据各区不同学院、专业、层次的学生所期待文化活动类型和形式，设计不同的文化主题和活动，充分发挥各个社区的文化特征和特色，打造"一区一品牌"引领的"五彩文化社区"，例如笔者所在的华南农业大学将现有的泰山区、华山区、启林南区、启林北区、燕山区分别建

设为：以人为本的成长服务型社区、务实创新的科学技术型社区、与时俱进的特色农业型社区、开拓进取的创新创业型社区、博学求真的学术研究型社区，使五大社区文化活动协调发展、彼此互补、全面推进，从而增强社区品牌文化的整体性和教育性，促进学生对社区文化的认同感、归属感和成就感。

2. 坚持一体多翼，实现社区文化活动的良性互动

所谓"一体"是指整个高校，而"多翼"就是各个社区，一体多翼是指立足校史校情，充分统筹考虑，结合各区实际，研究多社区文化互动的科学合理模式，使各个社区文化统一于校园文化的核心理念和核心价值，以提高整个校园文化启迪人、教育人、发展人的作用。一方面，要注重文化的多样性和统一性的结合，注重各个社区间文化主导方向、文化活动方式、文化活动内容的互动，在继承原有文化的基础上创造新的文化；另一方面，要从传统的单个社区文化活动出发，逐步走向社区与社区、学校与校外之间的文化共建，使学生和兄弟院校或社区的学生在交流、交锋、交心的过程中达到拓宽视野、陶冶情操、结交朋友等文化目标，让更多的学生在社区文化活动中受益。

3. 注重虚实相济，优化社区文化活动的载体平台

随着网络技术的快速发展，网络虚拟空间逐渐成为社区文化建设的新高地。因此，构建现实社区文化建设与虚拟社区文化建设的联动机制，进而形成社区文化线上线下的建设合力，是提升社区品牌文化建设实效性的重要抓手。例如，建立社区文化微信公众号、创设社区文化论坛、开通社区文化之声等线上平台，让学生充分发声，以便更迅速准确地了解学生的思想动态和真实诉求。一方面，要掌握新媒体技术，通过易班、微信、QQ等平台的建设，及时发布学术报告、党团动态、文娱活动等最新信息，主动贴近学生、引领学生、服务学生；另一方面，要创新话语体系，注重在线与广大学生进行沟通与交流，使之成为激发活力、交流思想、传递心声的线上"家园"。

（三）以加强完善队伍建设为关键，推进机构协同

1. 成立社区管委会，突出统筹带动作用

设立专门组织对社区成员的主流文化进行长期、系统、科学的引导，是社区的物质文化优化、精神文化升华、制度文化完善及行为文化提升的有效管理保障。社区管理委员会应由主管学生工作的校领导担任主任，并由学工

相关职能部门正职领导兼任副主任,负责社区文化综合规划与互动建设工作,形成直接有力的领导班子;由各学院分管学生工作的党委副书记兼任社区管委会委员,负责指导社区日常文化工作的开展,形成群策群力的运作集体;由学工部门有关人员和各学院资深辅导员组成社区工作小组,负责带动社区日常文化工作的落实,形成精干有效的执行团队。通过制定社区文化发展计划、完善社区文化理论研究、加强社区文化人员培训、细化社区文化公共服务等方面的改进和提升,不断提高社区文化建设的硬软件设施水平,进一步满足学生日益多元的文化需求。

2. 建立社区自管会,发挥三自育人效应

学生是社区建设的主体。成立社区自我管理委员会,推动大学生的有效自治,使高校社区学生文化活动的策划和组织既来源于学生,又服务于学生,对切实提升社区文化活动的影响力和感染力具有重要作用。学校应通过多种渠道对学生骨干进行精选优配,使之参与到社区文化建设中来。通过这种方式,一方面,可以充分调动广大社区成员共同建设的积极性,增强社区成员对社区的归属感和认同感;另一方面,可以使校园文化活动能够被大学生所接受,成为大学生自我教育、自我管理、自我服务的有效实践场所,促使不同理想志向、情趣爱好的学生各展优长、各得其乐。

3. 设立社区党支部,营造见贤思齐氛围

为使校园文化生动活泼而又不偏离向上向善的正确轨道,高校必须把握文化建设的正确方向,推动高校社区文化建设还可以借助于社区党支部[5]。一方面,可借助社区党员和群众之间的紧密联系及时梳理当前社区文化建设中存在的不足,并及时向社区管理委员会反馈,再通过社区管理委员会行使行政权力使问题得到快速解决,从而加快社区文化建设的步伐;另一方面,可开展读书、唱歌、演讲、辩论等多种多样、与时俱进、贴近学生的支部文化创新活动,成为学生社区生活中不可或缺的"文化聚餐",实现社区广大学生和党员思想上的共进、理论上的提高和素养上的提升。

七、结语

高校社区文化作为校园文化的重要组成部分,在综合育人过程中发挥着十分重要的作用。要最大化获得并释放社区文化的育人功能,打造高校学生社区文化品牌势在必行。高校需运用协同创新理念、结合自身实际问题、做

好文化顶层设计，并通过基础调研、数据分析与建议吸纳等过程，以健全落实配套制度为保障、以优化创新活动内容为核心、以加强完善队伍建设为关键，不断改进和推动高校社区品牌文化的建设，进而形成形式多样、内容丰富、色彩斑斓的"五彩文化社区"。

参考文献

[1] 荆晓艳，谢怀建. 高校社区文化建设研究综述［J］. 唐山职业技术学院学报，2012 (1)：16–19.

[2] 常蒙，宋焕斌，李金玲. 新时期高校学生社区文化建设现状及对策研究［J］. 才智，2016 (17)：79–80.

[3] 陈少雄，林晓燕. 思想政治教育视域下高校社区文化建设实效性的路径研究——以华南农业大学为例［J］. 广西青年干部学院学报，2016 (4)：33–37.

[4] 杨静，陈赟畅. 协同创新理念下高校新型智库建设研究［J］. 科技进步与对策，2015 (7)：7–11.

[5] 苏俊杰. 高校社区学生党员之家育人功能研究［J］. 思想教育研究，2016 (2)：104–107.

自由，从理想到实践[①]

彭金富　张丰清

自由，这一闪亮的名词，千百年来为人类所不懈追求，正如帕特里克·亨利所说"不自由，毋宁死"。自人类存在伊始，自由就表现为人类彰显强烈生命的一种张力，展现出了人类对内建构自我和对外实现自我的强烈愿望。时至今日，人类仍在不断地认识自由、解读自由、追求自由。对自由内涵的理解和把握，也是众说纷纭，见仁见智，有哲学意义上的自由、政治学意义上的自由、伦理角度的自由、艺术美学上的自由等诸多维度的阐释，从不同的角度和立场阐述了各自的含义。仔细审视这些看法和观点，我们发现，自由作为时代场域的产物，是人类文明的最高价值，既需要我们不断地继承和发展，也需要我们创新地批判与超越。

自由是限制和超越的辩证统一。从古至今，人类活动无非是认识世界和改造世界，自由是人类文明的最高价值。从认识世界来说，我们是在一定时空条件下去认识的，认识受到主体自身的差异属性和客体复杂属性及认识中介和工具特性的限制，条件达到什么程度，我们就认识到什么程度。从改造世界来说，人类是在不断地改造自然、社会和人类自身中去追寻自由的。一方面，在改造自然中，实现主体对客体关系的主体自由；在改造社会中，实现主体对主体的社会自由；在改造人自身过程中，实现主体对自身的个性自由。另一方面，人是自然存在物和社会存在物，"人的本质不是单个人所固有的抽象物，在其现实性上，它是一切社会关系的总和"。由此可见，人类自由理所当然地受到包括自然、社会和人自身等主客观在内的一系列条件的制约。正如卢梭在《社会契约论》开篇所说"人是生而自由的，但却无往

[①] 论文信息：《南方日报》2017年7月17日第F02版。
作者简介：彭金富，1980年生，男，河南信阳人，华南农业大学动物科学学院讲师，华南农业大学大学生思想政治教育名辅导员工作室主持人。张丰清，1967年生，男，湖南炎陵人，华南农业大学马克思主义学院院长，博士，教授，硕士研究生导师。

不在枷锁之中"。由此可见，自由是在一定限制之内的，在一定的时间、空间和条件之下的，超越这一界限便是不自由。当然这并不是说这一界限就不可超越，如果不可超越，那人类文明如何发展至今呢？显然这并不符合人类发展的事实。德国哲学家阿多诺曾说："自由确实必须有限度，而其界限并不是一成不变的。"随着时空和条件的改变，人类活动能力在增强，活动范围在扩展，工具和手段在提升，人类的自由度在不断扩大，人类的文明在不断进步和发展。

人们对自由的追寻都是在所处时代文化和社会场域下展开的。今天，从世界范围来看，和平与发展仍是时代主题；经济全球化、政治多极、文化多样和价值多元成了鲜明的时代特征；同时，国内市场经济体制正处在深刻变革，社会转型与利益格局深度调整时期，整合、优化、共享和创新成为新常态。在国内外不同体制与文化交汇、不同社会阶层利益与格局交织、传统文化与现代文明碰撞和交融的大背景下，伴随移动互联网和新媒体技术的广泛引用，信息化也伴随着知识的碎片化一起到来，人们对自由科学内涵的准确理解和把握受到了极大的冲击与影响，对自由的合理追寻受到了严峻的挑战与考验，进而误入自由的陷阱，导致自由的异化与消解。此外，还有人总是对西方的自由津津乐道，惊羡不已，甚至有人打着追寻自由的幌子，居心叵测，为所欲为，损害国家和人民的利益，影响人类文明的进程，只看到了自由的绝对性，忽视了自由的相对性。人们在认识和改造世界的过程中，不断摆脱自然、社会和自身的束缚，改变和创造自身追寻自由的条件和能力，不断提升自由度，这在一定时空、可能领域和一定程度上，是确定的和无条件的，这是绝对的；而相对于整个宇宙和人类发展，自由的领域和程度又是有限的、具体的和有条件的，自由本身也是永无止境的过程，这是相对的。绝对自由和相对自由是对立统一的，绝对寓于相对之中，相对中有绝对，一定条件下相互依存和相互转化。因此，辩证地看待自由，准确把握自由的绝对和相对、限制及其超越，对于我们今天避免陷入各种自由的误区、认识和改造世界显得尤为重要且必要。

自由是具有批判性和继承性的。共产党人的伟大先哲马克思毕生都在关注自由的问题，早在《共产党宣言》里他就表达了以此作为终生奋斗的价值追求，"代替那存在阶级和阶级对立的资产阶级旧社会的，将是这样一个联合体，在那里，每个人的自由发展是一切人的自由发展的条件"。这一价值追求，在《共产党宣言》发表至今的160多年间，已经成为全世界马克思主义者和共产党人为之追求的最高价值理想。长期以来，在我国特有的政治历史文化环境中，由于受反对自由主义和资产阶级自由化等政治风潮影响，"自由"似乎一直是个"颇受争议"的字眼，直到党的十八大报告中明确将其写进社会主义核心价值观之列，不得不说是共产党人和我们社会主义精神文明建设的巨大进步。回溯历史，30多年前的真理标准讨论，那是真正思想解放和自由的开始；30多年一路走来，中国特色社会主义建设的巨大成就正是改革开放、破旧立新的结果；毋庸置疑，正是自由这一核心价值迸发出了如此大能量。党的十八大以来，以习近平同志为核心的党中央把中国社会百年以来的追求和理想凝练成"中国梦"，这与社会主义现代化的奋斗目标是高度一致的，而这其中，自由既是中国梦内蕴的核心价值，又是中国梦实现的强大动力，更是社会主义建设、共产主义实现和世界历史发展的题中之义。因此，追寻自由的路上，我们不应丧失自信、照抄照搬，而应认清形势、辩证看待、批判吸收，创新发展。

实践共同体视域下环境类专业"四位一体"人才培养原则探析[①]

曾子焉 马 强

"实践共同体"为探讨高校教育教学改革发展提供了重要的理论指导，有非常高的理论价值，在这一理论框架内讨论高等教育教学课程改革，有十分重要的意义，随着教育界对教学实践共同体的探索，也发展出了各种形式的教学共同体，如较为普遍的课堂、师资、校地（企）、平台、保障"五位一体"的教学共同体、依托新媒体信息网络构建的教育信息化实践共同体，教师信息共同体等。但由于这些都主要从实践主体角度出发探讨，对于教学实践共同体实际操作层面运行机制等问题的研究有待进一步深化。本文就结合我校环境类专业实际，探索打造四位一体实践教学原则。

一、实践共同体内涵概述

共同体思想萌芽于古希腊柏拉图、亚里士多德等哲学家关于人类在实践交往中形成的城邦、国家问题的思考。马克思在《关于林木盗窃法的辩论》中，第一次对普鲁士这一国家共同体进行了反思。在之后的许多著作中，马克思也大量使用了"共同体"的表述，指出资本主义社会是"虚假的共同体"[1]。

"实践共同体"概念最早由莱夫和温格（Jean Lave & Etienne Wenger）1991年在《情景学习：合法的边缘性参与》（*Situated Learning：Legitimate Peripheral Participation*）一书中最早提出，用于分析学徒制这一非正式学习

[①] 论文信息：《高教学刊》2018年第20期，第8-10页。

作者简介：曾子焉，1992年生，女，江西赣州人，华南农业大学资源环境学院助教，华南农业大学大学生思想政治教育名辅导员工作室。马强，1978年生，男，广东韶关人，华南农业大学资源环境学院党委副书记、讲师。

模式。他指出，实践共同体是"一个分享共同关注的问题或对同一话题抱有热情的人群。他们通过在一个持续发展的基础上的互动，深化了该领域的知识和专业技术。这些人并不一定每天在一起工作，但他们因为发现了他们之间互动的价值而聚在一起……随着时间的推移，他们在共同话题上形成了独特的见解，并形成一个拥有共同的知识、实践和方法的团体"。也就是共同体由多个个体组成，其成员有一个共同的关注点以及兴趣点，成员都有着共同的任务、相关的实践资源以及共同认可的常识，追求同一个事业。

我国传统文化中也一直有"海内存知己""天下大同"等共同体思想。学者赵健对"实践共同体"基本特点的描述包括：其一，任务、目标清晰，其成员为完成一个共同的任务走到一起。其二，成员志同道合，有共同愿景。其三，异质性，即成员的经验背景不一。其四，边界相对模糊，打破了原有组织的约束，且可跨边界。其五，开放，而非封闭。其六，具有再生产的能力，有新知识的产生。其七，是动态的，随实践主题的变化，可以重组[2]。

本文探讨的实践共同体由特定人群组成。其成员之间既有同质性，即共同的目标、价值观、相关知识背景；也有异质性，即经验背景不同、性格特点不同、需求不同，是为完成共同的事业所联系在一起的群体。

二、环境类专业学生培养现状及存在问题

环境类专业指围绕生态环境保护与资源利用，对相关课程进一步学习，培养具备保护生态环境，资源利用相关技能为目的的特定专业。以华南农业大学资源环境学院为例，环境类专业由生态学、环境科学、环境工程、资源环境科学、测绘工程、地理信息科学这样一种"四轮两翼"组成。环境类专业在人才培养、教育教学上也有其特殊性，比如环保意识的培养就与普通高校学生不一样，其次在于教育教学内容有其特殊性，再有就是环境类教学实践模式也有其特殊性。

（一）专业环保意识要求高，但专业化意识不强

环境类专业大学生在环保意识到培养上要更加的全面宏观。首先，对环保政策把握更加全面。需要对国家大政方针进行学习。其次，对环保理念贯彻更加深刻。最后，对生态环保产业发展认识更精准，对环保类技术的掌握

更加专业,更加要了解生态环保产业的发展动态,将环境保护纳入自身为之终生奋斗的使命当中,换句话说,就是为推进环保事业产业化专业化做准备。

环境类专业学生,其环保意识应该更加强,但实际上,许多环境类学生在意识培养方面存在分裂状态。一方面,专业特性要求他们在专业层面更加重视绿色生态;另一方面,在日常生活中,绿色环保理念并没有深入他们的潜意识中,也很少在日常生活中贯彻这一理念,乱扔垃圾和浪费现象也时有发生。

(二) 教学内容丰富,但仍难满足学生知识需求

以华南农业大学资源环境学院为例,环境类专业包括生态学、环境科学、环境工程、资源环境科学等。学生的学习内容除了数学、化学等公共课程之外,还包括一系列专业课程。如生态学核心课程为普通生态学、生态工程学、生态规划学、生态工程设计与制图、生态环境污染与防治等;环境科学专业核心课程环境化学、环境监测、环境工程学、清洁生产与循环经济学环境规划与管理等;环境工程核心课程环境工程原理、环境工程设计、水污染控制工程、固体废物处理与处置、大气污染控制工程、环境监测、环境工程制图;资源环境科学核心课程土壤学、植物营养学、资源环境分析等。学生对专业技能要求更高,但由于教学计划设置,用在公共基础课程的时间会更多,导致学生对专业产生迷茫,不知道自己专业究竟在学什么,不知道未来可以从事何种行业,所学知识在飞速发展的产业上有些单薄。

(三) 实践模式完善,但操作层面难以贯通

环境类专业属于实操性极强的专业类别,除了课堂教学之外,还需要进行大量的实践教学。主要有以下几种实践模式:其一,本科生导师制为主的"师—生"互动模式。本科生通过选择专业老师为自己的导师,提早进入实验室。其二,依托各类科技竞赛、创新创业项目建立的"生—生"互动模式。通过各类创新创业项目,与高年级同学组成项目团队,开展项目研发。其三,通过企业实习建立"生—企"互动实践模式。高年级同学会有更多的企业实习机会,这既满足了企业的需求,又让同学们获得了更多的实践机会。其四,通过"三下乡"等志愿活动建立的"生—社团"实践模式。通过暑期参加"三下乡"活动、"千乡万村"环保科普行等志愿活动,对乡村

环境情况开展调查，并且开展一定的治理工作，直接将所学知识回馈社会，强化他们的环保精神。

多种实践模式，在环节上有时候存在重复，在具体效率上稍显不足。由于学生花费较多时间在各类实践上，加上理论知识又较为薄弱，导致实践活动难出精品，实践效果不佳。

三、打造"四位一体"实践教学共同体

教学实践共同体，首先在于教学参与主体的多元性与统一性，其次在于教学过程的连贯性、教学目标的一致性与渐进性，我们结合华南农业大学资源环境学院实际，从实践过程出发，按照教育目标的循序渐进性以及教学过程的连贯性，构建"环保启蒙教育—环保类竞赛促专业技能提升—企业和专家团队帮扶—投身环保社会实践"四位一体实践育人体系，既考虑社会、企业、学生在人才培养上的"需求侧"，又优化多方育人的"供给侧"，在实际操作层面完善环境类专业人才培养的实践共同体。

（一）供给侧与需求侧结合，优化教育目标

在教学实践共同体的背景下，社会、企业、高校以及学生在人才培养的内容和目标上有共同的需求与目标，也有自身的特定诉求。

环境类专业同学在专业学习上的首要需求就是希望能通过大学四年的学习，获得与专业相关的知识技能，其中，既包括理论知识也包括实践能力，使得其在毕业之后，能够凭借自身专业能力求得并适应一份与专业相关的工作或者往更高学历继续深造的机会。根据2017年华南农业大学资源环境学院就业调查显示：87.31%的毕业生毕业之后都是成为专业技术人员；而在就业过程中，28.16%的毕业生认为在找工作中遇到的主要困难是缺乏相关工作经验。这就表示，在大学4年的专业学习中，除了理论知识的学习之外，学生对课外实践机会的需求越来越大。

企业招聘过程中，对于相关技术类岗位，对专业的要求也非常高，希望大学生具备一定的动手实践能力，能够在入职之后，在最短的时间内上手新工作，以减少其培训时间与成本。同时，为减少人才的流动性，保持企业的平稳运营，企业也希望毕业生对企业文化、价值观有较高的认同度，对行业发展的看法与企业保持一定的一致性。

作为由理学、工学学生所构成的环境类专业，高校在招收研究生的过程中，对专业的知识背景与科研能力相当看重，更希望能够招收到专业对口、学习过该专业相关课程并且在本科期间就从事过相关实验、具有实验室经历、具备一定科研潜力的学生。

（二）培育过程构建四位一体教育模式

在实践中提升学生的环保意识，增强其参与生态文明建设的能力，逐步构建"环保启蒙教育—环保类竞赛促专业技能提升—企业和专家团队帮扶—投身环保社会实践"四位一体实践育人体系，并在实践中逐步完善和发展。

首先，环保启蒙教育贯穿于学院专业信仰教育的始终，包括环保意识的树立、专业认知的深入以及环保精神的培育。在新生开学之初，就开展专业介绍，邀请各专业学术带头人对新生开展专业介绍，并安排新生参观实验室以及实践基地。此外，通过由同专业高年级同学组成的助理班主任、朋辈辅导员，在课外与新生进行专业交流，提高学生专业认知度。其次，在新生入学初重点开展环保启蒙教育。在同学经过一段时间的专业学习，对专业知识有了一定积累之后，便将教学重点放在了环保类竞赛促专业技能提升上。在学院范围内开展生态沙盘竞赛，支持并鼓励学生参加国家、省、市、高校各级别的环保竞赛，诸如"节水青春行"全国高校节水主题创意方案、广东省首届大学生"碳索杯"低碳知识竞赛、全国首届土壤技能竞赛，等等。同时，在学院设立"导师制"，通过双向选择为学生确立导师，在课堂内外对学生专业学习、创新创业项目、毕业设计进行全方位的指导，充分发挥专业教师在教学实践共同体中的作用。最后，与企业联合，为学生提供优质的实习机会，设立企业专项奖学金，如与深圳笆田公司合作，设立"笆田班"，增加学生实践机会。在学生具备环保意识、环保知识以及一定的实践积累之后，将环保责任内化为自身使命，通过各类公益环保活动，回报社会。诸如积极参加暑期"三下乡"和"千乡万村"环保科普行等活动。

四、实践共同体视域下产学研培养原则

本文所探讨的共同体，是指由多个主体所构成，大家有着共同的目标，在行动上相互配合协作，使得行动效果最大化的特定群体。环境类专业的"四位一体"人才培养模式，指的是高校、企业、社会团体、学生共同努力

下形成的"环保启蒙教育-环保类竞赛促专业技能提升-企业和专家团队帮扶-投身环保社会实践"四位一体实践育人体系。在这个过程中,实践主体有着共性的一面,也有着个性的一面,这就需要在人才培养过程中多方配合,实现培养效果最大化。

(一)价值观传递协调一致

实践共同体由多个个体组成,其成员往往有一个共同的关注点以及兴趣点,都有着共同的任务、相关的实践资源以及共同认可的常识,追求同一个事业。教育的特殊性质,要求共同体在目标、兴趣上保持一致性之外,还必须要保证价值观传递上的一致性。高校、企业、社会甚至家庭在与学生互动过程中,往往会传递不同的价值观念,这些价值观念有些是一致的,但有些可能是相左甚至对立的,这就导致了学生在成长过程中的迷茫与混乱,对学生有一定的误导性。这对学生的成长以及专业认同是非常不利的。这不仅会干扰学生的学习,更会误导学生未来的努力方向以及面对各种问题的判断。

因此,在"四位一体"的人才培养模式下,价值观传递的一致性应该是要保持一致的。既要顺应国家的大政方针,又要与社会主流观念以及道德评价一致,还要体现学生生存发展的需要。这就需要实践共同体中对多方在培养全过程上进行不断的协调沟通,寻求彼此之间的共同性与平衡点。环保启蒙教育贯穿于学院专业信仰教育始终,包括环保意识的树立、专业认知的深入以及环保精神的培育。

(二)培养内容互为补充

"环保启蒙教育—环保类竞赛促专业技能提升—企业和专家团队帮扶—投身环保社会实践"四位一体实践共同体的建立,其目的就在于在培养内容上承前启后、相互贯通,构成了一条较为顺畅的人才培养途径。每一模块的培养都有其侧重的一面,也有其薄弱的一面,因此,需要这四个模块在教育内容上发挥自身优势,还要对其他几个方面进行补充,来弥补彼此的不足,优化教育效果。这需要在制定培养方案的时候,注意对教育环节进行精心的设计,实施主体之间进行沟通,并将教育过程的每一个环节进行记录,用一环扣一环的方式承接给下一个环节的实施主体,保证下一个环节的主体能结合之前的教育效果,对自己的教学计划进行修改,补充上一环节没有完成的内容;同时,将实施情况对上一环节的主体进行反馈,形成动态合作模式,不断完善教学计划。这当中，需要克服时间、空间上存在的困难，最好的方法就是依托新媒体，建立网上的项目跟进，方便各主体能够实现及时的信息共享。完善评教制度，实施跟进培养对象需求变化。

（三） 实践模式相互配合

从大一刚入学时的启蒙教育，到环保类竞赛再到企业专家团队的帮扶，最后将自身学习每一个环节都结合教育规律以及学生身心发展状况来进行，层层递进，不断提升环境类学生的专业化技能以及他们的创新能力，在潜移默化中强化学生对于环境保护的价值认同，不断引导他们主动了解、学习国家方针政策，了解最新环保政策动态以及行业发展情况。

推进"四位一体"实践共同体，不仅需要价值传递、教育内容上的一致性与互补性，更需要实践模式上的相互配合、互为补充，补齐学生各方面的短板，更好满足学生实践发展需要，以调整"供给侧"满足"需求侧"。

参考文献

[1] 刘伟. 马克思主义共同体思想发展的新境界 [N]. 学习时报，2018 – 01 – 03 （A2）.

[2] 王利敏. 实践共同体研究综述 [J]. 上海教育科研，2016 （12）：28 – 32，36.

[3] 马克思恩格斯选集：第 1 卷 [M]. 北京：人民出版社，1995：68.

[4] 王道俊，郭文安. 教育学 [M]. 北京：人民教育出版社，1995：429.

[5] 陈万柏，张耀灿. 思想政治教育学原理 [M]. 北京：高等教育出版社，2001：256.

[6] 彭伟强，陈海娜，谢淑英. 基于实践共同体的英语教师专业发展机制研究 [J]. 广东广播电视大学学报，2013 （5）：92.

[7] 邵阳. 创建教师实践共同体的理论研究 [J]. 黑龙江教育学院学报，2014 （1）：40.

尼采的"精神三变"在高校人才培养中的作用探究[①]

余 祥

习近平总书记在全国思想政治工作会议上强调,"高校思想政治工作关系高校培养什么样的人、如何培养人以及为谁培养人这个根本问题。要坚持把立德树人作为中心环节,把思想政治工作贯穿教育教学全过程,实现全程育人、全方位育人"。习近平总书记进一步强调,专业教师和思政队伍在人才培养过程中发挥着重要作用。教师是人类灵魂的工程师,承担着神圣使命。传道者自己首先要明道、信道,才能更好地担起学生健康成长指导者和引路人的责任。而思政队伍则要用理论充实头脑,强化实践锻炼,在日常生活中做到"为学生解答人生应该在哪用力,对谁用情,如何用心,做什么样的人,及时回应学生在学习生活、社会实践乃至影视作品、社会舆论热议中所遇到的真实困惑,提升思政教育亲和力和针对性,满足学生成长发展需求和期待"。

随着经济的发展和大学教育由精英走向普及,国家对待大学教育过于功利化,高等教育政策以短期性的、高度具体化的成果为核心,忽视长期性发展,导致人才培养质量逐渐下降。北京大学钱理群教授说过,"我们的教育体制,我们的大学,正在培养一大批'精致的利己主义者',他们世俗、老道,懂得配合,善于利用体制达到自己的目的"。当下的大学生呈现出心浮气躁、急功近利的状态,缺乏明确的学习目标,也缺乏努力的方向。这种现象值得我们反思。高等教育的改革迫在眉睫,高校人才的培养亦任重道远。

本文立足于人才培养这一高等教育之本质,结合尼采"精神三变"的理念和内涵,阐述"精神三变"如何在人才培养中发挥作用,进而提出提高人才培养有效性的对策建议。

[①] 论文信息:《当代教育实践与教学研究》2017 年第 8 期,第 255 – 256 页。
作者简介:余祥,1989 年生,男,广东汕头人,华南农业大学公共管理学院讲师,华南农业大学大学生就业创业名辅导员工作室成员。

一、尼采"精神三变"的内涵

尼采说过,"人的精神会经历三种变化"。第一变是变成骆驼,然后是变成狮子,最后是变成婴儿。骆驼是沙漠之舟,能吃苦耐劳,意味着人在年轻的时候要接受训练,刻苦学习,承受传统包袱。这是中小学普遍的教育模式。到了大学,精神应该由骆驼转变为狮子。骆驼与狮子的差别在于:骆驼必须听从他人的指导,接收他人的命令,是一种被动的状态;而狮子则是自己做决定,对自己负责,这是一种体现自由意志的主动状态。在骆驼阶段,听得最多的,就是父母和老师说"你应该如何";而到了狮子阶段,就是你对自己说"我要如何"。一个大学生,如果开始知道自己"要什么",意味着他开始有自己的独立性了,可以勇敢地担负起应尽的责任。

进入狮子阶段之后,随着知识和阅历的增进,部分学生可以达到"婴儿"的状态。婴儿意味着"完美的开始",拥有无限的可能性。婴儿代表什么?那就是可以开始说"我是"。"我是"所用的是现在式,亦即对于眼前的任何处境,都能扮演好自己的角色,且心态平和,能够专注于当下该做的事情,达到"行所当行,止所当止"的状态。如"我是一名学生",那么在课堂上就得认真听讲和思考,课后温故所学知识,做到温故而知新。如"我是一名学生干部",那么在社团组织里就要有责任感和执行力,认真完成工作,服务学生。如"我是父母的孩子",那么就应该孝顺父母,为父母分担力所能及的事情。

尼采的"精神三变"是对所有人所做的期盼,但是能够如此依序转变的,永远是少数人。这种挑战所带来的成果是丰富的,作为高校教师,我们有责任在人才培养上下功夫,培养出既有智慧又勇敢刚毅的大学生。

二、大学的本质与人才培养

要将尼采的"精神三变"运用到高校人才培养中,必须先深刻理解大学的本质和人才培养的含义。

《大学》开篇讲道:"大学之道,在明明德,在亲民,在止于至善。知止而后有定,定而后能静,静而后能安,安而后能虑,虑而后能得。"大学的宗旨,在于弘扬光明正大的品德,在于使人弃旧图新,在于使人达到最完美的境界。知道应达到的境界才能够志向坚定,志向坚定才能够镇静不燥,镇静不燥才能够心安理得,心安理得才能够思虑周详,思虑周详才能够有所收获。一个人进入大学,就要下决心,立志于今后能服务于社会,服务民众,增长才干,在学习中思考,在实践中锻炼,最终成为品德高尚、才华出众的人。

一个优秀的人才的知识结构应该是怎样的?如图1所示,如果将人才视作这颗图钉,图钉尾部表明人才需要具有宽广的知识面,应包含自然科学、人文科学和艺术类课程的知识。图钉的针部表明人才应具备某一方面过硬的专业知识和深厚的专业素质。图钉的尖部表明人才应具有某一领域的长处,即核心竞争力。核心竞争力的培养不一定要跟专业相关,也可以是自己感兴趣的领域,如活动策划、媒体传播技术、公众演讲等。

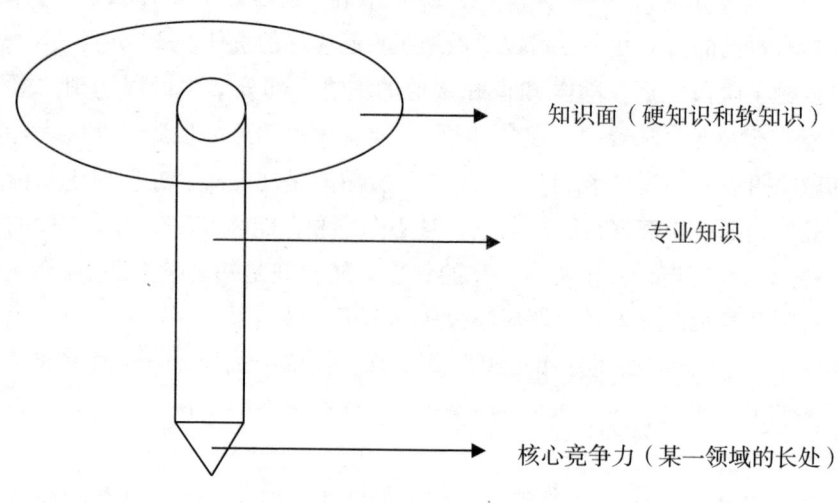

图1　人才的知识结构

三、尼采"精神三变"在人才培养中的应用

大学会经历四个阶段,第一阶段是"不知道自己不知道",大一刚入校,懵懂而单纯,对任何事物好奇,充满新鲜感,但没有深入了解大学的本质和意义。经过一年的适应后,虽收获了不少美好的回忆,但会觉得心虚。因为大部分学生没有把精力放在学习上,所以没有学到多少知识和技能。当出现这种状态时,学生会进入第二个阶段,即"知道自己不知道"。到了第二阶段,学生会开始意识到学习的重要性,缩减自己在学生工作和社会实践上的

时间和精力，以便专注于学习。在持续地努力了一段时间后，会进入第三个阶段，即"不知道自己知道"。之所以会出现这个阶段，是因为学生还没有找到自己所感兴趣的领域，虽然学了不少知识和技能，但无用武之地。实际上，他们的能力在逐步提升，只缺发挥能力的机会和平台。再努力一段时间后，部分学生会找到自己擅长的领域，进入第四个阶段，即"知道自己知道"。这个阶段，他们能够充分发挥之前所有在学校学到的知识和技能，真正实现自我价值。当然，同尼采的"精神三变"一样，能够依序转变的仍然只有少数学生。

教师在人才培养的过程中应该怎么做，才有助于他们的成长呢？我们尝试在人才培养中，应用尼采"精神三变"的理念。

表1是一个大学生4年的学涯规划。学生在不同阶段，应给予不同的教育和培养。在大一阶段，主要任务是融入群体，适应大学的学习和生活方式。大二阶段的主要任务是明确合适的定位，制定提升计划，专注于自己的目标。大三阶段应该深耕专业领域的知识，在实践中将知识内化，并有意识地积累能力和经验。大四阶段应思考未来，明确自己的人生选择，找到发挥才能的工作岗位，或者继续深造。

表1 本科生大学四年的发展进阶[1]

阶段	特征	任务
大一	新环境的冲击，人际关系复杂化	熟悉并融入新环境，适应新的学生和生活方式
大二	环境已经熟悉，但迷茫；有了比较稳定的交际圈	确定合适的定位，明确自己的兴趣和目标，制定能力提升计划
大三	开始专注目标，是专业知识深耕阶段	在实践中检验知识，有意识地积累能力和经验，思考人生道路
大四	面对抉择的时刻，既有憧憬，又有担心；对未来的思考更加现实而理性化	利用各种渠道收集信息；学习技巧（简历、面试等）；明确人生选择；调整心态，积极努力

古人云，"博观而约取，厚积而薄发"。大一、大二的学生仍处于探索阶段，是努力学习、夯实基础的两年，在精神上则属于"骆驼"阶段。在这个阶段，教师应该做到"传道、授业、解惑"，即要认真备课，传授知识给学

生，也要在课后及时为学生答疑解惑，更重要的是传授和分享学习的方法和为人处事的心法。学生用两年夯实基础，拓宽知识面，储备人文科学、自然科学和艺术类课程知识，再加上教师的引导，个体会逐步成长，进入精神的"狮子"阶段。如果依循此步骤，大部分学生到大三时可以进入"狮子"阶段，专注自己的专业领域，并开始建构自身的思维系统。在实践中内化所学知识，有意识地积累能力和经验，思考自己的人生道路。

能从"狮子"阶段跳跃到"婴儿"阶段的，永远是少数。要达到"婴儿"阶段，除了教师的引导，更重要的是自身的努力和觉悟状态。现实中，只有少部分学生在毕业时，能够明确自己的人生道路，找到合适自己并能够发挥潜力的工作。尽管只有少数学生能进入"婴儿"阶段，但作为教师，应该无条件助力学生成长。作为专业教师，可以从以下三个方面丰富工作内容：其一，提高自身理论素养，将创新教育的内容融入整个教学环节之中。其二，实现教学与实践的结合，鼓励大学生直接参与教师的科研工作，将课堂所学专业知识应用于实际当中。其三，开展系列学术讲座和交流会，增强学术氛围，激发学生对专业学习的热情。而作为思政老师（含辅导员），可以从以下两个方面着手：其一，搭建学术类和文化类活动平台，培养学生良好的文化素质。其二，紧密围绕大学生学习和生活中的实际问题，开展日常的思想政治教育工作，培养学生良好的思想道德素质。

参考文献

曾雅丽，谢珊. 大学生全程化职业指导创新教程［M］. 广州：世界图书出版广东有限公司，2012：88.

教育公平视角下高校阶梯式
资助育人体系的探索

——以华南农业大学经济管理学院"圆梦计划"为例①

朱丹妮 张 敏 苏 婉

一、引言

国家高等教育阶段对经济困难大学生的资助方式包括"奖、贷、助、补、减"和"绿色通道"等,很大程度上发挥了经济帮扶的作用。有学者指出,高校教育公平的补偿形式在我国仍处于较低层次——机会公平、程序公平的阶段,更注重"入口"环节,但对经济困难学生入学后的"过程关注"体现不足。目前,高校经济困难学生资助工作已经迈过了传统的经济帮扶"输血"阶段,正向提升家庭经济困难学生的内在素质、打造未来强有力的"造血"能力转变。2017年,教育部党组印发《高校思想政治工作质量提升工程实施纲要》(教党〔2017〕62号),将资助育人纳入"十大育人体系",明确要求把扶困与扶智、扶困与扶志结合起来。为全面贯彻落实党的十九大精神和习近平总书记系列重要讲话精神,进一步加强经济困难学生的励志教育和精神扶贫力度,本着"树信心,长技能,强素质"的育人理念,华南农业大学经济管理学院实施经济困难学生励志强能工程"圆梦计划"。"圆梦计划"是华南农业大学经济管理学院转变经济困难学生传统资助方式、不断丰富资助工作内涵的创新与突破。"圆梦计划"构建起"扶困·励志·强能"三位一体的资助工作模式,致力于"为同学创造公平和全面发展的机

---

① 论文信息:《现代交际》2018年第24期,第199-200页。
作者简介:朱丹妮,1992年生,女,湖南邵阳人,华南农业大学经济管理学院助教,华南农业大学大学生学业指导名辅导员工作室成员;张敏,1985年生,华南农业大学经济管理学院硕士研究生毕业生;苏婉,1989年生,女,广西北海人,华南农业大学海洋学院讲师。

会",实现资助与育人的双重功能。"圆梦计划"结合学院已有活动进行"存量改造",以"外修内练、制度护航"为核心内容。"外修"即励志强能培训项目,包括计算机实操技能培训、就业竞争力提升培训等,帮助经济困难学生提升技能,获取自信力,增强就业竞争力;"内练"包括心理健康训练营、感恩教育等,旨在优化经济困难学生心理品质,增强其感恩意识和社会责任感。

二、"外修":提升经济困难学生的硬实力

"外修"即励志强能培训项目。项目课程设置针对性强,贴近经济困难学生实际。授课方式多样化,采用团队辅导、即兴演讲、剧情演绎、小组讨论等多种互动式教学方式,让学生在轻松、活泼的氛围中掌握课程。注重增强课程实操性,如"启蒙运动"课程人手一台电脑授课,实践性强。

(一)"启蒙运动"——技能提升

"启蒙运动",主要为计算机实操技能培训,教授 Office、AE、PS 等软件操作。该培训面向学院经济困难学生,通过开设线上一周基础教程,追踪学员作业动态,线下设置现场教学进一步巩固计算机操作技能。线上线下的作业评审考核监督学员学习情况,考核优秀的学员将获"优秀学员"称号。授课形式如下。

(1)针对不同学员培训过程中出现问题不一的情况,设立易班动态展示作业环节。学员以文字、图片等形式将作业发布到个人动态上,工作人员通过动态追踪学员作业情况,及时解答学员的问题。

(2)及时发布启蒙运动培训反馈问卷,了解学员的进一步学习需求,为后续优化易班线上教育平台做筹备工作。

(3)开展经济困难学生线上软件网课培训课程,录制系列教学课程并同步上传至网络,扩大技术性技能培训对经济困难学生的有效覆盖。取得的成效有:经管学院共举办 4 期"启蒙运动",覆盖约 300 名学员,课程大大切合了学生的兴趣需求和发展需求,为今后更高效的学习工作奠定基础,对于家庭经济困难学生成长成才具有重要意义。进一步推进经管学院资助育人工作,为学生综合素质提升提供了平台和保障,也为探索家庭经济困难学生多种教育方式提供了经验支撑。

（二）CG 课程——就业竞争力提升

CG 课程主要针对大二、大三学生（给予经济困难学生 25% 比例名额），通过构建完整的求职体验，将课程进行线上线下相结合，全真模拟从简历制作到拿到 offer 的过程。开展形式如下。

（1）职业指导与职业生涯分享。进行相关专业的职业指导，向同学们介绍职业选择的可能，分享在职场中的经验，引导学生思考适合自己的职业选择。课后布置制作简历的作业。

（2）求职路径与简历制作。从简历的模板到内容，层层剖析简历制作的注意事项以及 HR 在筛选简历时的关注点，修改简历。

（3）模拟面试与面试培训。全真模拟面试，让同学们提前感受真正的面试环境，便于认清自己的不足；而后进行面试培训，包括着装、谈吐等。

（4）进入职场。模拟全真的工作环境，现场互动教学，随时交流与改正，帮助学生适应新的环境以及了解职场生活。

（5）回顾与反思。以小组形式展示学习成果并分享心得，老师解答疑惑。取得的成效有：经管学院自 2009 年起启动 CG 课程培训项目，每学年两期，每期学 4 人，至今已举办了 20 期培训，覆盖约 960 名学员，其中经济困难学生占 25%。CG 课程让学生提前接触职场，激励学生思考职业规划以及明确努力方向，更好地指导学生未来就业；同时锻炼学生适应社会的能力和社交能力，积累社会阅历和工作经验，在实践中不断增强就业竞争力和综合素质。

（三）课外实践——学术力提升

（1）鼓励经济困难学生组队参与大创、"三下乡"等调研项目以及企文、行析等学术竞赛，给予指导和相关调研技能培训，进行答辩指导，提升作品质量。

（2）结合个人意愿，培养学生担任培训导师，促进学生实现自我教育、自我发展。学生在担任导师的过程中，既锻炼了能力，又提升了综合素质。

三、"内练"：优化经济困难学生心理品质

（一）心理健康训练营——调适心理释放压力

（1）抗压及自我调节能力训练。以游戏形式进行，主要教授学生情绪调

节以及自我减压方法，每堂课让学生完成一些"任务"并做小游戏，有助于学生释放压力，排解情绪。

（2）心理投射与自我成长训练营。对象全部为经济困难学生。课程运用心理投射牌卡、心理沙盘以及房树人心理测验等有趣的技术手段，从情绪管理、压力应对、亲密关系等多个角度引导学生正确认识自我，掌握心理调适技巧，优化心理品质，增强适应社会能力，培养乐观向上的人生态度。

（二）感恩教育——增强社会责任感

经管学院坚持感恩教育与志愿服务相结合，注重增强经济困难学生的感恩意识和社会责任感。学院在帮助经济困难学生解决实际困难、提升综合素质的同时，积极推进感恩教育，为经济困难的学生提供勤工助学岗位、组织校内外志愿服务活动，例如探访老人院、探访智障儿童、关怀精神康复者及轻微智障人士、"拾荒行动"等，增强学生的社会责任感，常怀感恩之心，常行感恩之举，以行动回馈社会，从而构建"社会帮扶经济困难学生，学生促进社会发展"的双向互动关系。

四、"制度"：护航"圆梦计划"扬帆破浪

（一）建章立制与激励体系——规范资助育人新章程

学院从制定和完善规章制度入手，确保各项工作规范、有序、可操作，制定《"圆梦计划"管理实施办法》等制度文件，对培训课程的学员选拔、管理、考核以及激励措施等事项进行具体而明确的规定。其中，激励措施包括物质奖励和精神激励。

（二）推动信息化建设——开辟资助育人新阵地

创新宣传形式，注重宣传效果。利用相关网站、微信公众平台、QQ群、易班等信息化平台的优势，将"圆梦计划"的最新动态以及制定的规章制度、管理规定和实施办法等管理文件，通过多种媒介手段向学生发布。"阶梯式"资助育人体系根据经济困难学生在不同阶段的心理特点和需求，从他们的内在缺失出发，为他们创造有利条件，让他们拥有表达自我、展现自我、体现自我发展的机会。如何丰富资助育人工作的内涵，还有待进一步研究和探讨。

心理健康教育篇

大数据挖掘方法在大学生心理预警系统中的应用[①]

梁 娟　罗海据

针对存在心理问题的大学生数量日渐增加的状况，许多高校建立了心理预警系统，通过人格问卷、人格测试等问卷调查等方式用来排查心理有障碍的学生。目前，大学的信息建设系统基本比较完整，累积了大量的数据，如图书馆学生借阅信息、学生各个学年成绩等，如果合理利用这些数据，找到数据之间的相关关系，对心理工作者的工作有积极的作用。如何从这些数据中得出新的、有效的、有潜在用途的结论是比较热门的研究课题。用大数据的方法处理这些数据，可以得到传统心理学方法不一样的结论，提供新视角[1]。

大数据背景下的数据挖掘方式有分类、聚类、关联等[2]，而挖掘心理数据的功能在于发现其他数据和心理数据之间的关系，从而从其他的数据上发现学生的心理状态。文章将大数据处理方法中的关联规则运用到心理测评的数据处理上[3]，进行了有价值的探索。对关联规则中经典的置信度－支持度的不足，本文运用相对提升度来计算心理测评数据各个属性值之间的关系，保留相关度比较大的规则，对相关度比较小的规则进行剪枝处理，以此提高生成规则的有效性。

[①] 论文信息：《中国学校卫生》2018 年第 39 卷第 12 期，第 1821－1824、1827 页。
作者简介：梁娟，1981 年生，女，河南焦作人，华南农业大学工程学院副教授，华南农业大学大学生心理健康教育与咨询工作室成员；罗海据，1977 年生，男，广东阳江人，广州市健坤网络科技发展有限公司工程师。

一、研究对象与方法

（一）对象

以某综合性大学的 2011 年至 2013 年共 11400 名学生作为研究对象，年龄范围是 17 岁到 21 岁之间。其中 2011 年共 3690 人，男生 1751 人，女生 1939 人；2012 年共 4063 人，男生 2067 人，女生 1996 人；2013 年共 3647 人，男生 1897 人，女生 1750 人。

以这些大学生的人格问卷（UPI）、人格测试（EPQ）数据和 4 年以来学生成绩等数据作为研究内容。学生 UPI、EPQ 的数据是每年新生入学进行心理健康测试的结果，这些数据已经经过清理，剔除了不合理的部分，EPQ 和 UPI 量表的内部一致性信度系数分别为 0.725 和 0.841[4]。学习成绩来源于各个学期末的成绩，真实可靠。在 11400 名学生中发现其中有自杀意念共 270 人，男生 129 人，女生 141 人；有精神分裂症倾向共 2539 人，男生 1149 人，女生 1390 人；有抑郁症倾向共 3099 人，男生 1441 人，女生 1658 人；有神经症倾向共 3011 人，男生 1369 人，女生 1642 人，其他数据可以参见表 1。

这些数据保存在学校的数据系统中，经过对学生个人敏感信息的剔除，选取数据库中的"E""N""P""L"作为人格因子；"辅助题得分""咨询要求""危机题得分""自杀意念""精神分裂症倾向""抑郁症倾向""神经症倾向""UPI 总分"作为 8 个心理健康因子；"平均值等级""标准差等级"作为成绩因子；"性别""生源"作为其他因子，挖掘因子之间的相互关系。

（二）方法

首先对 UPI、EPQ、学习成绩等数据进行前期处理。原始数据包括各个专业、各个年级所有学生的基本情况。参加 UPI 测试的学生根据"辅助题得分""咨询要求""危机题得分""自杀意念""精神分裂症倾向""抑郁症倾向""神经症倾向"分数进行汇总。对 EPQ 数据的汇总，得到 E、N、P、L 的数据。

每个学生的学习成绩平均分根据公式 $\bar{X} = \dfrac{X_1 \times f_1 + X_2 \times f_2 + \cdots X_N \times f_N}{f_1 + f_2 + \cdots f_N}$ 计

算，其中 X_1、$X_2 \ldots X_N$ 表示课程的成绩，f_1、$f_2 \ldots f_N$ 表示对应的学分。每个学生的学习成绩标准差根据公式 $SD = \sqrt{\dfrac{(X_1-\bar{X})^2 + (X_2-\bar{X})^2 + \cdots (X_N-\bar{X})^2}{N}}$ 来计算。

1. **数据转换**

（1）对于学习成绩的处理，按照同班的排名分等级分成 5 个等级，由低到高依次 SC1、SC2、SC3、SC4、SC5，标准差类似。

（2）对于离散化将属性数据，将数据平均化成若干区间，等级越高，表示症状越明显。例如将危机题得分的数值根据每个维度的分数平均将其划分为症状较明显（等级 4，CR4）、可能有症状（等级 3，CR3）、一般（等级 2，CR2）和无明显症状（等级 1，CR1）等四个区间。

（3）转换变量，如将学生的性别男女转换成 S0、S1，其他以此类推。

记录中字段所采用的代码表如表 1 所示。

表 1 转换代码及含义

属性	属性值	转换后代码	人数
性别	男生	S0	5715
	女生	S1	5685
生源	农村	F0	5419
	城市	F1	5981
辅助题得分	得分等级 1	AU1	5768
	得分等级 2	AU2	3461
	得分等级 3	AU3	1924
	得分等级 4	AU4	247
咨询要求	不需要咨询	HE0	8299
	需要咨询	HE1	3101
危机题得分	危机等级 1	CR1	8564
	危机等级 2	CR2	2378
	危机等级 3	CR3	421
	危机等级 4	CR4	37

（续表1）

属性	属性值	转换后代码	人数
自杀意念	没有自杀意念	SU0	11130
	有自杀意念	SU1	270
精神分裂症倾向	没有精神分裂症倾向	PH0	8861
	有精神分裂症倾向	PH1	2539
抑郁症倾向	没有抑郁症倾向	DE0	8301
	有抑郁症倾向	DE1	3099
神经症倾向	没有神经症倾向	NE0	8389
	神经症倾向	NE1	3011
UPI总分	UPI总分等级1	TO1	4726
	UPI总分等级2	TO2	4114
	UPI总分等级3	TO3	2031
	UPI总分等级4	TO4	464
	UPI总分等级5	TO5	65
平均值等级	平均值等级1	SC1	1082
	平均值等级2	SC2	1451
	平均值等级3	SC3	2630
	平均值等级4	SC4	3565
	平均值等级5	SC5	2672
标准差等级	标准差等级1	SD1	1447
	标准差等级2	SD2	2289
	标准差等级3	SD3	3202
	标准差等级4	SD4	2776
	标准差等级5	SD5	1686

(续表1)

属性	属性值	转换后代码	人数
E	E 等级 1	E1	645
	E 等级 2	E2	2315
	E 等级 3	E3	3443
	E 等级 4	E4	3270
	E 等级 5	E5	1727
P	P 等级 1	P1	2291
	P 等级 2	P2	5294
	P 等级 3	P3	2986
	P 等级 4	P4	713
	P 等级 5	P5	116
N	N 等级 1	N1	704
	N 等级 2	N2	2901
	N 等级 3	N3	3967
	N 等级 4	N4	2915
	N 等级 5	N5	913
L	L 等级 1	L1	496
	L 等级 2	L2	3716
	L 等级 3	L3	5295
	L 等级 4	L4	1893
	L 等级 5	L5	0

2. 关联规则算法的应用

关联规则由 AgrawalR 于 1993 年提出[5]，该算法的核心思想是扫描数据库产生频繁项集，只有 1 个项的项集，记为 L_1；在 L_1 的基础上产生候选集 C_2，扫描整个数据库，将小于最小支持度和置信度的项进行剪枝，得到频繁项集 L_2。如此类推，直到产生最多项的频繁项集 L_K 为止。在计算过程中，遵循频繁项集的所有非空子集也是频繁的原则进行剪枝。

对于心理症状的一些数据而言，每种症状包括显性或隐性，或者分成多个等级。如果把症状的显性、隐性或等级当作每种症状的属性值，研究属性之间的关联关系就属于多值属性关联规则问题。对于多值属性关联规则，文章已有定义[6]，对于多值属性的挖掘也有论文讨论过，利用这些结论对数据进行挖掘，发现了表2的规则。

表2 规则及其置信度和支持度

ID	规则	置信度（%）	支持度（%）
1	SU0 = > PH0	76.782713	74.932249
2	CR0 = > SU0	98.691575	73.712737
3	SU0 = > NE0	72.978289	71.219512
4	SU0 = > DE0	72.422899	70.677507
5	(SU0, PH0) = > NE0	86.618445	64.905149
6	(SU0, PH0) = > DE0	85.497288	64.065041
7	(CR0, SU0) = > PH0	83.933824	61.869919
8	(HE0, CR0) = > SU0	98.834262	52.845528
9	(CR0, SU0) = > NE0	80.330882	59.214092
10	(SU0, PH0, DE0) = > NE0	89.255499	57.181572
11	(CR0, SU0, PH0) = > DE0	88.786684	54.932249
12	(HE0, CR0, SU0) = > PH0	87.333334	46.151762
…	…	…	…

从表2可以看出，没有神经症倾向（NE0），没有自杀倾向（SU0），没有抑郁症倾向（DE0），没有求助倾向（HE0）等因子之间的关联性是明显的，在现实情况中也是这样，大部分心理健康的同学都符合上面的特征。

然而，在众多心理因子属性当中，例如具自杀倾向、抑郁症倾向等心理不健康的群体，相对而言正常学生的数量往往是占小数的，在2.7% ~ 15%不等[7,8]。传统关联规则的置信度 - 支持度框架下去对数据进行挖掘，即使将置信度和支持度设置的比较大，那么具有抑郁症倾向，自杀倾向等这些群体的数据就会被忽略，而心理预警就是要找到那些心理症状呈现显性的群体之间的关系,如果这些数据被忽略,那么数据挖掘就失去意义。但是如果将置信度,支持度设置的比较小,那就会出现大量的冗余数据,发掘出来的规则太多而难以总结[9]。

3. 基于相对提升度的多属性值的关联算法

在心理统计研究过程中需要对各种心理健康因子属性值之间进行相关性分析,例如需要知道有抑郁症倾向学生和自杀倾向学生的相关性,EPQ 中 N 得分高的学生与学习成绩之间的关联性等。针对传统关联规则的置信度—支持度框架的不足,文章使用提升度来计算因子属性值之间的相关性。在具体应用中提升度的阈值仍然难以设定,并且一些弱相关的项集会干扰用户的判断,为了提高规则质量,本文使用同一属性内各个属性值相对提升度算法来发现最优的剪枝规则。

4. 相对提升度

提升度定义[10]。

公式 1:$Lift(p_i, q_j) = \dfrac{P(p_i, q_j)}{P(p_i) \times P(q_j)}$

公式 1 中 p_i 表示属性 p 中某一属性值,q_j 表示属性 q 中某一属性值。公式 1 中 $P(p_i, q_j)$ 表示 p_i、q_j 的联合分布概率。$P(p_i)$ 表示 p_i 的概率,$P(q_j)$ 表示 q_j 的概率。在概率论原理中,如果 p_i 跟 q_j 不相关,则 $P(p_i, q_j) = P(p_i) \times P(q_j)$,$Lift(p_i, q_j) = 1$;如果 p_i 跟 q_j 二者正相关性越大,则 $\dfrac{P(p_i, q_j)}{P(p_i) \times P(q_j)}$ 越大,$Lift(p_i, q_j) > 1$;如果 p_i 跟 q_j 二者负相关性越大,$Lift(p_i, q_j) < 1$。文章采用同一属性内各个属性值相对提升度,并且各个概率的样本空间是一样的,也就是所有学生的记录数,只需计算相对大小就可以,Lift 就可以采用对应的频度,如公式 2 所示。

公式 2:$Fre(p_i, q_j) = \dfrac{C(p_i, q_j)}{C(p_i) \times C(q_j)} \times |D|$

其中 $C(p_i, q_j)$ 表示 p_i、q_j 的一起出现的计数,$C(p_i)$ 表示 p_i 的计数,$C(q_j)$ 表示 q_j 的计数,$|D|$ 表示数据集的元组的个数,即学生的个数 $|D| = 11400$。

如果属性 p_i,$i = 1, 2$;属性 q_j,$j = 1, 2$。那么其提升度的二联列表格如表 3 所示。

表3 两属性提升度的二联列表

q_j	p_i	
	p_1	p_2
q_1	$Fre(p_1, q_1)$	$Fre(p_2, q_1)$
q_2	$Fre(p_1, q_2)$	$Fre(p_2, q_2)$

两个属性之间的提升度可以扩展到在一个规则生成后与第三个属性值之间的提升度表4。假设属性 r_k，$k=1$，2；$i=1$，$j=1$。以此类推，可以推广到多于3个属性值之间的提升度关联表。

表4 多属性提升度的关联列表

p_i，q_j	r_k	
	r_1	r_2
$p_1 -> q_1$	$Fre(p_1 -> q_1, r_1)$	$Fre(p_1 -> q_1, r_2)$

对应于支持—置信度的剪枝策略，基于各个属性值相对提升度剪枝策略满足两条法则。

（1）在提升度列表当中，两个属性之间属性值的 $Fre(p_i, q_j)$ 多于2个，那么较大的两个对应的项集作为新的频繁项集；如果 $Fre(p_i, q_j)$ 不超过2个，那么较大一个的项集作为新的频繁项集。

（2）由 Lift 的性质可知，如果根据心理研究的数据，防止生成的关联规则过多，确定提升度的最小阈值为1.1，小于这个阈值的频繁项被删除。

5. 算法简要步骤

多属性值的 Apriori 算法已有论文研究，为了得到 $Fre(p_i, q_j)$ 当中一个或两个较大提升度，算法简述如下。

Step1：对全局数据库扫描，计算每个属性所有属性值的支持度生成候选集 C_1，得到频繁项集 L_1。

Step2：在 L_1 的基础上对频繁项集连接生成候选集 C_2，对相同属性的属性值归类生成表3的形式，找到较大的 $Fre(p_i, q_j)$，得到频繁项集 L_2。

Step3：在 L_2 的基础上对频繁项集连接生成候选集 C_3，对相同属性的属性值归类生成表4的形式，找到较大的 $Fre(p_i -> q_j, r_k)$，得到频繁项集 L_3。

Step4：重复 Step3 直到找不到符合条件的频繁集。

二、结果

（一）数据处理结果

使用相对提升度的多属性值的关联算法对大学生 UPI、EPQ、学习成绩等数据处理，限于篇幅，只摘取下表 5、表 6 和表 7 的关联关系，并且为了说明相对提升度的剪枝过程，将剪枝之前的数据罗列出来，用 ID * 以示区别。

由表 5 可以看到，以 ID * 的数据都比相同 ID 的提升度小，在计算过程中被剔除了，剩下的数据形成了频繁项集 L_2，然后在 L_2 的基础上产生 L_3，如关联规则（SU1，DE1）= > NE1，如此类推。但是如果继续计算产生关联规则，就会由于关联规则过多，导致分析困难，因此文章只分析了 L_2、L_3 集项的规则。L_2 集总共 1507 项，符合条件的 331 项，占 21.96%。L_3 集总共 5536 项，符合条件共 1868 项，占 33.74%。

（二）UPI 与其他数据的关系

表 5 的数据表明神经症状（NE0）、精神分裂（PH0）、抑郁症状（DE0）这些隐性因子它们相关性比较高，这个结论和表 2 的结论相同，说明这个改进算法并没有改变原来 Apriori 的功能。在另一方面，从表 5 中可以看出来，抑郁症状（DE1）、精神分裂（PH1）、自杀倾向（SU1）、神经症（NE1）、UPI 总分高等级（TO5）等相互之间的支持度比较低，但是相对提升度比较高，说明了这些显性心理症状关联性是比较强的。

表 5 UPI 与其他数据的关系

ID	规则	置信度（%）	支持度（%）	提升度
1	DE1 = > NE1	57.89861	15.736842	2.1888
1 *	DE1 = > NE0	42.11688	16.298246	0.57
2	PH1 = > NE1	73.184758	16.298246	2.7702
2 *	PH1 = > NE0	26.82391	5.973684	0.3648
3	PH1 = > DE1	70.782029	15.763158	2.5992

(续表5)

ID	规则	置信度（%）	支持度（%）	提升度
3*	PH1 = >DE0	29.226636	6.508772	0.399
4	SU1 = >DE1	86.238804	2.04386	3.1692
4*	SU1 = >DE0	13.694574	0.324561	0.1938
5	SU1 = >PH1	68.47287	1.622807	3.078
5*	SU1 = >PH0	31.460508	0.745614	0.4104
6	SU1 = >NE1	65.511881	1.552632	2.4852
6*	SU1 = >NE0	34.421497	0.815789	0.4674
7	SU1 = >TO5	8.512843	0.201754	14.9454
7*	SU1 = >TO1	4.441483	0.105263	0.1026
8	DE0 = >NE0	85.334181	62.140351	1.1628
8*	DE0 = >NE1	14.660037	10.675439	0.5586
9	PH0 = >NE0	86.985765	67.614035	1.1856
9*	PH0 = >NE1	13.011752	10.114035	0.4902
10	PH0 = >DE0	85.304281	66.307018	1.1742
10*	PH0 = >DE1	14.693236	11.421053	0.5358
11	（SU1，DE1） = >NE1	73.81973	1.508772	2.7949
11*	（SU1，DE1） = >NE0	26.180253	0.535088	0.3557
12	（SU1，PH1） = >NE1	83.783785	1.359649	3.1721
12*	（SU1，PH1） = >NE0	16.216216	0.263158	0.2203
13	（SU1，PH1） = >DE1	96.216217	1.561404	3.5394
13*	（SU1，PH1） = >DE0	3.783784	0.061404	0.0519
…	…	…	…	…

同时，如规则 DE0 = >NE1，SU1 = >TO1，（SU1，PH1） = >DE0 等与保留下来的规则相比较，相对提升度最小相差2倍，最大相差140倍，区分度明显。而且在现实中，这些规则呈现的心理状态是得不到合理解释，论文

认为焦虑抑郁、自杀倾向、神经症状，精神分裂倾向的相关程度比较高[11,12,13]，相比之下这些规则被剪枝就比较合理。

（三）EPQ 与其他数据的关系

表 6 说明 EPQ 和其他数据的关系，神经质 N 得分比较低的学生，相对而言比较健康，如规则 N1 = > AU0、N1 = > DE0、N1 = > NE0、N1 = > PH0、N1 = > CR0、N1 = > HE0。L 为掩饰性得分，和心理成熟度有关，L 越高心理更成熟，而儿童和老人的得分比较低。规则 N1 = > TO1、N1 = > L4、L4 = > TO1 表明心理成熟度越高，越容易控制自己的情绪，并且 UPI 的得分越低。在性格内外向方面，规则 E5 = > DE0 说明了外向的学生患有抑郁症状的可能性越小，这与一般常识也相吻合。

表 6 EPQ 与其他数据的相关度

ID	规则	置信度（%）	支持度（%）	提升度
1	N1 = > TO1	94.106626	5.815789	2.2686
2	N1 = > L4	27.678419	1.710526	1.6644
3	N1 = > AU0	77.357634	4.780702	1.5276
4	N1 = > DE0	98.364844	6.078947	1.3566
5	N1 = > NE0	98.222904	6.070175	1.3338
6	N1 = > PH0	99.500369	6.149123	1.2768
7	N1 = > CR0	94.390507	5.833333	1.254
8	L4 = > TO1	52.230214	8.675439	1.2654
9	N1 = > HE0	89.848407	5.552632	1.2312
10	E5 = > DE0	83.955764	12.719298	1.1514
11	N5 = > DE1	73.701732	5.903509	2.7132
12	N5 = > NE1	44.680991	3.578947	1.6416
13	N5 = > PH1	70.087829	5.614035	3.1464
14	N5 = > SU1	10.732199	0.859649	4.5372
15	N5 = > TO5	5.694636	0.45614	9.9864

(续表6)

ID	规则	置信度（%）	支持度（%）	提升度
16	N5 = >L1	11.060735	0.885965	2.5422
17	L1 = >DE1	44.363783	1.929825	1.6302
18	L1 = >NE1	40.129058	1.745614	1.5162
19	L1 = >PH1	45.775358	1.991228	2.052
20	P5 = >PH1	55.03956	0.561404	2.4738
21	P5 = >NE1	45.579635	0.464912	1.7328
22	P5 = >DE1	53.319573	0.54386	1.9608
23	E1 = >DE1	46.184366	2.614035	1.6986
24	E1 = >NE1	35.180708	1.991228	1.3338
25	E1 = >PH1	29.291426	1.657895	1.311
…	…	…	…	…

而神经质 N 得分比较高和精神质 P 得分比较高的学生，相对而言心理症状更明显，如规则 N5 = >DE1、N5 = >NE1、P5 = >DE1、P5 = >PH1 等，同时其心理成熟也越低，如规则 N5 = >L1。另外，性格内向的学生更容易心理出现问题，如规则 E1 = >DE1、E1 = >NE1 等。总体而言，从表6的规则表明，EPQ 中的人格因素中神经质、精神质与抑郁、精神分裂症、神经症等的严重性呈正相关，而成熟度、外内向的人格因素与这些症状呈负相关，这些结论和当前的一些研究的结果相似[14,15]。

（四）影响学习的因素

大学生的学习成绩上的差异一般被认为是智力因素和非智力因素相互影响的。从表7的结果来看，学习成绩比较好与学习成绩比较差的学生在人格因素结构上存在差异，平均成绩的高低以及方差的大小与学生的成熟程度成正比，如规则 L4 = >SD5、L4 = >SC5。由表6可以得到，L 的等级比较高的学生，其情绪 N 得分比较低，而且 UPI 的总分 TO 得分也比较低，也间接说明心理成熟度比较高的学生（L4），情绪波动比较小的学生能够专注于学业上，因而更容易取得比较高的平均成绩等级（SC5），论文[16]也论述了类似的观点。另外，P 的得分比较低的学生也容易取得高分，也说明了尽快适应大学生活、学习环境，与周围的同学、老师很好地相处，也是学习成绩好的一个重要因素。

表 7　影响学习的因素

ID	规则	置信度（%）	支持度（%）	提升度
1	SC5 = > SD5	51.306808	12.026316	3.4656
2	L4 = > SD5	17.902975	2.973684	1.2084
3	L4 = > SC5	28.465203	4.72807	1.2198
4	P1 = > SC5	30.723575	6.175439	1.311
5	P1 = > SD5	18.634896	3.745614	1.2654
6	L1 = > SC1	13.712442	0.596491	1.4478
7	L1 = > SD1	17.140553	0.745614	1.3452
8	SU1 = > SC1	11.843956	0.280702	1.254
…	…	…	…	…

由于学生的成绩包括主修课和选修课，一般而言学生会在主修课花费比较多的时间，而辅修课的时间相对较少，两种课程的成绩会有比较大的差距，因而学习成绩越高，其标准差等级越高，那么规则 SC5 = > SD5 也比较合理。

另外，由于 SD5 和 SC5 关联性比较高，因而 SD5 的也和 L4、P1 关联度比较高，说明从这些数据得到结论是比较真实可靠的。规则 SU1 = > SC1 表明成绩等级比较差的学生存在自杀倾向。因为学生的学习成绩差，往往意味着面临重考、留级、开除等方面的压力，精神压力比较大，更具有自杀意念也不足为怪。

三、讨论

针对大学生心理健康测评数据，文章采用大数据处理方法中相对提升度的多属性值的 Apriori 算法对数据进行研究，对"性别""生源""E_L""N_L""P_L""L_L""辅助题得分""咨询要求""危机题得分""自杀意念""精神分裂症倾向""抑郁症倾向""神经症倾向""平均值等级""标准差等级""总分_L"等16个心理健康属性数据进行挖掘，频繁集项与被剪枝的项相对提升度相差比较大，容易分辨。得到结论既与以往的研究一致，也比较符合生活的一般常识，表明该算法生成的规则有效，这些可以应用于大学生心理预警系统，通过这些数据关注学生的心理状况提前预警。

对一些冗余规则，未能在现有的心理学范畴去解释，文章认为应当采取问卷调查去证实。采用关联规则去查找数据的相关关系有一定的缺陷，如规则 N1 = > CR4、N1 = > SU1 无论是置信度、支持度、提升度都是0，也检验不出来，但对于心理学范畴而言，这包含着神经症倾向低分的学生心理状态比较健康，在心理辅导方面不用花太多时间去关注，是很有现实意义的。如何把这些关联规则挖掘出来，改进关联规则算法剪枝策略，并应用于大学生心理预警系统是下一步的工作。另外，数据对分级规则的产生会有一定的影响，用平均等分的方式进行等级划分方法比较简单，如何使数据等级的划分取得更好的结果也是将来工作的重点。

参考文献

[1] 喻丰，彭凯平，郑先隽. 大数据背景下的心理学：中国心理学的学科体系重构及特征［J］. 科学通报，2015（60）：520 – 533.

[2] 邹志文，朱金伟. 数据挖掘算法研究与综述［J］. 计算机工程与设计，2005，26（9）：2304 – 2306.

[3] 亓文娟，黄书城，等. 统计分析及关联挖掘在大学生心理健康中的应用［J］. 计算机系统应用，2014，23（10）：228 – 232.

[4] 杨金辉，汪耀，程红梅，等. SCL90 和 EPQ 及 UPI3 个量表关系研究［J］. 中国校医 2008，22（3）：249 – 252.

[5] Agrawal R, Imielinski T, Swami A. Mining asso ciation rules be tween setso fitemsin larged atabases［M］. In: Proceedingso the ACMSIGMOD Conference on Management of Data. Washing-ton D. C, 1993, 207 – 216.

[6] 王二锋，崔杜武，陈皓，等. 一种新的多值属性关联规则挖掘算法［J］. 计算机工程，2008，34（22）：77 – 82.

[7] 赵勇. 河南省高校大学生心理健康水平及其相关因素［J］. 中国临床心理学杂志，2002，10（3）：206 – 207.

[8] 鞠鑫. 商科类大学新生大学生人格健康量表（UPI）和艾森克人格问卷（EPQ）评定结果分析［J］. 中国健康心理学杂志，2009，17（6）：729 – 731.

[9] 琚春华, 鲍福光, 王宗格. 关联规则的评价方法改进与度量框架研究 [J]. 情报学报, 2013, 32 (6): 584 - 592.

[10] Jiawei Han, Micheline Kamber. 范明, 孟小峰译. 数据挖掘概念与技术 [M]. 北京: 机械工业出版社, 2001: 201 - 250.

[11] 和红, 杨洋. 大学生抑郁自杀意念及影响因素的路径分析 [J]. 中国学校卫生, 2015, 36 (1): 80 - 83.

[12] 文启琴, 李佑辉, 等. 在校大学生首发精神分裂症的临床特点 [J]. 广州医药, 2008, 39 (1): 32 - 34.

[13] 周忠琴, 姜潮. 大学生自杀意念影响因素研究概况 [J]. 中国健康心理学杂, 2007, 15 (5): 397 - 400.

[14] 吴泽俊, 张洪波, 许娟, 等. 女大学生焦虑、抑郁与人格特征的相关性研究 [J]. 中国学校卫生, 2007, 28 (3): 232 - 234.

[15] 冯丽云, 王志铭, 王宇中, 等. 大学生神经症影响因素的病例对照研究 [J]. 中国心理卫生杂志, 2000, 14 (3): 188 - 190.

[16] 朱晓峰, 周绍辉, 胡启先. 大学生入学成绩与性格类型和智力水平的相关研究 [J]. 中国行为医学科学, 1997, 6 (1): 23 - 25.

心理学视角下大学生使用微媒体的行为调查与分析

鲍金勇

据报道，我国已成为全世界移动互联网用户最多的国家。移动互联网对社会经济和文化产生了巨大的影响，改变了人们的生活方式。大学生是移动互联网比较积极的用户群体，绝大多数大学生每天都通过手机来使用移动互联网进行社交、娱乐或者学习等活动。移动互联网对大学生的日常行为产生了较大影响，其中微媒体的使用的影响则更大，以微博、微信为主体的微媒体已成为大学生生活中的必备工具之一。微博和微信在大学生的生活和学习中扮演着重要的角色，慢慢地改变了大学生的所处环境，对大学生的思想和行为产生了潜移默化的影响。这些现象逐渐引起了教育部门和高校的重视，很多专家学者对这个问题进行了研究，但很少有人从心理学视角进行探究。本文以微博、微信为主要对象对微媒体进行探讨，对大学生使用微媒体的行为特点进行了调查，从心理学视角进行分析，并提出相应对策。

一、大学生使用微媒体的行为特点调查分析

本文调查采取网络问卷调查的方式进行，共回收问卷712份，有效问卷为682份，有效率为95.7%。本次调查样本中男生占52.9%，女生占47.1%。专业分布广泛，涉及人文、农学、理工、管理、外语等，并覆盖本科各个年级，大一至大四每个年级的学生分别占22.7%、46.1%、21.4%和9.8%。调查结果如下。

---

① 论文信息：《高教学刊》2018年第5期，第52-54页。
作者简介：鲍金勇，1980年生，男，安徽安庆人，华南农业大学学生工作部（处）副部长、副教授，华南农业大学大学生网络思政名辅导员工作室主持人。

（一）使用微媒体的主要目的

大学生使用微博、微信的主要目的依次为：获取及时信息的为68.1%，关注同学、朋友和亲友动态的为45.3%，用来表达情绪释放压力的为42.7%，关注名人动态的为13.6%，希望得到别人关注扩大自己影响力的为12.5%，闲得无聊打发时间的为9.7%。这一组数据说明，大多数大学生都是为了获取信息；但近一半的大学生的目的是自我表达和关注亲朋好友，说明他们在大学自由的环境下，远离了父母的管教，希望通过新媒体获得更多的安全感和依赖感。

（二）使用微媒体的时间

调查显示，随时随地使用微博微、信的占70.4%，30.8%的学生表示在课堂上使用过微博、微信，37.1%的大学生认为他们在紧张的学习工作之后才会使用微博、微信，11.4%的大学生表示会在心情不好的时候使用微博、微信。在时长方面，每天使用微博、微信的时间在1个小时之内的学生占77.5%，在2～3个小时之间的占17.2%，只有5.3%的大学生使用时间在3个小时以上。这组数据表明，大学生使用微博、微信的频率高，时间较长。

（三）关注用户特点

从调查的结果看，在使用微博微信的大学生中，62.3%的大学生经常关注自己的同学、朋友，46.8%的大学生经常关注的是明星、名人，32.4%的大学生经常关注的是专业人士，30.9%的大学生关注的是人气草根，29.3%的大学生关注的是新闻媒体。由此可知，自己熟悉的人和名人明星是大学生主要关注的群体。

（四）关注内容分析

大学生开通微博微信后关注的各类话题中，关注的话题依次为：朋友动态为52.1%，体育娱乐信息为51.2%，社会新闻为43.6%，趣闻轶事为42.4%，励志名言为29.8%，生活信息为28.3%，科技信息为18.6%。此组数据表明，网络社交是大学生的主要选择，及时的文体信息和社会新闻也是他们比较关注的。

(五) 发布内容特点

调查结果显示,发布最多的为个人生活动态,达到 64.5%;进行情感宣泄的占 43.7%;转发的占 36.6%;对社会时事发表评论的占 16.9%;与人进行交流沟通的为 14.7%。另外,从发布的个人情感宣泄的信息来看,发布正面积极信息的占 32.4%,发布中性信息的为 49.3%,发布消极负面信息的为 18.3%。由此可知,大学生使用新媒体较多地进行了个人情感的宣泄和个体的生活展示。

(六) 微媒体依赖

调查显示,高达 82.6% 的学生对于微博、微信"相当需要",有 14.6% 的学生与微博、微信"密不可分",有 2.8% 的学生的态度是"无所谓"。这表明了大学生越来越依赖微博、微信,这与新媒体的便利密切相关。

(七) 微媒体影响

调查显示,有 23.6% 的学生认为自己可以做到微博、微信和学习能相互促进,2.9% 的学生认为自己的学习受到一些影响,10.5% 的学生认为有影响,但影响很小。由此可知,微博、微信在给大学生带来便利的同时还是带来了一些影响,这需要引起社会重视。

二、大学生使用微媒体行为的心理学剖析

以上的调查结果显示,无论是从使用微博、微信的目的、发布的信息还是使用的时间等都表明,大学生使用微博、微信比较多地关注了及时信息和自我,其中表达自我情感、记录生活与成长、释放情绪都是关注内心自我的体现。分享、求新和关注朋友同学也是他们的新媒体行为。这些行为特点的背后,更多地折射出大学生现代心理,分析如下。

(一) 宣泄心理:喜欢表达情绪情感和不满

大学生正处于激烈的社会竞争中,高等教育大众化的进程下,大学生就业形势日趋严峻,大学生面临着来自经济、学习、恋爱、人际以及就业和发展等方面的压力。他们除了向同学好友释放这些压力以外,大多数都是选择

自己承受，要么就是通过微博、微信等新媒体进行宣泄。另外，在高校与学生信息反馈不畅通的情况下，大学生则更加倾向于通过微博、微信等新媒体表达不满，进行投诉和维权。另外，近年来很多社会问题通过微博发布后在短期内都会得到政府相关部门的高度重视，也得到了相应的解决。因此，大学生则更加倾向于通过微博、微信等制造舆情以引起重视。这些都体现了当代大学生一种宣泄心理。

（二）需求心理：愿意在网络上寻求认同和支持

大学生大多处于青年期，发展心理学认为，青年期自我意识发展的重要特点便是集中到发现和关心自我的存在上。这个时期大学生形成的自我意识还不太稳定，因而比较需要较好的社会支持系统，其中人际交往对他们很重要。他们很在意外在的评价，期望能得到别人的尊重和认同。另外，现在的"90后"大学生多为独生子女，"以自我为中心"的思想还是比较严重的，他们比较容易在现实的人际交往中受挫，从而会选择在网络中寻找认同，微博、微信等新媒体和网络阵地成了他们逃避现实的领地，满足了他们的一些需求。移动互联网时代，大学生越来越依赖网络和新媒体，前面关于微博、微信的使用时间和依赖的调查结果就能体现出来。

此外，从心理学上看，每一个微博、微信的使用者都希望通过自我表达、情感交流和信息分享等进行自我形象塑造，展现给人们一个完美的自我。处于青年期的大学生追求个性，就更加会在微博、微信上展现自我，满足自己的表现欲望和需求。

（三）从众心理：安全感的需要

从心理学角度看，从众心理一般指在群体的影响下个人选择了与群体中大多数人一样的行为。这在现实社会中比较常见，也就是常说的"随大流"。大学生群体也存在这样的现象，他们看到同学都在用微博、微信，自己也就开始使用，生怕自己落后，怕被大家认为孤陋寡闻，所以会尽快学习使用微博、微信与大家寻找共同语言，防止被大家边缘化。有的学生看到同学们在网络上讨论一个话题，就算自己不感兴趣，有时也会参与进去。前面对于转发评论的调研可知，很多人的点赞评论都是一种趋众的行为表现。以上这些都是从众心理的表现。社会心理学认为，"从众"是个体居于群体压力的不安全感而采取与群体相一致的行为。即使群体行为错误，他们也会因为选择与集体同样的行为和态度，使得自己在心理上感到更有安全感。这也是绝大多数人使用微博、微信的一个根源。

三、科学引导大学生使用微媒体的策略

（一）加强媒介素养教育——合理满足宣泄心理

微博、微信成了大学生生活中的重要社交和信息工具，他们为了满足自己的宣泄心理，会选择在微博、微信等微媒体工具上进行个性表达和情绪宣泄，但往往由于一些不理智、不客观的个性表达，比较容易在网络上形成网络舆情，甚至扭曲一些校园集体事件的客观性，从而造成一些负面影响。因此，引导大学生科学使用微博、微信就显得十分有必要。其中加强大学生的媒介素养比较关键。目前，大学生对媒介的认知能力与理解能力还不够强，以及自我媒介表达缺乏理智等，他们的整体媒介水平普遍不高。

基于此，高校要对大学生进行媒介素养教育。首先，高校要高度重视大学生媒介素养教育，调动校内外的相关资源投入到该项工作中；同时，要制定大学生网络使用的相关制度和规范，强化制度引领。其次，充分利用学生的第一课堂和第二课堂进行普及教育，强化学生的网络媒介文明和安全意识，营造良好的媒介素养教育氛围。最后，建立学校、家庭和社会联合的媒介素养教育网络，形成全方位、立体式的教育格局。通过媒介素养的教育，要使学生明确网络的宣泄需要理智、和谐。

（二）构建微媒体网络互动社区——最大化满足需求心理

根据前面的调查结果和分析可知，大学生既然在微媒体上需要得到认同和支持，那么高校就应该将教育工作的一部分转移到这个阵地上，与学生进行良好互动。由前面的调查可知，大学生在使用微博、微信等微媒体平台时，大多都会关注自己的好友，以及学校的相关组织和老师的微博、微信。这自然就形成了一个微媒体的自然网络社区。根据网络社区的内涵和功能，网络社区可以为大学生提供随时互动交流的平台，这里可以平等地分享信息和知识。所以，网络社区也不断呈现出社区的个性张扬、关系简单、氛围民主的文化特点，更加吸引大学生的参与。高校可以尝试在大学生自然的网络社区上进行完善，构建"学工老师—学生组织—班级—学生"的微媒体网络

社区。通过此社区就可以有效地将学生工作与网络互动进行融合,不断满足学生的需求。首先,学生工作者可以主动与学生进行在线互动,在服务中进行引导和教育;其次,培育一批朋辈辅导员,做好媒介素养普及教育的同时做好与学生的互动和舆情监测及引导;最后,打造微媒体的网络思政课堂,在满足学生知识需要的同时渗透思想政治教育。

(三) 营造富有正能量的网络场域氛围——正向利用从众心理

目前,网络上的负面消极的信息比较多,同时学生自己发布消极信息也不少,根据前面的调查可知,有近20%的学生发布过消极信息。这说明了微博、微信等微媒体上充斥着负面消极信息,对学生产生了较大影响,甚至形成了有影响力的新媒体舆论微场域。因此,高校应加强微媒体的网络场域正能量氛围营造,利用大学生网络的从众心理,最大化宣传积极的精神。首先,要在微媒体的网络场域中大力开展社会主义核心价值观的宣传和教育;其次,加强学生的思想引导,从积极心理学的角度引导学生的理性思维和积极问题视角开发;最后,利用榜样的力量,挖掘优秀学子的典型事迹,通过大力表彰和宣传,营造积极向上的氛围,充分发挥网络场域的效应。

参考文献

[1] 崔雪莲. 微媒体对青少年价值观的影响及对策 [J]. 学校党建与思想教育, 2014 (3): 77-78.

[2] 林佩云. 高校"行政化"问题的心理学探源及解决路径 [J]. 国家教育行政学院学报, 2013 (3): 28-31.

[3] 陈列平. 基于网络舆论"生态逻辑"的大学生媒介素养教育思考 [J]. 长春工业大学学报高教研究版, 2014 (2): 137-139.

[4] 鲁烨, 殷玲玲. 网络社区环境下大学生思想政治教育研究述评 [J]. 鸡西大学学报, 2013 (6): 41-43.

[5] 耿文晶. 以微媒体为载体的医学类大学生思想政治教育创新研究 [J]. 高教学刊, 2017 (21): 32-34.

[6] 李小青, 宋传颖. 积极心理学视角下大学生心理健康教育课程教学设计研究 [J]. 高教学刊, 2017 (03): 88,90.

[7] 张金美. 微时代下高职学生思想政治教育创新研究 [J]. 高教学刊, 2016 (19): 197-198.

大学生学校归属感量表的信效度检验

——基于 H 大学的实证研究[①]

何小敏

一、基本概念界定

归属感是指个体与所属群体间的一种内在联系，是某一个对特定群体及其从属关系的划定、认同与维系[1]。研究表明，当人们体验到归属感（sense of belonging）时，会更加健康与快乐；相反，归属感没有得到满足则会产生焦虑、抑郁、愤怒、悲伤等消极的情绪体验，甚至出现自杀行为[2]。

学校归属感是学生对所属学校在情感、认知和行为上的认同和投入，作为学校的一员能获得尊重，体现价值，就是学生对自己在班级中是否重要、是否被他人接受和认可的一种自我感觉[3]。归属感是一把双刃剑，对青少年的行为表现和身心健康有着重要的影响。归属感是一种持续稳定的情感，其形成需要一定的时间，形成后产生的影响也是长期的。不同的研究都表明一个共同点：学生对学校的归属感越高，其在校表现越好；反之，学生对学校归属感很低或者毫无归属感，其在校表现较为不理想。具体表现是对学校有较高归属感的学生思想更加积极，会对学校的课程和老师更有兴趣，坚持完成任务的同时也与老师建立良好的关系，努力做好学习及各项工作，因此学习成绩也相对较好，认同自我价值，同时也较少出现的情感困扰；而缺乏归属感的学生则会侧重感受学校不好的一面，情绪低落，对学校、老师、同学和学习都缺乏兴趣，社交范围小且窄。因此，学校归属感与正向情感（如乐观、信任）、学业成就、自我概念有显著的正相关，与负向情感（抑郁、被

[①] 论文信息：《科技创业月刊》2018年第3期，第62-65页。
作者简介：何小敏，1990年生，女，广东阳江人，华南农业大学动物科学学院讲师，华南农业大学大学生思想政治教育名辅导员工作室成员。

排斥等）呈显著负相关。根据国外对学生归属感的研究可以把学校归属感大致可以分为两大层次，分别是学校归属感和班级归属感。

二、国内外研究现状

学校归属感最初是国外学者 Goodenow 在 1993 年提出的。目前来说，国外在研究学生的学校归属感方面已经较为系统，很多学者已经把学校归属感作为研究的一个重要变量，并展开深入的研究。国内以往对学生的研究较多侧重于研究学生的情感、行为和适应，较少把归属感作为一个重要的变量进行研究。以往的研究主要是针对中小学学生的归属感展开，缺少对大学学生归属感的关注和研究，而如今大学对社会各方面都发挥重要的作用，促使人们把目光转向大学，各学者也开始研究大学在校生的学校归属感。随着国外对学校归属感研究的深入，国内学者也在借鉴和修改的基础上对学生的学校归属感展开研究。纵观现有的关于学生学校归属感的文献可以发现，国内学者主要围绕以下三个方面进行探讨：一是研究学校归属感与其他情感的关系，二是研究不同条件学生归属感的差异，三是研究影响学生学校归属感的因素。

三、大学生归属感量表的相关情况

国内关于学校归属感的研究量表来源可归为两大类，一是借鉴和翻译国外的高效度量表，二是学者自编的量表。比如，郝佳在其硕士学位论文中，通过多方面的交流、访谈、修改、咨询、测试等方法，自编大学生学校归属感问卷，在问卷中将学校归属感分为一下六个维度：班级认可、学校文化氛围认可、核心凝聚力、安全感、个人地位认可、情感敏感度 6 个维度。杜好强严格遵循心理学量表编制程序，经过多次测试和修改，自编大学生归属感问卷，提出学校归属感的三因素构想，即身份归属感、情感归属感和精神归属感。外国学者 Goodenow 为了测量学校归属感的结构，编制了单维的 PSSM（Psychological Sense of School Membership）量表[4]。PSSM 最早的中文版是一个含有拒绝感和归属感两个因素的模型，是由香港学者翻译和修订的。通过对比和研究发现，PSSM 不仅结构完整，而且信效度较高，是一个高质量量表。目前已有学者翻译和修订出完善的中文版 PSSM，本研究就是在此基础上进行量表的编制，调查大学生的学校归属感。

四、研究对象与方法

（一）研究对象

本次调查选取了华南理工大学（以下简称"华工"）大学城校区和五山校区的学生作为研究对象。随机发放问卷共450份，回收426份，剔除信息不全的无效问卷，共产生411份有效问卷。在调查的411份有效问卷中，男生263人，女生148人，男女比例分别为64.0%，36.0%。男生明显多于女生，这是由于华工作为以理工科见长的大学，其男生总量大于女生总量的缘故。从年级分布看：大一70人，占17%；大二66人，占16.1%；大三81人，占19.7%，；大四107人，占26.0%；研究生87人，占21.2%。从专业分布看经管商科18人，文科86人，理科65人，工科242人。被调查的工科生较多也与华工专业分布相关。调查结果如表1所示。

表1 被试的基本情况

题项	组别	样本	百分比	题项	组别	样本	百分比
性别	男	263	64.0	民族	汉族	392	95.4
	女	148	36.0		其他	19	4.6
专业	经管商科	18	4.4	年级	大一	70	17.0
	文科	86	20.9		大二	66	16.1
	理科	65	15.8		大三	81	19.7
	工科	242	58.9		大四	107	26.0
	经管商科	18	4.4		研究生	87	21.2
家庭居住地	农村	177	43.1	是否独生	是	157	38.2
	城市（包括县城）	234	56.9		否	254	61.8

（二）研究方法与测量工具

1. 文献综述法

通过互联网和图书馆的资料，广泛查阅各种相关资料，包括学术论文、研究报告和著作等,从中收集有用的资料。主要是对国内外教育学、心理学上有关学校归属感的研究文献和著作部分进行归纳和整理。

2. 问卷调查法

通过派发测验问卷,收集数据资料,并把问卷的有效数据通过 SPSS 进行分析,了解华南理工大学学生的学校归属感的基本状况。

3. 测量工具

中文版的由 Goodenow 编制的学校归属感量表(Psychological Sense of School Membership,PSSM),量表共有 18 个题目,采用 5 级评判(1 为从未觉得,2 为很少觉得,3 为有时觉得,4 为经常觉得,5 为总是觉得),其中题目 3、6、9、12 和 16 共 5 项为反向计分题。测量对象通过自我感觉对题项进行等级评定,累加分数越高表示该对象的学校归属感越强。

五、结果分析

(一)探索性因子分析

在探究大学生学校归属感的因子方面,本研究对大学生归属感量表中 18 个题进行探索性因子分析。Kaiser-Meyer-Olkin(KMO)和 Bartlett 球形检验是检验调查数据是否符合做因子分析的基本指标,本文采用 KMO 和 Bartlett 球形检验,检验结果如表 2 所示。SPSS 分析数据显示,(KMO)值为 0.85,表明抽样充足度很好;Bartlett 球形检验统计量为 2261.27($df = 153$,$P < 0.00$),拒绝了相关系数矩阵为单位矩阵的原假设,表明取样适当,非常适合做因子分析。

表2 大学生学校归属感 KMO 和 Bartlett 球形检验

KMO 和 Bartlett 球形检验		
取样足够度的 Kaiser-Meyer-Olkin 度量。		0.846
Bartlett 的球形度检验	近似卡方	2261.268
	df	153
	Sig	0.000

对此本研究采用主成分分析法,保留特征值大于 1 的共同因子,表 3 可

以看出共抽取了4个因子，但可以解释总变量的55.45%。因子1命名为归属感（7题）；因子2命名为尊重（3题）；因子3命名为认同（4题）；因子4命名为学校依恋（4题）。其中归属感是指个体与所属群体间的一种内在联系，是某一个对特定群体及其从属关系的划定、认同与维系；尊重意味着一种真诚的认可，对自己、他人以及社会的价值、能力、行为等表示承认与认可，其中也伴随着赏识、赞扬、佩服、肯定、支持、高度评价等[5]；认同则指自我在感情上或者信念上与他人或其他对象联结为一体的心理过程，是在人与人、群体与群体的交往中所发现的差异、特征及其归属感[6]；学校依恋是指学生对学校的情感联结，反映了学生在多大程度上喜欢自己的学校、觉得学校里的人关心自己、感觉自己是学校的一分子、为自己的学校感到自豪等[7]。所有因子对总方差的解释力约为55.45%，因子1和因子2的方差贡献率最高，分别为18.53%、14.74%。

表3 大学生学校归属感探索性因子分析

因子1		因子2		因子3		因子4	
变量	负荷	变量	负荷	变量	负荷	变量	负荷
$C5$	0.769	$C11$	0.763	$C9$	0.757	$C17$	0.711
$C7$	0.724	$C14$	0.699	$C12$	0.634	$C1$	0.624
$C2$	0.704	$C8$	0.670	$C3$	0.606	$C16$	0.578
$C15$	0.639			$C6$	0.566	$C13$	0.540
$C18$	0.592						
$C4$	0.545						
$C10$	0.499						
λ	3.33		2.65		2.04		1.95
Φ	18.53		14.74		11.35		10.84
Ψ	18.53		33.26		44.61		55.45

注：λ 表中表示特征值，Φ 表示方差贡献率，Ψ 表示累计方差贡献率。

（二）信效度检验

1. 信度检验

信度是由多次测量所得的结果间的一致性或稳定性，或估计测量误差有多少，以实际反映出真实量数程度的一种指针。在编制量表或测验时，α 系数常作为测量分数信度的数据之一，用来表示内部一致性的程度。本研究采用同质性信度的方法来检验 4 个因子，检验结果如表 4。4 个因子的同质性信度 α 系数分别是：因子 1（归属感）为 0.810；因子 2（尊重）为 0.740；因子 3（认同）为 0.656；因子 4（学校依恋）为 0.617，表明问卷具有较好的信度。（见表 4）

表 4　各因子同质性信度 α 系数

变量	同质性信度（α）
归属感	0.810
尊重	0.740
认同	0.656
学校依恋	0.617

2. 效度检验

（1）内容效度。

内容效度是对测验所采用的题目与原定内容范围的温和程度做出判断的一种检验方法。本研究采用中文版的 Goodenow 编制的学校归属感量表（Psychological Sense of School Membership，PSSM），该量表是一个结构完整且得到一致认可的高质量量表，其中文版本是由一名心理学专业英语教师和一名心理学博士翻译出来的，并经过审校和测试，不存在表达不准确和歧义之处，故问卷具有较好的内容效度。

（2）结构效度。

结构效度是指测验能够测验到理论上的结构和特质的程度。结构效度的检验方法不止一种，本研究采用因素间的相关系数矩阵方法来检验量表的结构效度。各因素间及因素与总分间的相关系数如表 5 所示。

表5　各因素间及因素与总分间的相关系数

	归属感	尊重	认同	学校依恋	学校归属感总分
归属感	1	0.432	0.070	0.405	0.759
尊重	0.432	1	0.138	0.488	0.736
认同	0.070	0.138	1	0.281	0.397
学校依恋	0.405	0.488	0.281	1	0.774
学校归属感总分	0.759	0.736	0.397	0.774	1

根据因素分析理论，各因素之间应该具有中等的相关程度。一个良好的问卷结构要求因素间的相关程度最佳是在0.10～0.60之间，因素和测验的总分的相关程度在0.30～0.80范围内。故相关系数并非越大越好；相关程度过大则说明因素之间可能有重合；太小也不好，说明因素之间有一些完全不同的品质。从表5可以看出，除了归属感和认同两因素的相关系数偏小外，其他都在最佳范围内，且都低于各个维度与总分之间的相关系数。各个维度与学校归属感总分之间的相关系数都在最佳范围0.30～0.80之间。所以，通过对量表各维度间的相关程度分析和各维度与总分的相关程度进行分析，表明量表具有较好的结构效度。

（三）学校归属感的现状描述

该问卷采用5级评分法，3分为理论中值，得分越高说明归属感越强。对411份问卷的数据进行描述性统计分析，结果如表6所示。这些学生在归属感上总的平均分 $M = 3.18$，表明该校学生的学校归属感是比较强的。大学生学校归属感的四个维度上，得分由高到低排列为尊重、学校依恋、认同、归属感。4个因子中只有归属感维度的平均得分小于3分，其他得分均大于3分，尤其是尊重维度上的得分最高。这说明学生归属感较低，而获得的尊重则比较高。可见，该校在提高学生归属感上，对学生归属方面还需要加强。

表6 学校归属感的总体状况

	学校归属感	学校依恋	归属感	认同	尊重
样本数	411	411	411	411	411
最小值	1	1	1	1	1
最大值	5	5	5	5	5
均值	3.18	3.30	2.76	3.10	3.50
标准差	0.507	0.738	0.696	0.478	0.780

六、结论与展望

（一）研究结论

从各种文献中可以了解到，自从Goodenow编制出学校归属感量表以来，该量表经过了多次的修订并被翻译成各种语言流传于各个国家。就其结构来说，主要有三种结构模型，分别是：单因素模型、两因素模型和三因素模型。其中Hagborg的三因素模型中第一个因子就包含了18个题项中的13个，剩余的两个因子则分别只有3个和2个题项[8]。SEM理论表明一个引子如果少于3个题项，不仅不能起到抽取降维的作用，反而增加了路径参数[9]，因此Hagborg的三因素模型不是一个理想的模型，本研究在此基础上构造了新的四因素模型。

首先，本研究采用KMO和Bartlett球形检验，检验调查数据是否符合做因子分析。结果表明取样适当，非常适合做因子分析。然后再通过探索性因子分析来初步决定模型的维度，并根据结果把保留特征值大于1的共同因子提取出来，得到一个四因素模型，通过与以往学者的二因素和三因素模型进行对比，发现四因素模型拟合效果更好，因此采用四因素模型。在四因素模型中，根据因子分析结果把第一个因子分为包含7个题项的因子，第二个因子则包含了3个题项，剩余两个因子分别都包含了4个题项，符合SEM理论的理想模型标准。同时给四个因子命名，四个维度分别代表了归属感、尊重、认同和学校依恋。

接下来，为了确保后期调查结果的可靠性，本研究对量表的信度和效度进行检查。采用同质性信度的方法进行信度检验,结果显示 4 个因子的同质性信度 α 系数在 0.60～0.90 之间,表明问卷具有较好的信度。对于量表的效度则从两方面进行检验:内容效度和结构效度。由于本研究采用的是得到较多学者认可的权威的中文版的 Goodenow 编制的学校归属感量表(PSSM),故内容效度较高。至于结构效度,本研究采用因素间的相关系数矩阵方法来检验量表的结构效度。结果显示各因素间的相关程度大部分落在最佳范围 0.10～0.60 之间,因素和测验的总分的相关程度都在 0.30～0.80 范围内。由此可见,量表的结构效度较高。

(二) 研究局限与展望

本论文的研究局限主要有以下两点。

(1) 由于时间和人力资源的限制,调查的样本局限于华南理工大学的在校大学生,被试的覆盖面小,不够广泛,结论的可推广性存在问题。

(2) 本研究的取样不够全面,研究生的数量偏少,同时由于取样在工科院校因此造成被试男生占大部分,女生明显比男生少。

本研究通过实证调查了解了大学生(以华南理工大学学生为例)的学校归属感,并成功运用 SPSS 进行数据分析得出结论,这为笔者以后的社会实践和调查研究起了良好的开端,同时也培养了小组合作能力,因此本研究对以后的研究具有积极意义。

参考文献

[1] 张大均. 教育心理学 [M]. 北京:人民教育出版社,1999:242.

[2] Barnara M N, Brenda J L, Philip R N. Peer group membership and a sense of belonging: their relationship to adolescent behavior problems [J]. Adolescence, 2007, 42 (166): 241 - 272.

[3] Sharon S R, Gina P O, Rick S Z, et al. Associations among sexual attraction status, school belonging, and alcohol and marijuana use in rural high school students [J]. Journal of Adolescence, 2003, 26 (6): 741 - 751.

[4] Goodenow C. The psychological sense of school membership among adolescents: Scale development and educational correlates [J]. Psychology in the Schools, 1993, 30 (1): 79 - 90.

[5] 王澍, 柳海民. 论尊重与"尊重的教育"[J]. 东北师大学报(哲学社会科学版), 2009:3.

[6] 袁娥. 民族认同与国家认同研究评述 [J]. 民族研究, 2011: 5.

[7] 鲍振宙, 张卫, 李董平, 等. 校园氛围与青少年学业成就的关系: 一个有调节的中介模型 [J]. 心理发展与教育, 2013, (1): 61.

[8] Hagborg W J. An exploration of school membership among middle-and high-school students. Journal of Psychoeducational Assessment, 1994, 12 (4): 312 – 323.

[9] 侯杰泰, 温钟麟, 成子娟. 结构方程模型及其应用 [M]. 北京: 教育科学出版社, 2004: 184 – 191.

农村籍大学生就业心理健康教育体系构建

——就业满意度视域分析[①]

李玉荣

从 2013 年到 2016 年，每年就业大学生人数都是屡创新高。2016 年，毕业生人数达到创纪录的 770 万，被誉为"史上最最难就业季"，每一个毕业生都感受到了就业的严峻和困难。而农村籍大学生由于个体自身因素、就业市场歧视、社会关系网贫乏等消极因素，滋生了自卑、自负、焦虑、恐惧、依赖、盲从等心理问题，在就业路上显得更为艰难，工作难以如愿。以至于他们在工作后经常跳槽，工作成就感差，甚至心生抱怨，不但影响个人职业长期规划和发展，还会成为社会不稳定因素之一。作为教育者，有必要探寻农村籍大学生就业健康心理的培养途径，引导他们建立良好的心态，提高就业满意度，在就业激流中找到自己的一片天地。

一、就业满意度与就业心理的相关性分析

就业满意度是反映就业机会的可获得性、工作稳定性、工作场所的尊严和安全、机会平等、收入、个人发展等有关方面满意程度的综合概念，也是反映高校人才培养水平的一个重要标志[1]。就业满意度一般是指求职者在工作找寻过程中感知的就业质量的高低，它取决于求职者的感知与就业期望之间的差异程度。高校毕业生的就业满意度可以归纳为以下公式：就业满意度 = 就业实际感知 – 就业期望[2]。

一直以来的主流研究认为社会资本、人力资本、家庭支持等是影响大学生就业满意度的重要因素（苏丽锋，等，2013；孟大虎，等，2012；茂雄，

[①] 论文信息：《烟台职业学院学报》2017 年第 4 期，第 29 – 32 页。
作者简介：李玉荣，1980 年生，女，河南南阳人，华南农业大学水利与土木工程学院讲师，华南农业大学大学生党团、社团活动指导工作室成员。

2012)。随着就业难问题的持续升温,学术界对就业问题的研究进一步深入,对个体心理资本在就业中的积极作用愈发关注。相关研究显示,心理特征反映了个体的内在品质,也可以转化为一种潜在的就业能力,影响大学生的就业结果(乔志宏,等,2011)。大学生心理资本与就业能力之间存在显著的正相关关系(励骅,等,2011)。心理资本通过影响大学生就业预期、就业意愿和职业期望(祝军,等,2015),从而影响就业的满意度,初次就业满意度随着心理资本水平的提高而呈上升趋势(李彩云,2012)。

显然,健康的心理水平与就业满意度有显著的正相关关系。也就是说,满意度是毕业生的心理感知,能不能找到一个"满意"的工作,关键是毕业生"怎么看"。毕业生的自我认知、现实认知是否是客观理性和积极归因都会严重影响其就业满意度。当自我认知在理性上和客观上与现实认知达成一致,就业期望将会降低,就业满意度会提高。满意度反映在就业结果上,可以体现出工作质量;反映在心理上,则可以体现毕业生在校期间的心理健康状况。所以,重视毕业生就业质量,提高就业满意度,构建一个健康的就业心理体系不仅具有现实意义,也更具心理预警价值。

二、农村籍大学生就业心理健康指标体系

虽然农村籍大学生来源地域不同,彼此之间存在地域和心理差异,但是从积极心理学的角度进行分析,心理资本水平高的个体一般都具备自信、乐观、保持希望、坚韧性等特征[3],这为构建就业心理健康体系提供了大致标准,由此建设个人的心理水平,较易获得高就业满意度。

(一)追求科学自我认知,接纳职业自我

弗兰克·帕森斯的职业匹配理论,认为一个"成功"的职业是与个人的兴趣、人格、能力等各方面因素相匹配的。因此,健康就业观的前提是要有科学、明确的自我认知。农村籍大学生的科学自我认知主要包括:一是对个人来源地域的现实有清醒的认识,坦然接受。二是对个人的经济困难、社会关系弱势、市场歧视、竞争力弱等就业局限因素有清晰的了解,没有怨恨和不满。三是对自己通过努力改变困境现状的可能性及所需要创造的条件有深刻的分析和充分的准备。四是要树立自己的职业价值观,不从众,不攀比,不犹豫,不害怕,主动就业,合理定位和接纳职业自我。

（二）积极归因，培养乐观就业心态

归因是指根据有关的外部信息、线索判断人的内在状态，或依据外在行为表现推测行为原因的过程[4]。研究证实，积极的归因与正向的情感体验、较高的期望、行为的加强相联系[5]。所以，积极归因是可以从主观上影响个人的心理规律，对培养个人的心理健康有着重要的实践意义。

积极归因，培养乐观就业心态主要包括：一是农村籍大学生身份和地域的局限、经济和社会关系的困难等不影响其内心充满改变现状的积极动力，压力越大，动力越强。二是对于就业过程中的压力控制力强大，能随困难和挫折的变化而自动调整应对策略。三是对挫折和失败等消极事件归因于外部的、暂时的和具体的原因，克服"自罚反应"。四是善于积累，对于自我优势有清晰了解，对成功积极自我归因，要坚信通过自己的努力能够改变现状，取得成功。

（三）就业目标明确，保持"希望"不灭

希望是对未来的美好预期，目标则是希望的具体体现。调查研究表明，具有较高希望的个体能更好、更恰当地应对生活的不幸和压力，即使在困境中，他们也能很好地调整自己的行为，以灵活的方式来摆脱困境[6]。保持"希望"不灭的健康就业心态主要包括：农村籍大学生在任何时候对待自己身份带来的就业困难都充满希望和活力，主观上不厌恶困难，对未来就业困难的改善充满希望和信心；职业目标明确，规划清晰，并结合社会现实，不断修正及发展已建立的职业目标；对自己实现阶段性职业目标的能力充满信心，对于自己克服困难达成目标的期限和程度有充分的认识和把握。

（四）心理坚韧不屈，整合资源实现职业自我

心理韧性，是一种动态的、可开发的心理能力。它能使人从逆境、冲突和失败中，甚至是从积极事件、进步以及与日俱增的责任中快速回弹或恢复过来[7]。坚韧性对于农村籍大学生克服不利环境取得就业成功具有较大正向影响作用。坚韧不屈的健康就业心理主要包括：正确面对就业过程中的困难和压力，不埋怨，不抱怨，愿意承诺用自己的实际行动来分解困难，降低困难等级；能整合调动自己和自身之外的一切资源，集中力量解决困难，实现就业的阶段目标；以积极心态应对环境变化，用实际行动持之以恒地付出，积极追求职业最终目标和自我实现。

（五）突破就业樊篱，勇敢超越自我

艾利斯（Albert Ellis）的情绪 ABC 理论认为，人产生消极情绪和行为障碍的原因不是事件本身，而是个体对事件不正确的认知和评价所产生的错误信念。严峻的就业形势、残酷的择业竞争使就业支持资源薄弱的农村籍大学生容易衍生出非理性的观念，产生自卑、焦虑等不良心理情绪，把就业挫败归结为"农村人绝对找不到好的工作""农村人天生不如城里人""在城市里工作才是成功"等不合理认知，难以获得就业满意。所以，健康的就业心理体系就是要鼓励农村籍大学生突破就业樊篱，勇敢超越自我，构建合理认知，主要包括：农村籍大学生不能一味追求高薪、高福利等大城市区域的职业，也不能妄自菲薄、自我设限到一些低廉的职业岗位，应该有清晰而理性的就业期望，应与自我综合素质相匹配；对就业机会要有积极争取的勇气和行动，敢于尝试，不畏不惧；对就业竞争有充分的心理准备，并有参与竞争的勇气和信心，避免"等、靠、要"和"怕伤和气"的消极想法。

三、农村籍大学生就业心理健康教育体系的建构

加强农村籍大学生就业心理教育的具体目标应是帮助他们客观认识自我，接纳自我，调整就业期望，合理定位就业目标。在就业过程中，主动选择与自身相匹配的职业，勇于尝试，形成良好的竞争力和乐观态度。对于困难学会积极归因，保持持续行动的希望和自信心。帮助他们克服心理障碍，增强抗挫的韧性和心理调适能力。帮助实现从学生到职业者角色的转变，提高就业满意度，预防就业心理问题出现，顺利、健康开启职业生涯的第一站。

（一）顶层设计要有新理念

就业心理健康教育的专业性。高校应认识到就业心理健康教育工作是大学生在输入社会之前的普遍心理问题和职业发展问题，是一项专业性很强的工作。学校应设专门的"职业发展咨询中心"，这个名称相对于"心理咨询中心"更易被学生接受，而不用担心被疑有"心理疾病"。配备一批有丰富就业研究经验的心理专业咨询师，而不是把管理学生的"辅导员"或就业管理部门的"行政人员"拔高为"就业专家"。就业心理健康的教育和咨询应该是建立在对学生长期观察、科学分析的基础之上，而不是随意将择业观、

职业道德、诚信意识与就业心理画等号。

就业心理健康教育的全程性。就业心理健康教育表面上只涉及毕业生，但是从入学到毕业，大学生的心理、生理处于不断变化之中，且自我认知、自信、乐观、韧性和勇敢的素质培养并非一朝一夕所能形成，所以就业健康教育体系的构建实际上是一项全程性的工作，是一项需要贯穿于整个大学学习过程、分阶段进行的就业心理引导系统工作。

就业心理健康教育的针对性。就业心理健康教育不能泛化，搞成单纯的心理普及教育或就业动员、就业技能培训活动，应综合心理测量、心理调查等方法，制定全校大学生就业心理健康教育整体规划，开展就业心理健康普及教育。建立农村籍大学生就业心理健康档案，对发现心理问题的个别学生采用重点辅导、专人跟踪的方法。根据就业心理健康指标，有针对性地培养学生自信、乐观、坚韧和勇敢等素质。

（二）传授理论知识，增强农村籍大学生的心理自我调适能力

从学生发展阶段实际需要出发，设置合理的职业生涯课程。如大一阶段侧重意识觉醒，指导大学生认知自我，开始职业生涯规划设计。大二阶段侧重心理素质的培养和就业观念的引导，培养学生的自信、乐观、勇敢、韧性等品质，并结合当前就业形势和职业发展现状树立合理性的就业观念。大三阶段侧重心理素质的强化和职业技能的培训，如大学生求职技巧、面试心理训练、挫折心理体验等。毕业阶段侧重职前心理辅导和就业政策传递，使大学生做好职业适应、身份转变的心理准备。对于农村籍大学生，更肩负服务"三农"、回馈社会的使命，鼓励其在"三农"建设中实现自我价值。

通过讲座、短期培训班、企业实习、"开诊"咨询等形式，为学生提供更现实的职场经验和职场心理案例。如在高校设职业发展咨询中心，聘请一些著名的教育学家、心理学家、成功的创业者、企业的人事经理等已经获得成功的人作为榜样，他们以"咨询日"的形式在高校"开诊治病"，为学生答疑解惑，让学生在学习他人经验中增强自我调适能力。

（三）开发心理资本，提升农村籍大学生的就业心理健康水平

心理资本不是固定不变的，它是可进行管理和投资的，可以通过有针对性的投资和开发而使个体获得竞争优势[8]，从而提升就业心理的健康水平。

一是培养自信。通过班干部竞选、社团活动、"三下乡"等平台，进而

是职业规划比赛、模拟面试等活动，反复让农村籍大学生有成功的体验，可以有效提高大学生的自信[9]；邀请优秀毕业生、成功人士来校做职业发展交流，让他们的一些成功事迹对"出身相似"的学生起到指引和激励作用。同时，通过班集体、教师、朋友的积极肯定使他们获得有效的社会说服力，在不断体验成功的过程中提高自我效能感。

二是发展积极乐观的心态。通过积极归因的专题训练，培养大学生乐观的处事风格，避免其消极等待的就业状态。如大学生无法改变就业难的客观情况，但可以控制对就业难的归因，引导其将就业难归因到经济危机、经验不足等可控因素上，而不是农籍身份、家庭出身等不可控因素，从而克服"自罚反应"，呈现积极乐观的就业态度。目标是希望的具体体现，通过课程指导、榜样示范等方法指导大学生建立职业生涯规划的目标，并根据就业环境、就业政策和自身的改变而适时调整职业目标。通过职业培训、团体辅导等可以提高大学生的希望水平，通过同学网、同乡会、班级群等渠道构建同伴支持系统，可以增强大学生面对就业挫折的韧性[10]。

参考文献

[1] 李斌. 试谈基于就业满意度的大学生就业质量评价体系［J］. 燕山大学学报（哲学社会科学版），2009（3）：140-141.

[2] 岳昌君. 中国高校毕业生就业满意度的影响因素分析［J］. 北京大学教育评论，2013，11（2）：84-96.

[3] 王尧骏. 心理资本对大学生就业能力的影响［J］. 应用心理学，2013，19（1）：65-71.

[4] 张晓伟. 浅论积极归因方式的培养——基于积极心理学视角［J］. 吉林省教育学院学报，2013，29（7）：89-90.

[5] 黄秋香. 积极的归因模式和归因训练方式［J］. 湖南医科大学学报（社会科学版），2008，10（6）：188-190.

[6] 任俊. 积极心理学［M］. 上海：上海教育出版社，2006：192.

[7] Fred Luthans. 心理资本［M］. 李超平，译. 北京：中国轻工业出版社，2008：102.

[8] 仲理峰. 心理资本研究评述与展望［J］. 心理科学进展，2007（3）.

[9] 祝军，钟坚龙. 大学生就业过程中心理资本的水平与作用［J］. 中国青年社会科学，2015（3）：41-46.

[10] 励骅. 心理资本视域中的大学生就业心理辅导［J］. 中国高教研究，2010（3）：73-74.

就业指导篇

敬业也是一种信仰

肖 华

敬业是中华民族的传统美德,是当代公民职业道德和行为准则的基础,是人们寻求幸福生活的保证。当前,人们对敬业的理解大多从职业道德角度考虑,很少将其作为信仰去考量。从发展角度看,敬业信仰、敬业价值观不仅仅是职业行为标准,更涉及行业发展以及国家民族安危,具有超越个人利益、形成社会凝聚力的现实意义。

一、敬业信仰的现实意义

敬业信仰体现了从业者对自身职业的高度认知,能够使从业者客观理性地评判自己所从事的职业是否符合自身的能力和兴趣。在社会思潮多元化的今天,人们对职业的选择更加慎重,除了价值取向外,也更加注重适应性和体验乐趣。马克思曾说,"如果我们通过冷静的研究,认清所选择的职业的全部分量,了解它的困难以后,我们仍然对它充满热情,我们仍然爱它,觉得自己适合它,那时我们就应该选择它"。但这种看似理性的职业选择往往被客观因素制约,多数人在经历几个职业后,才能逐步找到适合自己的工作。在寻找的过程中,求职者会将自身能力、兴趣、价值取向与职业进行交互比较,通过不断调整职业价值标准,找到适合自己的职业。

敬业信仰体现了从业者对所从事职业的价值认同,能够使从业者全身心投入到工作中。对工作的认可、对职业的喜爱,会让从业者在工作中精益求精、锐意进取、努力创新,尽量将工作做到完美。除了工作态度积极之外,

---

① 论文信息:《人民论坛》2018 年第 33 期,第 68 - 69 页。
作者简介:肖华,1980 年生,男,广东梅州人,华南农业大学人文与法学学院党委副书记、讲师,华南农业大学大学生就业创业名辅导员工作室主持人。
基金项目:本文系 2014 年度广东省高等学校思想政治教育课题"农村籍大学生就业满意度研究——基于心理资本的分析视角"(课题编号:2014YK060)研究成果。

从业者的敬业信仰还体现在对工作前途和自身驾驭能力的自信，这种自信能给从业者精神动力，使其在工作中始终保持积极健康的态度，面对困难迎难而上。对于敬业者而言，工作高于一切，其能够心无旁骛地专注做事，在工作期间和工作之外会利用一切资源手段充实自己，提升自身能力。有敬业信仰的人深知"细节决定成败"，在工作中会关注整个过程，对每个环节都精益求精，具有一定的工匠精神。

敬业信仰是劳动者追求更高质量劳动的意识行为，其基础底线是谋求生存发展，我们要在尊重和保障个人合法利益的基础上，调节国家利益与人民利益、集体利益与个人利益的关系，通过每个社会成员的共同努力，实现整个社会的发展进步。在社会主义制度下，发展生产力是为了实现共同富裕，消灭剥削和两极分化，劳动除了能满足生存需求外，也能够满足人们的精神需求。在中国特色社会主义社会，劳动不仅仅是职业活动，更能体现个人价值和社会价值。正因此，劳动者只有拥有敬业精神，才能从中获得快乐与幸福。从业者要有全局意识，要坚持以集体利益为重，因为只有集体利益获得保证，个人利益才能长远。新时代，我们必须要全面深化改革，缩小收入分配差距，使更多的劳动者获得相应的报酬和尊重。

二、敬业信仰出现问题的根源

敬业信仰和工匠精神是劳动者需要学习和追求的目标，是从业者在劳动中获得快乐的重要因素。但当前一些劳动者对于敬业信仰的认知存在错误，很多人对待工作缺乏责任心，缺乏奉献精神，这使得敬业核心价值观教育遭遇阻力。主要体现在以下四个方面。

首先，劳动创造的价值分配不合理，削弱了人们的敬业信仰。一般来讲，人的职业修养和收入关系密切，爱岗敬业者收入较高，缺乏职业感情的人收入相对较低；但从现实情况来看，我国仍存在劳动所得收益分配不合理问题。资源分配机制的不健全，使得市场机制和宏观调控的作用没有充分发挥，出现社会市场机制失灵等问题，造成居民收入分配差距较大。社会心态的失衡不仅为敬业信仰的建立带来阻碍，也成为实现共同富裕目标过程中的难题。收入再分配机制不完善、税收调节力度不足、社会保障滞后等问题，导致政府难以发挥对收入分配机制的调节作用。同时，过度强调平均分配，容易挫伤从业者的积极性，使从业者产生劳动成果被剥夺的心理。

其次，缺乏科学的分工，劳动单调乏味。如果劳动只是获得生活必需品的活动，其必然是乏味的。只有从劳动中获得价值、拥有幸福感，敬业信仰才有可能实现。在现实社会中，劳动异化现象仍然存在，这让一部分人对劳动失去兴趣和热爱。随着生产分工越发精细化、科学化，流水线生产反而使从业者体验不到劳动的乐趣，整个劳动过程过于机械化。这样的劳作方式导致人的劳动和身体畸形发展，同时容易给人造成心理压力。

再次，不良的劳动环境以及不健康的企业文化、工作内容，给从业者带来较为严重的伤害。工作环境对人的身心发展有很大的影响，长期在脏乱差环境中工作的从业者很容易产生消极思想，其敬业信仰很难培养。为了应对激烈的市场竞争，争取最大利益，一些企业倡导"狼性文化"，依靠业绩、末位淘汰等形式实现业绩"大跃进"，导致从业者被改造为生产机器。这种不合理的劳动机制不仅使从业者丧失了对职业的认同，也使得敬业信仰难以实现。

最后，生存压力、外力制约等降低了劳动乐趣。敬业信仰是建立在生存之上的，身心健康和兴趣爱好是其次的。如果迫于生存压力而选择工作，从业者便难以感受劳动乐趣。在生活压力之下，部分从业者受外力制约，容易被异化，"钱多就多干、钱少就少干、没钱就不干"等畸形心理由此出现，从而逐渐失去了对敬业信仰的追求。

三、敬业信仰的培育路径

敬业信仰和敬业精神体现了对劳动价值的认同和自我价值的认定。当从业者把职业提升为事业后，会极大地激发人的积极性和创造性。培育敬业精神、提高价值认同感、实现敬业信仰，需要增强从业者对职业意义的认识，只有将职业提升到事业高度，人的内在动力和积极性才会得到最大限度的发挥，才会让从业者获得更多的工作乐趣。而培育敬业信仰需要从国家宏观层面和个体微观层面来进行。

从国家宏观层面看，敬业信仰的建立关系到行业存亡以及国家兴衰。一个行业如果没有敬业精神，必将面临生存危机，会被市场淘汰。现如今，中国制造遍布世界的每个角落，但产品信誉度和附加值仍落后于德日两国，需要汲取他国经验，努力发展完善自身。实际上，一个民族如果过度追求职业价值，崇拜金钱权贵，社会经济就不会健康发展。因此，我们要树立劳动光荣、创新荣耀的价值理念，激发民族创新创业精神，以敬业信仰为动力，推动中国经济快速高效发展。

从个体微观层面看，敬业信仰是人格健康发展的客观要求，缺乏敬业信仰，人必将堕落。敬业有助于人们在工作中保持积极的状态，把握发展机遇，提升自我能力，实现社会价值与个人价值的结合。人类发展进步与个人努力相辅相成，人不是孤立的存在，而是需要在为社会创造价值中体现个人价值。如果人能在劳动实践中提升境界，就能实现敬业信仰。人与社会相互依存，获得各自的需求，有敬业信仰的人能获得更多的自我实现价值，获得更多的尊重，幸福感、成就感也就更多。

参考文献

[1] 徐梓彦，黄明理. 论信仰视域中的敬业核心价值观 [J]. 江西师范大学学报（哲学社会科学版），2018（4）：16-23.

[2] 段鸿济. 敬业是一种信仰 [J]. 中共太原市委党校学报，2011（1）：80.

水产养殖学专业大学生职业生涯规划研究[①]

陈东明

目前，我国水产养殖学专业大学生的就业特点体现在社会需求旺盛，就业压力大、环境差、强度高，定位不清晰、就业稳定性差等方面。基于此，笔者认为高校应通过指引学生对自我正确的认知，引导学生正确认知水产行业的职业特点，指导学生明确职业生涯规划的重要性，邀请往届毕业生进行引导，调整学生心态等方式，促进水产养殖学专业大学生职业生涯规划，让学生争当"三能"人才。

一、水产养殖学专业大学生的就业特点

（一）社会需求旺盛

水产养殖学专业是为水产企业培养具有从事浅海和内陆水域水产经济动植物增养殖，水产药物，水产动物饲料，病害防治及相关专业的研发开发、生产、管理、教学、经营能力的高质量全面型水产技术人才。目前，水产企业都在急剧扩张，企业竞争日渐加强，企业对水产养殖学专业的人才需求量也在逐步提升。例如，水产养殖学专业在广东海洋大学中水产学院的 2010 届毕业生数量仅仅为 77 人，而当时水产企业为这些毕业生主动提供的岗位有 421 个。

（二）就业压力大、环境差、强度高

水产养殖学专业大学生的就业难度并不高，但水产终究是属于艰难、困

[①] 论文信息：《赢未来》2018 年第 16 期，第 2 页。
作者简介：陈东明，1989 年生，男，广东梅州人，华南农业大学海洋学院讲师，华南农业大学大学生思想政治教育名辅导员工作室成员。

苦的农业行业，而且水产企业往往供给毕业的岗位大多都是服务在水产行业市场终端。大学生的就业地点基本处于偏远的农村，工作环境恶劣，生活质量较低，交通困难。同时，随着水产企业的迅速发展，各企业之间的竞争也变得更加激烈。企业竞争激烈就代表着水产养殖学大学生也在面临硕大的压力，这也加大了毕业生的工作强度。为了在今后工作上有更好的发展生存，大学生必须要全力以赴，不辞辛苦地在艰难困苦的基层工作。

（三）定位不清晰，就业稳定性差

由于大学生对自身、水产行业及企业的了解不够充分，很多学生在就业时没有准确的定位，不了解自身工作岗位发展路径。他们往往在进入企业、实际参加工作后才发现，水产行业基层工作是那么落寞与辛苦，导致大学生并不看好水产岗位工作的发展前景，使一部分学生产生放弃、失望等消极情绪。由于对水产养殖学专业毕业生的社会需求量过盛，学生更换工作简便，学生在对已选择的工作岗位产生失望后，就会萌发跳槽的想法，频繁地更换就业企业与工作岗位。这不仅让用人单位产生极大的损失，也给学校带来了一定声誉上的损害。

二、促进水产养殖专业大学生职业生涯规划的有效途径

（一）指引学生对自我正确的认知

在进行职业生涯规划前，教师应指引学生正确地认知自身能力、价值观、性格、兴趣等，引导学生学习霍兰德理论，采用橱窗分析法、306度评估、生涯规划测评等方法，让学生对自身定位全面客观。多方位的认知，让学生明白自身对发展前景、薪酬、工作环境的需求。通过以上全方位、正确的自我认知后，学生才可以清楚地分析出自身在水产行业适合什么工作岗位。

（二）引导学生正确认知水产行业的职业特点

学生全面系统地了解社会职业特点，可以激发学生的工作兴趣，为学生进行职业生涯规划时提供理论依据。水产行业可以提供给水产养殖学专业大学生的就业岗位基本分为两类：一类是病害防治、成虾养殖等方面的技术型

工作，另一类是水产药物、水产饲料等方面水产业型工作。教师应根据学生实际情况、个人特点，对其分别指导。例如，指引性格开朗活泼、社交能力较强的学生选择水产业务型工作进行就业，日后再向企业管理层发展；指引性格内向、腼腆、热爱研究水产相关技术的学生考研、深造或从事科研方面的技术型工作。

（三）调整学生心态，争当"三能"人才

水产养殖学专业大学生就业的特点就是就业压力大、环境差、强度强。因此，学生在对职业生涯进行规划时，教师必须要帮助学生及时调整心态，激励学生，增强学生即将就业的自信心。所谓"三能"人才就是指能安心、能吃苦、能创业的应用型人才。其中，能安心是指在艰难、困苦的农村基层能踏踏实实，安心工作的敬业精神；能吃苦是指百折不挠，能够顽强克服各种困难的坚强意志；能创业是指在工作实践中能够将自身所学的知识技能合理运用，并善于开拓。目前来看，水产行业正迫切需要着这种"三能"人才。

（四）指导学生明确职业生涯规划的重要性

大学生职业生涯规划是指学生选定职业后，从进入工作岗位到退休的整体职业规划，是大学生为达到发展需求所选择并设计的职业发展路径。职业生涯的规划能够提前指明学生可能会发展的方向，以及学生可能会经历的岗位，能够激发学生的工作兴趣，挖掘学生的工作潜能，促进水产行业的发展。水产行业的工作岗位都是艰难、困苦的，如果学生没有提前规划好自身的职业生涯，没有看好本职业发展前景，就很难安心地在水产行业工作。通过数据显示，水产养殖专业毕业生有95%在刚毕业时参加水产行业工作，然而毕业四年后有50%的毕业生放弃水产行业工作，因此教师应明确指导学生正确地认知职业生涯规划的重要性。

（五）邀请往届毕业生进行引导

高校在帮助水产养殖学专业大学生进行职业生涯规划时，可以选择邀请往届毕业生到校为应届毕业生讲解工作经验、心得体会，让学生更好地了解当今水产行业的确切信息，借鉴往届毕业生的职场经验和历程，为学生规划职业生涯得到相应的理论基础。

三、结语

水产养殖学专业大学生的职业生涯规划能够帮助学生综合考虑外界因素，指引学生正确认知自身情况，明确自身目标，开发学生的潜能与兴趣，运用科学的方法、切实的措施，为学生打造出符合自身特点的合理有效又可行的职业生涯发展规划，让学生充分发挥个人专长，不断改进发展的方向，最后走向事业的成功。

参考文献

[1] 杨慧荣. 以就业创业为导向的水产养殖专业课程体系改革与实践 [J]. 黑龙江畜牧兽医，2017（24）：205-208.

[2] 孔沛球，黄蔡芹，吕英秀. 水产养殖学专业毕业生就业状况统计和对策研究——以广东海洋大学为例 [J]. 农业开发与装备，2016（11）：38.

[3] 郑方. 水产养殖学专业学生职业发展与就业指导课实践教学方式探究 [J]. 河南水产，2016（02）：33-35.

高校家庭经济困难学生群体就业帮扶体系的探究[①]

陈曼钰

"家庭经济困难学生"是指学生本人及其家庭所能筹集到的资金难以支付其在校学习期间的学习和生活基本费用的学生。对于这部分学生的资助,党和国家一直高度重视,因此对家庭经济困难学生的资助与帮扶是各高校思政工作中的一项重要内容。

一、广东省各高校现行资助政策简述

广东省各高校现行的资助政策主要以政府投入为主、高校落实责任、社会积极参与的三方共同支持的多维度多渠道的资助体系,建立了以国家奖学金、国家励志奖学金、国家助学金、国家助学贷款为主,学费补偿、助学贷款代偿、勤工助学、学费减免、社会资助和确保家庭经济困难学生顺利入学的"绿色通道"制度等有机结合的资助政策体系。此外,结合我省省情,制定了符合我省特色的专项资助政策,即广东省贫困家庭大学新生入学资助、广东省少数民族聚居区少数民族大学生资助和南粤扶残助学工程。

其中,学校的资助措施主要包括新生入学的"绿色通道",学生在校期间通过利用课余时间的劳动而获得报酬的勤工助学,因家庭经济特别困难、无法缴纳学费的特别是孤残学生、少数民族学生及烈士子女、优抚家庭子女等学生而实行的减免学费政策,以及高校利用从事业收入提取的资助资金、社会组织和个人捐赠资金等用于奖励和资助本校学生的奖学金、助学金。

---

① 论文信息:《农家参谋》2018年第10期,第163页。
作者简介:陈曼钰,1994年生,女,广东揭阳人,华南农业大学林学与风景园林学院助教,华南农业大学大学生就业创业名辅导员工作室成员。

二、当前大学生就业形势环境的分析

第一,劳动力市场供大于求导致就业难。自我国高等教育从传统的精英式教育转为大众化教育以来,大学的毕业生人数剧增,且呈现出每年增长的态势。根据2018届全国普通高校毕业生就业创业工作网络视频会议报道的相关数据,2018届全国普通高校毕业生预计有820万人。毕业生人数持续攀升,但新增的就业岗位远不及毕业生人数的增长,导致就业市场竞争越来越激烈,就业形势愈发严峻。

第二,人才的结构性失衡导致毕业生专业技能薄弱,难以满足用人单位的招人期望。目前,国内有部分高校由于专业设置不合理,对学生的培养模式定位与当前社会对人才的要求存在偏差,在招生、教学、专业结构设置等方面严重脱离市场,导致学生在毕业时出现知识储备少、专业技能差、适应性弱等问题,难以满足用人单位对毕业生的要求,导致毕业生就业频频受挫。

第三,新兴产业的兴起对传统行业职业的影响较大。随着近两年来人工智能和大数据的迅猛发展,越来越多的传统岗位,诸如财务、会计、柜员等一些职位部分被取代,市场上目前愈加需求各类技术性强的人才。这对相关专业的毕业生冲击较大,要求他们不能坐以待毙,要学会从自身的技能中谋求新的发展道路,同时锻炼增加其他技能,以适应人工智能发展的大潮流而不被社会淘汰。

三、家庭经济困难学生的就业现状及特点

在如此严峻的就业形势下,高校中的家庭经济困难学生的就业压力则更加突出和典型。该部分学生在求职过程中出现的问题主要受自身以及社会大环境的影响,可归纳为以下两种情况。

第一,学习基础较差与学习成本投入少导致就业竞争力普遍不高。一方面,由于家庭经济困难学生大部分来自偏远的农村地区,受到当地教育资源的制约,很多经济困难学生接受的基础教育较差。另一方面,受到家庭经济条件的制约,他们无法与其他同学一样选择双修学位或者报名参加各类社会培训课程以获取更多的知识。在基础较差的情况下加上无法获得额外的培训

导致该学生群体的就业竞争力普遍不高。

第二，职业生涯规划目标不清晰。受到家庭经济条件与当地落后的教育资源的制约，很多经济困难学生的知识面较狭窄，对于社会要求的认知存在偏差，加上自身能获取的社会实践或锻炼的机会少，很多学生在上大学之前对于自己以后的职业生涯没有一个清楚的认知与规划。当前某些高校的就业服务工作体系还没完善，职业生涯规划指导仍处于起步阶段，对于经济困难学生这一特殊群体的帮扶也只停留在经济上，没有为他们提供求职技能与职业生涯规划的指导。

四、家庭经济困难学生的求职帮扶对策

（一）构建全程化职业能力提升帮扶体系

学校构建全程化的职业能力提升帮扶体系，即通过将校内各部门资源进行整合，专门制定一套针对家庭经济困难学生的以提升就业竞争力为目标的帮扶体系，并使其贯穿于大学教育的整个过程，使经济困难学生将综合能力提升与自身的职业生涯规划发展有机结合起来。

（二）加大对经济困难学生的求职创业经济帮扶力度

学校需加大对该部分学生在求职过程中的资金支持，该部分资金用于支持经济困难学生的培训费、报考费、创业补贴或者路费等，减轻该部分学生求职过程中的经济压力，使自身有资格有能力在求职过程中脱颖而出，得到用人单位的赏识。

（三）调整经济困难学生的求职心理

高校应进一步加强对经济困难学生求职心理的调整，引导学生理性分析自身的能力条件以及所处的环境，激励他们看到自身的优点，结合自己的兴趣爱好和专业特长对自己的职业生涯进行一个合理的规划。

参考文献

[1] 方秋中，曾璇，邵家声. 试论对高校毕业生经济困难群体的就业服务与指导 [J]. 出国与就业（就业版），2011（7）.

[2] 李建成,张志业,郝惠君. 当前大学生就业形势分析和对策研究 [J]. 河北科技大学学报(社会科学版),2008(3):100-103.

[3] 张凯霞. 大学生就业弱势群体帮扶体系研究 [J]. 中国成人教育,2015(4):71-73.

[4] 曹楠南. 高校家庭经济困难学生的就业竞争力探析 [J]. 创新与创业教育,2016(1):47-48.

[5] 鞠楠楠. 高校经济困难毕业生就业竞争力提升的对策研究 [J]. 城市社会,2014(33):105-106.

浅析生态系统理论视角下的高校就业指导工作策略[①]

李小龙

据人力资源和社会保障部的数据显示，2016年，我国应届毕业生人数高达765万人，相比2015年增加了16万人，就业形势非常艰巨，被誉为"更难就业季"，就业需求远远大于职位供给[1]。在如此巨大的就业人数背景下，我国就业形势却有了新的变化。部分传统产业被淘汰，民营企业承受不住运营成本的上升而倒闭，就业空间进一步压缩，落后地区人才向发达地区流动，国际人才不断涌入我国，就业形势十分严峻，这同时对高校的就业指导工作提出新的要求。本文正是探讨运用生态系统理论来研究高校就业指导工作的问题，为高校培养更具有竞争力、更符合社会需求的毕业生提供一定的借鉴意义。

一、生态系统理论的介绍

生态系统理论整合了一般系统论和生态理论的观点，认为人类的行为与他所生存的环境有关，是个体与各类环境系统互动的结果，注重分析各系统的相互影响[2]。生态系统理论将社会环境主要分为微观系统、中观系统、宏观系统。其中，微观系统可简单理解为个体、个人，中观系统指小规模群体，宏观系统则是比小规模群体更大一些的群体。该理论注重个人的整体性和完整性，明确个人动机的作用，同时强调环境对行为的影响，主要运用个人的内外在资源以协助个体解决问题[3]。引入该理论分析高校就业指导工作，有助于从一个全新的高度，为各系统的协同合作提出改进建议。

[①] 论文信息：《学园》2017年第19期，第125–126页。
作者简介：李小龙，1991年生，男，江西吉安人，华南农业大学生命科学学院讲师，华南农业大学大学生心理健康教育与咨询名辅导员工作室成员。

二、生态系统理论下认识高校就业指导工作

引入生态系统理论分析高校就业指导工作,可认为微观系统是学生个人,中观系统是学生家庭,宏观系统是学校。这些系统共同围绕培养大学生的综合能力,使他们有坚实的知识基础和实践能力,以及在社会上有一定竞争力的目标进发。为了实现这一目标,各高校配套实施了一系列工作方案,但总体来看,国内各高校较为普遍地将高校就业指导工作分割处理,各个系统之间相对独立,缺乏必要的协调沟通,难以达成和谐统一的状态,甚至有的高校就业指导工作系统出现内耗情况,不利于学生素质的提高。

为了更好地提升高校就业指导工作成效,需要牢牢把握生态系统理论的整体性原则、协同性原则、资源性原则。

(一) 整体性原则

高校就业指导工作是一个整体性工作,需要学生、家长、学校各部门认识到这种系统性观念。其一,所有系统的目标是培育完整的、健全的毕业生,使其德智体美全面发展,这是个体上的整体性。其二,整个就业指导工作是贯穿于学生进校到毕业的过程,包括进校时期的价值观建立、知识技能学习到毕业时候的就业资料登记、就业技能培训以及择业指导。

(二) 协同性原则

各个主体之间保持协同合作关系是提升就业指导工作绩效的关键。协同性原则要求学生、家庭、学校建立一套长期的合作沟通机制,定期对学生未来的就业进行沟通商讨。各主体积极交换工作意见,以集体的力量解决工作过程中遇到的阻力,保证所有主体在知情背景下做出合理的工作部署,提高工作质量和效率。

(三) 资源性原则

现实的物质系统与环境之间存在持续的交换,交换的载体是物质、能量、信息等,将其引入就业指导工作,可将载体统称为毕业生的资源。就业指导工作应着重于挖掘毕业生身边的资源,并提高他们对资源的利用能力。资源可分为内在资源和外在资源。内在资源主要是指微观和中观系统层面的

资源，包括个体的心理动机、亲属关系等；外在资源主要是宏观系统层面的资源，包括学校的就业指导力量、校友资源、网络资源等。特别是在网络技术高度发达的今天，获取资源的准确性、及时性、实用性将直接决定学生就业平台的高低。

三、生态系统理论下的高校就业指导工作策略

（一）形成各主体良好的合作互动机制

高校就业指导工作是各系统相互合作、整体发挥作用的系统工程，这是其最本质的特征，应该鼓励各个系统积极参与。应引导学生主动关注自身就业问题，如成立以学生为班底的学生指导联盟，对内为众多学生服务，促进团体内互助，提供简单的就业咨询，对外代表学生与家长、老师、学校交流，将学生的声音传达。作为家长，应保持对学生就业情况的关注，留意学生就业心理变化，做好安抚支持工作，成为学生最强力的后盾。作为老师，应该以学生的兴趣和爱好为导向，分层培养，适当告知学生专业就业形势，寻找更优质的实习机会。作为学校，有义务统筹各系统的工作，以学校就业指导中心为依托，为各系统的良好合作做出适当安排，可通过组织学生、家长、老师、校方四方联席会议，提供合作平台，积极探讨现阶段的不足和改进措施，运用校方的多渠道资源，为学生、家长、老师做好支援工作。

（二）引导个人就业动机、能力形成

一切外在行动都是具有目的性的，就业是学生的利益诉求，只有充分调动学生的就业动机，就业指导工作才会事半功倍。学校在学生入学后，应引导学生充分认识自身的基本素质、性格、能力，制定个性化职业规划，协助学生寻找目标。在明确个人目标后，配套课程个性化调整、就业素养培养活动、就业能力提升活动，通过简历指导、面试技巧传授、模拟面试等多元手段，使学生保持一个有目标、有能力的姿态进入劳动力市场。

（三）加强校友资源的运用

除了协助学生自身积极提升外，学校应该为学生广泛联系校友资源，以宽广的人际网络关系助力学生就业。校友能为学生起到教育示范、经验传授

的作用,邀请他们到校园内开展就业教育活动,将会使分享内容更符合社会实际,更贴近学生所需。此外,众校友来自不同的单位,可通过自身的人脉关系促进学校与其单位的合作,为学生提供更多的实习和就业机会,促进学生成长。

(四)引进现代化技术使信息及时对称

高校就业指导工作引进现代化技术,是社会的必然发展趋向。2011年,国务院在《关于进一步做好普通高校毕业生就业工作的通知》中就明确指出高校毕业生就业指导服务机构要与其他就业服务机构加强合作,建立健全高校毕业生就业信息服务平台[4]。学校应该积极引进这些高新技术,建立就业平台。就业系统可为学生提供就业形势预测、就业行业分析、公司资料查询、简历投递等功能,使学生更及时、更方便地把握就业动态,节省就业花费的时间,更高效地完成就业过程。

参考文献

[1] 姚进忠. 农民工子女社会适应的社会工作介入探讨:基于生态系统理论的分析[J]. 北京科技大学学报(社会科学版),2010(1):22-27.

[2] 刘辉. 生态系统理论视角下的个案实践与反思[J]. 知识经济,2014(6):21-22.

[3] 查良松. 高校就业工作信息化建设的思考[J]. 重庆与世界(学术版),2013(3):68-70.

高校毕业生党员在就业工作中的 SWOT 分析及策略探究

梁 辉

目前,高校毕业生就业工作广受社会各界的关注,促进毕业生就业是高校工作的重要内容,也是高校赖以生存的生命线。党员毕业生是高校毕业生的特殊群体,在就业中发挥重要作用,如何做好毕业生党员,将毕业生党员的特点和优势运用到就业管理中,是新形势下高校出现的新课题。

一、毕业生党员就业的 SWOT 分析

SWOT 理论,即 SWOT 分析法。该方法目前广泛应用于制定企业发展和分析对手情况,是竞争情报分析常用的方法之一。本文采用 SWOT 分析法对大学生党建与就业工作进行分析,对探索高校学生党建与就业工作联动模式具有重要意义。

(一)优势因素(S)

1. 学生党员素质较高,为单位所欢迎

高校学生党员人数在全校党员中的比例并不高,往往是经过多方的考察,在品德、专业知识、各种能力等方面具备一定的表率作用。用人单位非常了解学生入党程序,出于对学生党员的信任和对本单位往年招聘党员的认可,从而更愿意招聘学生党员。

2. 人才竞争激烈,单位节约招聘成本

用人单位为节约招聘成本,提高招聘要求,设立高门槛,以便在尽可能

---

[1] 论文信息:《新生代》2018 年第 7 期,第 15-17 页。

作者简介:梁辉,1990 年生,女,河南新乡人,华南农业大学数学与信息学院、软件学院讲师,华南农业大学大学生党团、社团活动指导工作室成员。

小的范围内筛选出优秀的人才供己所用。

3. 毕业生党员的先进性与学生特质，易帮助非党员学生就业

毕业生党员是高校毕业生的优秀代表，他们利用自身的资源，帮助班级其他未就业的学生，促进高校毕业生就业。由于毕业生党员的学生身份的特质，相比其他类型的帮助更为有效。

（二）弱势因素（W）

1. 部分毕业生急功近利，入党动机不纯正

受到单位招聘要求的影响，部分毕业生将入党作为增加自己应聘成功率的筹码，只考虑到自身利益，与为人民服务、自身坚定的信仰等动机相脱离。

2. 毕业生党员忙于就业，忽略自身的榜样作用

毕业生在大四忙于找工作，往往会失去一些以往的工作热情，奉献精神有所松懈，一些毕业生党员往往忘记自己的义务和责任，没有发挥先锋模范作用。

3. 高校忽视对毕业生党员的继续教育

毕业生党员实习、考研、参加招聘会等活动，给学校对毕业生党员的继续教育带来了困难。一方面，党员继续教育的内容可能并不能引起毕业生党员的关注和兴趣；另一方面，学校也没能积极从毕业生党员参与就业这个角度去思考问题。

（三）机会因素（O）

1. 毕业生就业具有潜在市场

国家和社会高度重视大学生就业问题。国家财政投入重点转向农业、农村、公共服务、民生和生态领域等方面，这些均可形成就业强大的动力。同时，由于国内发展并不平衡，中西部发展也处于重要的战略机遇期，具有很大的发展潜力，国家政策积极号召高校学生到西部去锻炼自己，在农村基层实现自我价值。毕业生到西部、到基层、到农村工作，为新农村建设提供了人才保障，不仅促进了他们的成长，也培养了基层的骨干人才，同时拓宽了高校大学生的就业渠道。

2. 高校党组织在高校大学生就业中的重要地位和作用

《中华人民共和国高等教育法》第四章第十九条明确规定："国家举办

的高等学校实行中国共产党高等学校基层委员会领导下的校长负责制。"高校党组织在学校中的特殊位置，决定了在构建和谐校园，促进大学生就业，实现高效可持续发展中，必然发挥重要作用。高校党建工作中的毕业生党员这一优秀群体，发挥自身优势，与毕业生就业工作相结合的模式，成为高校课题研究的热点，这种新模式具有一定的理论意义和应用价值。

3. 新媒体的广泛应用为二者的结合提供了新途径

在新媒体环境下，大学生是新媒体技术的主要使用者，也是信息搜集和信息传播最广泛、最活跃的群体；同时，网络技术的发展跨越了空间的限制，为毕业生党建工作提供了更多的可能性。高校党建工作，可针对毕业生特点，建立就业信息库，包括毕业生个人信息、思想动态、考察情况、帮扶对象、就业意向、就业现状等基本信息，方便学校直接推荐合适人选至用人单位，也为高校党员毕业生就业工作提供参考和依据。

（四）威胁因素（T）

社会转型期及市场经济的负面影响，给高校党建和就业的结合带来了一些挑战，毕业生党员的观念、态度和行为转变越来越快，在面对社会、经济的诱惑时，易偏离党组织指引的方向，思维和行为呈现出很强的功利性。面对这些问题，高校的毕业生党建工作缺乏积极有效的应对措施与强有力的手段，显得落后和被动。

二、探究毕业生党员教育与就业管理工作互助共赢的模式

（一）加强学生党员就业观教育

不管是党建还是就业工作，都应该贯穿整个大学教育的始终。在党建的理论课堂中能够引入就业相关的指导思想，鼓励学生下基层就业，提倡支援西部计划，鼓励党员积极投身至社会主义新农村建设，大力宣传大学生村干部、西部支援的先进典型，引导和鼓励更多的党员投身至基层一线锻炼成长。同时，开展考研、出国深造、参加工作、实习和社会实践的座谈会，邀请优秀毕业生党员分享经验，将其重要性和区别性以合适的形式加入课堂教育。

(二) 发挥毕业生党员的模范带头作用

大学生党员是大学生群体中思想先进、积极活跃的群体，具有表率作用。要做好大学生的党建和就业工作，就必须要发挥好大学生党员的先锋模范作用，树立起自身的良好形象。通过对毕业生党员的就业相关思想的教育，以及他们自身的经历和体会，再由他们和其他普通同学沟通、交流，或者以自己的事例来做榜样，对于在学生中形成良好的就业氛围具有很重要的影响。

(三) 建立毕业生入党积极分子和党员信息库

建立毕业生入党积极分子和党员信息库，对就业工作是非常有帮助的。这个信息库除包括毕业生思想动态、历年表现、考察情况、特长特点外，还应包括就业意向、就业现状。无论是用人单位需要学校推荐，还是学校收集到相关信息，主动向不同单位推荐合适人选，能使毕业生得到适合自己的工作。通过信息库，也可统计毕业生入党积极分子和党员的就业率、就业层次等方面情况和数据，为高校就业工作提供参考和依据。

参考文献

[1] 叶颖蕊. 高校毕业生党员在就业管理中作用发挥的优势及机制 [J]. 亚太教育，2016 (27)：222 - 223.

[2] 葛畅，曹静，郑晶晶，等. 基于 SWOT 分析的高校学生党建工作研本联动模式 [J]. 上海党史与党建，2015 (7)：49 - 50.

[3] 王佳佳. SWOT 分析视角下的高校毕业生党建与就业双赢模式研究 [J]. 山东农业工程学院学报，2016 (8)：53 - 54.

[4] 胡文淑. 高校毕业生党建和就业双赢模式研究 [J]. 中国大学生就业，2007 (24)：85 - 86.

大数据背景下大学生就业指导工作创新研究[①]

毛丹鹃

大数据的定义有很多种，第一次对大数据进行定义的是全球著名的咨询公司麦肯锡，从"数据体量大"的角度来界定大数据。麦肯锡对大数据下的定义为：大数据是指那些规模达到传统的数据库软件工具已经无法采集、存储、管理和分析的数据集（郭少科，2013；涂子沛，2012）。当今是大数据的时代，社会各行各业都受到前所未有的深刻影响，同时也面临着新的机遇和挑战，大学生就业指导工作也不例外，如何掌握规律、分析动向，是新形势下开展大学生就业服务工作面临的主要问题。《2006—2020年国家信息化发展战略》指出，要"建设多层次、多功能的就业信息服务体系，加强就业信息统计、分析和发布工作，改善技能培训、就业指导和政策咨询服务"，这些工作的开展都需要建立在高效的数据处理基础之上。本文以华南农业大学为例，针对新形势下大学生就业指导工作存在的问题进行了深入研究，探索新的就业指导与服务体系新路径，从而增强当前高校大学生就业指导工作的针对性和实效性。

一、大数据对于大学生就业指导工作具有重要意义

当前社会大学生就业问题已经是各界普遍关注的焦点，有资料显示，2017年全国普通高校毕业生人数大约是795万人，而到今年该数值又创新高，已经超过了820万人，大学生就业问题愈加严重，对于高校而言，促进就业至关重要，且刻不容缓。教育部办公厅《关于开展全国普通高校毕业生精准就业服务工作的通知》指出，建立健全精准推送就业服务机制，要高度

---

① 论文信息：《价值工程》2018年第30期，第292-293页。
作者简介：毛丹鹃，1986年生，女，浙江江山人，华南农业大学数学与信息学院讲师，华南农业大学大学生思想政治教育名辅导员工作室成员。

重视精准就业服务工作、准确掌握供求信息，建立精准对接服务平台，促进毕业生更加充分和更高质量就业。教育部《关于做好2018届全国普通高等学校毕业生就业创业工作的通知》进一步提出，各地各高校要广泛应用"互联网＋就业"新模式，在了解毕业生和用人单位需求的基础上，利用智慧就业、新职业网等平台，开展精准对接服务。促进跨类别、跨行业、跨区域的招聘信息服务平台的构建，鼓励多举办不同行业、不同类别的形式多样的中小型校园招聘活动。由此可见，新形势下对高校就业工作提出了更高的要求。大数据技术通过对全部数据的收集、处理和分析，发掘数据之间更多相关的关系与发展规律，从中发现对就业指导有实际意义的规律，针对不同阶段、不同专业的大学生们提供更个性化、更精准化的服务，为大学生就业形势变化、行业走向、人职匹配情况和职业发展等提供了一种可以复制的分析模式，更好地发挥高校就业工作在毕业生就业市场中的桥梁与纽带作用。大数据技术冲破时空的局限性，推动了高校就业工作的良性可持续发展，高校大学生就业信息化建设顺势而为，成为必然选择。基于此，研究大数据背景下的大学生就业指导工作就具有十分重要的现实意义。

二、大数据背景下高校就业工作存在的问题

大数据时代的到来，转变了我们传统的思维方式方法，引发了高校人才质量培养的彻底变革，对现阶段高校就业服务工作提出了方法与技术层面的全新要求。但目前就我校而言，就业信息化建设还存在一些不足之处，这些不足之处是我校在提升就业服务工作水平过程中面临的一项重大挑战。

（一）缺乏对学生数据的大平台支撑与共享

我校在学生管理过程中已采取信息化管理手段，现存的学生管理系统已收集较多数据。在校学生除了使用就业部门的就业系统之外，教务系统、校园卡中心、奖助贷系统、招生系统、党务系统等也存储了海量与学生有关的数据资源，对大学生个人的学习活动有详尽的记录，但是这些信息之间的链接少，利用率较低，缺乏大平台进行数据整合，目前还未形成完整的体系。从信息内容看，就业信息系统收集的信息主要包含个人基本信息、就业去向、签约情况、派遣信息等，并且目前使用的传统信息技术手段在有效获取信息方面能力存在不足，获取就业信息的渠道单一，很难获取毕业生的职业

发展、薪酬变化情况、就业动态等信息，信息量小就限制了就业服务系统精准性目标的实现。

（二）缺乏专业的数据分析能力

学校通过已有的数据处理能力掌握着历届毕业生中就业的相关情况信息、企业资源等，初步尝试就业信息的深度分析并编制就业情况报告，但对数据的分析较为局限，仅仅进行就业率、就业地域、就业行业、薪酬等基础情况分析，就业基本信息的分析也停留在数据和比例的统计方面，缺乏相关性研究以及对毕业生的职业生涯路径跟踪等。大数据时代，高校面临着处理就业数据分析能力差、结果不准确、信息不真实等问题，要进一步提高高校就业工作人员的信息化能力，他们不仅要具备较高的信息专业素养，还要掌握与大学生就业工作相关的知识。另外，各学院负责就业工作的人员身兼数职，除了负责就业工作外还要开展其他日常管理工作，无法形成稳定的就业工作队伍，加之缺乏专业专项的培训，业务能力参差不齐，工作效率低下。

（三）缺乏对毕业生离校后的跟踪服务

高校对于毕业后的学生联系较少，对于毕业生在就业后的数据跟踪与调查也相对滞后，虽然每年有就业工作人员到企业开展就业回访以了解毕业生就业情况、就业单位对学生的评价等，但是工作量大、涉及的群体较少、获取的信息量少，很难建立毕业生的工作动态信息。学校对应届毕业生的就业状况会进行问卷调查，并进行数据统计及发布就业质量报告，但是对于离校学生的职场信息很难收集，对就业信息的统计也存在着很大的困难。因此，加强对毕业生毕业离校后的中长期职业发展情况调查意义重大。

三、大数据背景下大学生就业指导工作实施路径

（一）搭建高校毕业生就业信息的大数据平台

大数据背景下，高校在开展毕业生就业工作时，首要任务就是建立高校毕业生就业数据平台。高校利用网络资料构建毕业生就业信息数据平台，完善毕业生各项基础数据，比如毕业生个人基本信息、就业率、就业去向等，然后利用调查问卷等形式了解毕业生的职业转换、中长期职业发展、平均收

入、工作满意度等，同时对收集到的各项数据进行调研分析，从而建立较为科学的高校毕业生就业数据分析系统，更加完善和优化毕业生就业大数据平台，最终客观、全面地分析高校毕业生的就业情况，结合毕业生信息反馈，反思和优化高校教育，进一步提升高校人才培养工作（陈振锋，2017）。近几年，我校高度重视校友工作，可以充分运用"大数据"，借助网络平台整合校友的相关信息资源，搭建校友资源互动平台，分享就业资源和信息。以数字化、智慧校园建设为契机，打通校内各职能单位信息共享通道，优化学工内部数据共用机制，实现招生与培养、学习与生活、就业与发展的大数据分析与共享（侯士兵等，2018）。

（二）强化就业工作人员的信息化能力

要将大数据技术运用到高校就业指导工作中，就必须要加强高校海量就业数据的收集、分析、整合能力。因此，加强高校就业信息化人才的培养和队伍建设迫在眉睫，高校要不断加强师资培训，通过专题讲座、举办主题培训班等形式提升就业工作者信息化专业水平和综合素质，使就业工作人员能充分挖掘和有效利用信息化网络化手段处理就业相关问题。招聘计算机专业、数据分析专业人员从事就业工作，确保就业队伍专业化，不断提高就业工作人员的信息素养，以满足"大数据"统计工作的需要。高校就业工作人员要自觉加强学习、培养信息意识，学习大数据的基本原理与原则方案，学习运用大数据的工具去处理负责的学生信息，提高筛选、处理、归类和综合分析的能力，增强工作的时效性和针对性。

（三）构建毕业生离校后跟踪服务体系

深度挖掘高校毕业生就业数据能够对在校生的职业生涯规划、就业指导、专业学习等产生重大的影响。目前学生管理系统包含学生的基本信息、所修专业、生源地、就业去向、就业薪酬、行业分布等信息，这些数据可以了解毕业生在校情况以及就业情况，但是毕业生毕业离校后的数据跟踪与调查存在空白点。在对我校数学与信息学院2016届毕业生调查研究中发现，毕业两年后很多同学开始跳槽，这一现象与计算机专业工作性质相关度较高，但高校很难获取学生的职业发展情况的相关数据。我们可以通过第三方数据公司进行跟踪调查，或者建立校友数据库，及时更新完善毕业生的就业信息。因此，完善毕业生离校后跟踪服务体系，对其信息进行及时准确的把握，将是当前高校完成学生就业工作的主要内容之一（姜宇国，2015）。

四、结束语

大数据时代给大学生就业工作提出了更高的要求,利用大数据技术为学生提供个性化就业服务,实现就业指导的个性化与精准化服务,是高校就业指导工作的主要任务,也是我校就业工作创新的主要内容。

参考文献

[1] 郭少科. 大数据 [M]. 北京:清华大学出版社,2013:5.

[2] 涂子沛. 大数据:正在到来的数据革命 [M]. 桂林:广西师范大学出版社,2013.

[3] 陈振锋. 大数据背景下高校毕业生就业工作路径初探 [J]. 应用研究,2017(9):75-78.

[4] 侯士兵,姚思含,沈延兵. 大数据背景下研究生就业精准服务体系的探索与实践 [J]. 学校党建与思想教育,2018(3):69-71.

[5] 姜宇国. 终身教育理念下的高职院校就业"后服务"模式研究 [J]. 中国高教研究,2015(4):103-106.

当前我国大学生就业问题及对策研究[①]

唐诗潮

当前,我国经济不断发展,人民生活水平日益提高,高等教育的"大众化"水平越来越快,在全民素质不断提高的同时,大学生由于基数大、就业竞争力不强等原因出现了就业难的现象,大学生的就业问题日益突出,就业的形势不断严峻,已经成为民众、媒体以及社会关注的焦点,若不能采取有效的方式解决大学生就业难的问题,社会的稳定性、高校人才的培养以及创新人才驱动战略等都会受到影响,因此解决大学生就业难问题显得迫在眉睫。

一、大学生就业的现状

(一)大学生毕业人数呈上升趋势

近年来,随着我国高等教育的大众化和高校的大规模扩招,使得大学生的数量一直呈现出上升趋势,据数据表明:2015年全国高校毕业生总人数达到749万人,2016年增加到765万人,2017年增加800万人,而2018年已经到达820万人。在数百万大学生需要就业的形势下,每年大学生不仅要面对同届毕业生的竞争,还要面对来自往届未就业、跳槽毕业生的压力,因此就业的形势日益严峻,需要就业的人数每年都呈明显上升趋势,导致大学毕业生顺利就业的难度逐渐上升,就业市场压力呈现出较重的压力,就业矛盾愈发突出。目前,大学生就业最大的矛盾就是迅速增长的大学毕业生和供需能力不足的就业市场之间的矛盾,大学毕业生的数量一直居高不下,而经济

[①] 论文信息:《高教学刊》2018年第16期,第194-196页。
作者简介:唐诗潮,1992年生,男,湖南娄底人,华南农业大学食品学院辅导员,华南农业大学大学生网络思政名辅导员工作室成员。

形势和就业环境不断下行,造成了更多的大学生不能就业,就业的形势已十分严峻。

(二) 就业区域结构不合理

就我国来说,大学生的就业岗位呈现南多北少、东多西少的总体格局,资源岗位分布不合理、不平衡。据近年来大学生的就业跟踪回访调查显示,在东南部地区读书的大学生更愿意留在读书的区域,选择在东南部地区就业的大学生也占了绝大多数。同时,由于东南部地区的工薪待遇高、就业环境好和发展机遇多等因素,使得大学毕业生竞相涌进东南部地区进行就业,相对地加大了东南部的就业压力,增加了东南部地区的就业竞争度,造成了大学生宁愿在东南部地区待业也不愿意去其他的城市直接就业的现象,使得人力资源无法合理分配,造成了大量的浪费;而相对于西北部地区而言,因为大部分地区属于经济不发达的落后地区,以农业为主要产业,致使人口不断流失,大量的岗位寻求不到合适的大学生,使得就业机会白白浪费,资源配置也不合理,致使地区经济发展愈发减慢,形成缺人、少人的恶性循环。因此,我国的就业区域结构不合理也导致了大学生出现"就业难"问题。

(三) 大学生就业趋势盲目化

当前,计算机科学、金融、"互联网+"、共享式经济发展十分迅猛,使得大学生在最初选择专业时会倾向于一些热门的行业,使得实体经济需要的技术类人才,如机械制造、焊接、车辆工程等专业的毕业生出现短缺现象,近年来甚至出现用人单位到高校招生时,直接录取整个班的现象。从中可以看出,大学生的就业趋势盲目,他们以热点为指引,扎堆进入了热门专业,但是热门行业的岗位供给不足,造成了大量的金融、计算机等方面的人才无业可就,而机械制造、食品生产等岗位却无人可招的矛盾境地,这也产生了较大的行业压力,造成了"就业难"的现象。

二、大学生就业存在的主要问题

(一) 大学生自身综合素质不强

近年来,随着我国的综合国力不断增强,经济、文化、科技等领域的不断深入发展，对人才的要求不断增高，但随着高校在招生规模上的不断扩大，高等教育的精英化逐渐转变为了大众化的教育，大学生在综合素质、问题处理等方面参差不齐[1]。很多高校学生的学业问题也日益突出，挂科率居高不下，学习动机功利化、目标不清晰等问题致使大学生离企业岗位的要求产生断层式的差距，因此，出现了"就业难"的问题。

（二）缺少职业规划目标

在现代社会，新兴行业不断出现，新的职业也不断产生，大学生在大学期间没有对就业产生足够的重视，投入的时间和精力不足，很多时候都停留在看招聘信息等表层，对于招聘企业的具体要求和职责岗位不清楚、不明晰，理解得也不透彻，去面试的时候往往答非所问、人云亦云，不能清晰地展示出大学生自身的素质。究根到底，还是由于大学生自身没有进行明确的职业生涯规划，缺乏清晰的目标指引，学习的氛围也不浓厚，使得大量的学习时间被浪费[2]。根本的原因在于大学生对社会的发展状况不了解，对自身认识不足，不能清楚地对职业进行选择，从而感到迷茫，失去了方向。

（三）大学生就业实践能力薄弱

就业实践是指大学生在实践中运用理论学习的知识与理论，通过将理论与实践进行有机统一，在提高自身认识的同时也对自身实际解决问题的能力进行提升，达到理论学习和实操能力满足企业的岗位要求。目前，众多高校开设了大量的理论课程，但是实践类课程偏少，实习基地数量不多，实习时间严重不足，使得大学生对于自己所处行业的发展形势、热点重点、困境瓶颈表现出不了解、不明晰的状态。因此，在偏重于理论学习的大学校园中，大学生的就业实践能力更加薄弱，在当前国家的就业状况中分布明显，大量的技术类的实际操作岗位严重缺少人才。一些企业在实习生的招聘方面屡屡招不到人，产生了学生找不到实习机会而企业又招不到实习生的矛盾现象。正是因为大学生的就业能力无法满足社会企业的要求，才产生"就业难"的问题。

（四）高校就业指导不足

大学生在高校内较少接触就业，对于就业的认识暂时处于空白的状态，这时高校的就业指导就显得尤为重要了，但是由于高校的就业指导课程设置不系统、不连贯、不全面，使得大学生对就业指导课程的认识不深刻，对就业的重视程度不高，有些想了解的同学也不能找到行之有效的途径进行咨询，致使大学生在高校中获得的就业指导类型偏少，总体质量偏下。因此，提供有效的就业指导能够帮助学生正确地了解和把握就业的形势、制度和相关的政策，从而有针对性地提高就业相关的能力和技巧，树立正确的择业观和就业观。但就目前高校所开设的就业指导课程而言，呈现出内容不够系统、理论性过强、就业的精准化和特殊学生群体的指导尚未完全建立、就业指导的成效有限等现象。

（五）自信心和耐挫折能力不足

过去我国实行计划生育政策，很多大学生都是在父母的宠爱中长大，没有经历过大的风雨，没有体会过竞争所带来的压力，不会主动去寻求岗位，大部分只会一味地等待，而不能积极主动地向企业去介绍、展示自己，不能主动地去加入就业竞争的大浪潮中去，出现了往往简历看上去十分漂亮，可是面试却接连失败的现象。尤其是对非名校毕业的学生来说，在激烈的就业市场中与名校的学生同台竞技时，往往会出现信心不足、紧张、心虚、怯场的情况，面试表现得很差，从而失去了就业的机会。同时由于经历的失败过少，在一两次面试失败后就不再去面试，反而以考公、考研等作为借口回避直接的竞争压力，自身素质不能跟上社会前进的步伐，难以实现就业。

（六）个人主义突出，团队意识薄弱

近年来，由于西方成功思潮的不断涌动，过分强调个人的奋斗及成功，使得大量的大学生以自我为中心，表现出功利化、团队意识薄弱的现象，在集体活动中，每个人都渴望展示自己，而没有了奉献和合作的意识。因此，在当今企业特别看重团队合作精神的时代，越来越多个人主义的大学生很难找到中意的工作，因为他们表现出的是想在任何的活动中展现出自我的价值而非团队的价值，对集体和他人的事情充耳不闻、漠不关心，与当今社会的合作共赢精神相违背，与社会对求职者的要求产生了背离，从而产生了"就业难"的现象。

三、解决大学生就业问题的对策

(一) 加强大学生自身素养建设，提高就业竞争力

当代大学生在"就业难"的问题上首先要从自身寻找原因，提高自身的综合素质，打造强有力的就业竞争力。其一，要适时地调整自己的就业预期，明确自身发展方向，通过职业测评、精准指导来了解自己的个性、兴趣和相关的优势，使自己能够匹配合适的工作岗位，从而最大限度地做到人职匹配。同时，大学生要积极运用新媒体技术来搜集就业的相关信息，借助新媒体来克服时间和空间上的局限性，达到全面、真实、快速了解就业岗位信息的目标。其二，要认真学习就业技能，增强自身综合竞争力。一方面，大学生要从就业观念、就业信心、求职技巧等多个方面去提高自身素质，加强专业知识的学习，做好职业生涯规划；另一方面，在专业知识学习的同时，应当融入职业价值观、职业选择等教育，提升大学生的社会适应能力，提升自己的综合竞争力。

(二) 构建提升能力评价体系，满足就业市场要求

高校是大学生学习的重要场所。在现代社会，高校的教育一方面要一步一个脚印，深耕发展；另一方面又要切合时代主题，与时俱进。社会的需求日益变化，因此高校要深入落实习近平新时代中国特色社会主义思想的发展要求，建立多维度、多层次的人才观念，将理论与实践结合起来，构建科学的能力评价体系[3]。一方面，要将专业培养的目标、产业结构的变化和发展、学生的能力结构及自我发展融入就业教育中，加强就业相关教育的内涵；另一方面，要加强师资力量、教学硬件设施、教学课程安排等方面的工作。积极探索就业的理论并构建就业实践课程体系，建设完备的能力评价体系。同时，高校需对毕业生的就业状况进行跟踪，做好就业满意度、学生发展的反馈，推进高校自身就业体系的完善，加强各个环节的监测，更好地让学生全面发展，从而解决当前的大学生"就业难"的问题[4]。

(三) 合理制定人力资源规划，分类精准培训

近年来，国家提出"大众创新，万众创业"的口号后，大量的中小型企

业涌现，从人才需求层面上来看，这在一定程度上缓解了大学生就业难的状况；但有部分企业一味地追求高学历毕业生，使高端人才从事与其不相符的工作，造成人力资源的浪费。因此，企业要根据实际的用人需求，遵循物尽其用、人尽其才的标准，制定相应的人力资源需求规划，不应盲目追求高学历毕业生，同时建立公平、公正、公开的人力资源招聘与录用标准，精准地选拔和使用人才，使人才能够真正在企业成长和发挥自己的才能，让大学生摆脱就业难的困境[5]。同时，要整合招聘渠道，充分利用新媒体等多种方式，在体现企业自身需求的同时，制定科学、合理的人才评价体系和完备合理的培训体系，并根据各类学生群体的需求，制定有相应特点的培训计划[6]。通过企业的内部与外训培训相结合，共同提高大学生的综合素质，从而满足企业自身对人才的要求，促进大学生就业竞争力，真正解决大学生"就业难"的问题。

（四）做好制度保障，鼓励大学生创业

当前，李克强总理提出了"大众创新，万众创业"的口号，相应的创客空间纷纷成立，但是在行政审批上大学生创业还存在制度的帮扶。政府应该积极鼓励大学生创业来带动就业，降低大学生创业的门槛要求，积极帮助大学生寻找资金来源，放宽户籍管理制度，使大学生能真正留在当地城市；同时，要制定大学生创业优惠补贴政策，在税收、贷款、利率等方面都要加大扶持力度，加强法律意识的普及，要求每一个就业单位的大学生都应签订劳动合同，保证大学生的合法权益，而且应加大对西、北部地区就业政策的宣传，鼓励大学生去西、北部地区就业，支持西、北部地区建设，在一定物质奖励的基础上还要设置相应的配套政策和实施方案，真正做到让学生无后顾之忧；再者，要加大对官方就业信息渠道的建设，打造多部门、多省市、多区域的平台，保证就业信息传递及时、通畅，使更多的大学生能就业、想就业。

四、结束语

总而言之，在国家进入转型期时，大学生面临着"就业难"的困境。但在困境面前也有着机遇和挑战，"就业难"现象的出现，是社会前进和发展的一个缩影，要让大学生真正能从困境找到突破，这需要大学生自身、学校、企业等多方的共同努力,共抓共建,切实做好就业工作。因此,通过引导学生建立正确的就业观念,加强就业课程的指导,做好实践与课程的结合,把握行业就业信息,以创新创业为助力,真正提高大学生的综合素质,提升其就业竞争力,从而解决大学生"就业难"的困境[7]。

参考文献

[1] 李元元,张一婷. 高校毕业生就业过程存在的问题及对策探讨 [J]. 当代教育实践与教学研究,2017,8 (7):3 – 4.

[2] 关磊,黄子倩. 高校大学生就业观教育研究——基于150名大四学生的调研 [J]. 劳动保障世界,2017,21 (20):11 – 15.

[3] 陈莹花. 科学发展观视野下大学生就业问题思考 [J]. 湘南学院学报,2008 (3):113 – 117.

[4] 王淼. 当代大学生就业困境 [J]. 技术经济与管理研究,2011 (5):46 – 49.

[5] 孟丽娟. 大学生就业对策探析 [J]. 现代商贸工业,2018 (20):28 – 29.

[6] 李华,张健. 高校大学生就业困难原因分析与对策研究 [J]. 河北工程大学学报(社会科学版),2018 (2):29 – 31.

[7] 林丽萍,廖文娟,黄伟山. 当代大学毕业生就业问题常态与就业观分析 [J]. 当代经济,2018 (10):142 – 143.

农业院校管理类专业贫困生就业现状分析①

王雅迪

随着我国高校扩招规模的不断加大，高等教育已转变为大众教育，2016年全国高校毕业生总数达到765万人，大学生就业的竞争压力越来越大。随着高校学生人数的增多，贫困生所占比重不断攀升，在高等教育体系内，针对家庭经济困难的学生，各高校也逐步开展了国家奖助学金、国家助学贷款、新生入学资助、勤工助学、困难补贴、学费减免、"绿色通道"等多种方式并举的混合资助政策体系来协助精准扶贫工作的推进。在全国农业院校中，农村生源比重较高，其贫困生比例也相对较高。由于社会、家庭等资源匮乏，家庭贫困大学生在就业中往往处于弱势地位，因此，贫困大学生能否顺利就业，关系到广大学生、家庭的切身利益，更关系到社会的稳定。本文主要分析华南农业大学公共管理学院2012—2016届公共管理类专业贫困学生的就业情况，在这里，公共管理类专业指含公共事业管理、行政管理（含企业行政管理方向）、劳动与社会保障、土地资源管理（含房地产开发与管理方向）在内的专业；贫困学生是指经华南农业大学认定通过的家庭经济困难学生，就业信息来自广东省就业信息系统的最终就业率，就业信息统计截止时间为2016年12月31日。

一、2012—2016届公共管理类专业贫困生就业现状

（一）2012—2016届公共管理类专业贫困生就业情况

2012—2016届公共管理类专业贫困学生人数分别为177人、164人、

---

① 论文信息：《中国管理信息化》2017年第12期，第209-210页。
作者简介：王雅迪，1994年生，女，安徽阜阳人，华南农业大学公共管理学院讲师，华南农业大学大学生资助育人名辅导员工作室成员。

191人、173人、170人，占各届公共管理类专业毕业生总人数的19%～23%，公共管理类专业贫困学生就业率分别为96.61%、98.78%、98.43%、98.84%、98.82%，5年的平均就业率为98.30%，升学、就业与待就业比例如图1所示。

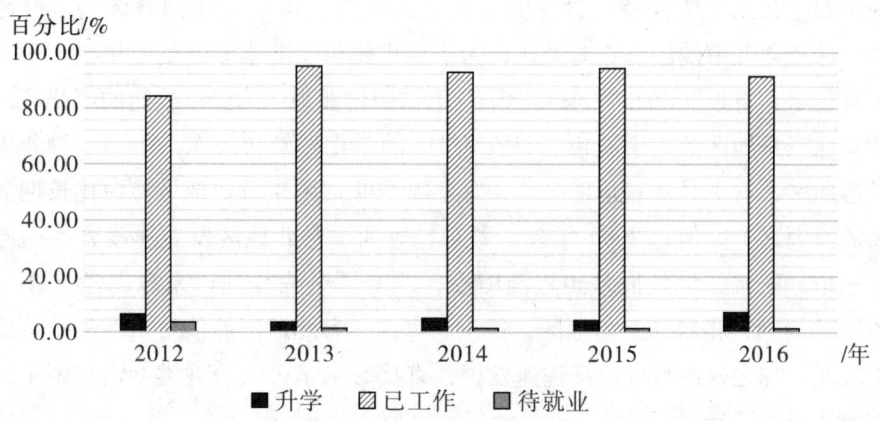

图1 2012—2016届公共管理类专业贫困生就业情况

由图1可知，超过80%的公共管理类专业的贫困学生选择就业，5年内的升学比例均不超过10%，待就业比例自2013年起不超过2%。由于公共管理类专业贫困学生的家庭经济条件差，大学四年的开销已给家庭造成了较大负担，这在很大程度上使他们产生了强烈的就业意向，希望通过工作来改善经济状况。因此，2012—2016年公共管理类专业贫困生已工作人数占当年公共管理类专业贫困毕业生总人数的比例均在80%以上，此比例在2013年达到最高。

（二）2012—2016届公共管理类专业贫困生就业地点

2012—2016届公共管理类专业学生生源以广东省居多，在2012—2016届的公共管理类专业贫困生中广东生源所占比例分别为92.09%、77.44%、85.34%、83.24%、85.88%。各届公共管理类专业贫困学生就业地点分布如表1所示。

由表1可知，毕业后留在珠三角九市的公共管理类专业贫困生占比由2012年的85.31%下降至2016年的79.41%，下降了5.9个百分点，而2016年在广东省其他市县就业的贫困生人数占当年毕业公共管理类专业贫困生总人数的11.18%，较最低的2013年上升了5个百分点，且前往广东省外就业的贫困生在当年毕业公共管理类专业贫困生总人数中的比例整体呈上升趋势。珠三角九市的经济相对发达，为毕业生提供了非常多的就业机会，相关调查显示：将近95%的广东大学毕业生希望就业地区为经济发达的广州、深圳及珠三角地区的大中城市，只有3.1%的学生愿意去粤东、粤西、粤北欠发达地区，这也是珠三角地区公共管理类专业贫困生就业地域流向比长期居高的原因之一。但自2009年起，粤东、粤西、粤北地区发展速度开始超越珠三角，区域经济发展差距逐渐缩小，改变了过去长期以来珠三角"唱主角"的局面，相对珠三角地区，粤东、粤西、粤北地区的消费水平和生活成本较低，加之这些地区经济快速发展，直接影响了公共管理类专业贫困生对就业地域的选择。

表1 2012—2016届公共管理类专业贫困生就业地域流向比统计

毕业年份	珠三角九市*	广东省其他市	广东省以外
2012年	85.31%	8.47%	2.82%
2013年	86.59%	6.10%	6.10%
2014年	83.25%	8.38%	6.81%
2015年	85.55%	6.94%	6.36%
2016年	79.41%	11.18%	8.24%

*注：珠三角九市为广州、佛山、深圳、江门、东莞、惠州、中山、肇庆、珠海。

（三）2012—2016届公共管理类专业贫困生就业单位类型

受传统就业观念的影响，党政机关、事业单位等一直是民众眼中的"铁饭碗"，毕业生大都希望找到一份体面、稳定的工作，大学生报考公务员、教师等的热情并未退去，而贫困生在家庭经济压力的驱使和父辈希冀其出人头地的期望下，毕业生对机关、事业单位等单位的渴望并未降低，但由于机关、事业单位等岗位需求的限制、人事制度改革及机构的精简，再加上公共管理类专业贫困生的综合素质相对不足，因此，进入此类单位就业的难度进一步加大，同时随着国民经济的持续快速发展和产业结构的进一步调整优化，企业人才的需求进一步增加。从近5年的公共管理类专业贫困生就业单位类型流向来看，2012—2016年5年内，毕业后在机关、党群、部队、政法系统及事业单位工作的人数占当年公共管理类专业贫困毕业生总人数的比例由2012年的7.91%下降至2016年的6.47%；在企业就业的人数占当年公共管理类专业贫困毕业生总人数的比例由2012年的80.23%上升至2016年的83.53%，在2015年该项占比达到最高值85.55%，如表2所示。这表明，国家机关、党群、事业单位等就业单位吸纳公共管理类专业贫困学生的空间有限，企业单位尤其是民营企业等需求量较大，这些企业是解决公共管理类专业贫困学生就业问题的重要渠道。

表2 2012—2016届公共管理类专业贫困生就业单位类型流向比统计

就业单位类型	2012年	2013年	2014年	2015年	2016年
机关、党群、部队及政法系统、事业单位	7.91%	8.54%	8.38%	5.78%	6.47%
企业单位	80.23%	84.15%	83.77%	85.55%	83.53%
升学（出国）	6.21%	3.66%	5.24%	4.62%	7.06%
其他	2.26%	2.44%	1.57%	2.89%	1.76%
未就业	3.39%	1.22%	1.05%	1.16%	1.18%

二、农业院校公共管理类专业贫困生就业情况分析

（一）总体就业形势

在2012—2016年的5年内，公共管理类专业贫困学生保持着强烈的就业愿望，就业形势良好，即使2016年全国高校毕业生总数达到756万人，比2015年再增加16万人，创下历史新高，加上2016年经济下行压力较大，公共管理类专业贫困学生在这些状况的影响下，仍保持较高的就业率。这不仅说明社会对公共管理类专业人才的需求量依然很大，也证明了华南农业大学此类专业贫困学生的就业竞争力也保持相对较高的水平。

（二）升学率低

在 2012—2016 年的 5 年内，公共管理类专业贫困学生升学率一直维持在较低的水平，在 2016 年达到最高，但仍不足当年毕业公共管理类专业贫困学生的一成。产生此种情况的原因包含以下两点：①贫困大学生大多来自偏远的农村、山区及城市中比较困难的家庭，他们更加希望在毕业后能找到一份理想的工作，以此改变自己和家庭的命运，但升学还需再投入学费、生活费等一系列的费用，迫于经济能力的限制，家庭无力为其支出，不得不先就业，以后再考虑升学。②受现行教育和社会就业观念转变的影响，他们大多选择就业，且通过读研、读博等途径获得高学历来找好工作的传统观念正逐渐被打破，在大学毕业后就能寻找到一份合适的工作已成为他们的优先考虑项。

（三）未就业

大学阶段不像初中和高中阶段注重对基础知识的要求，不仅要把握专业知识，更要锻炼和提升综合素质，学会做人、做事、求知、共处，全面发展。贫困学生由于家庭经济困难，家庭教育资源有限，学校的基础教育也相对薄弱，在语言表达能力、组织能力、社交能力、实践创新能力等方面，明显弱于家庭条件较好的学生。当他们步入大学后，仍然会按照过去的学习方式，将精力集中于学业，缺少与人的沟通和交流、缺乏创新意识的培养和锻炼，导致其个人的就业能力不强。而同学间的贫富差距容易导致他们产生自卑、焦虑、挫折等心理，不愿提升自身能力，消极应对生活和学习，进一步加大了公共管理类专业贫困学生的就业困难度。在传统的家庭和社会理念中，考上大学后便可以找到一份好的工作，结束贫困，这使他们对就业的期望值过高，在就业过程中，急于求成，缺乏耐心，最终致使部分公共管理类专业贫困学生未就业。

经济困难的家庭付诸精力将子女送入高校学习，这些学生是整个家庭的希望。通过文中的分析可知，在当前形势下，公共管理类专业贫困学生就业愿望强烈，升学率相对较低；就业地域流向虽仍不均衡，经济发达、生活环境好的地区是他们的首选工作地点，但广东省内相对贫困、工作环境一般的地区对学生的吸引力也逐步上升，公共管理类专业贫困学生对就业地点的选择总体保持较为理性的态度；他们对就业单位的选择主要集中在企业单位。总的来说，公共管理类专业贫困学生就业形势良好。

参考文献

[1] 吴娟频,贾溢华. 高校特殊群体就业能力的提升策略——基于保定市各高校特殊群体就业状况的调研 [J]. 中外企业家,2016 (2):203-204.

[2] 王继辉,申群喜. 论高职学生就业中道德失范的表现及对策 [J]. 社科纵横,2009 (3):53-54.

[3] 广东区域经济发展差距缩小 [EB/OL]. (2016-02-02) [2017-04-25]. http://news.163.com/16/0202/06/BEQ5CM1E00014AED.html.

新形势下大学生精准就业服务工作面临的问题[①]

余丹华

一、就业工作目前面临的新形势

（一）科技快速发展，市场需求急剧变化

改革开放 40 年，中国经济已从高速增长转向中高速增长。同时，互联网移动通信技术的高速发展，渗透到社会生活的方方面面，为经济发展带来了翻天覆地的变化，各行业、各领域的每个角落都受到云计算、大数据的影响，就业工作的理念、方式和手段等也因此面对新的挑战[1]。企业对人才的需求，量和质都在不稳定的变化当中，与大学生就业规模的持续扩大相对应的是大学生就业增长速度的放缓，就业形势仍旧严峻，大学生就业困难群体所面临的困难也不仅仅局限于心态不稳定或简历、面试技能缺失等。

（二）信息的多渠道，丰富且复杂

近年来广泛使用的微博、微信等新媒体已经彻底改变了传统信息的产生、发展和传播方式。高校大学生作为最容易、最乐于接受新鲜事物的群体，新媒体已经成为他们获取信息、传递资讯和交流沟通的重要工具。新媒体在带来便利的同时也让信息的传播变得分散，学校、企业、学生间的信息不对等时有发生，漫天飞舞的无分类的信息也造成了信息泛滥以及网络虚假信息的难甄别。

[①] 论文信息：《创业圈·大经贸》2018 年第 6 期，第 93-94 页。
作者简介：余丹华，1990 年生，女，湖北荆州人，华南农业大学数学与信息学院、软件学院讲师，华南农业大学大学生心理健康教育与咨询工作室成员。

(三)价值观多元,学生的个性化需求增多

随着社会经济文化的发展以及国家对创新创业的支持,毕业生在求职发展上,有了更多个性化的思考和选择。加之家庭整体经济环境的改善,"生存"问题已经不再是毕业生就业的主要动力,他们更看重个人"发展"[2],对职业选择和规划的指导需求也更为迫切,同时"慢就业""暂不就业"、考公务员或者考研的情况也逐渐增多。

二、精准就业服务中存在的不足

(一)就业指导师资力量薄弱,就业帮扶针对性不强

高校就业工作的主体力量是辅导员,辅导员身份具备多样性,走就业指导专业化道路的辅导员并不多,在就业指导方面所积累的经验也较为有限,面对一个年级的毕业生群体,辅导员的就业工作往往只能覆盖到"面"上,缺乏"点"上的聚焦,针对不同类型的就业困难群体,没有形成精准的帮扶措施,对就业困难学生分类不准、手段单一、就业帮扶局限于在经济上的资助或就业信息的提供等,没有兼顾不同类型帮扶对象的具体需求,就业帮扶的精准度有待提高[3]。

(二)就业动态管理信息化水平不高

大学生的就业管理服务重点集中在大四学年,尤其在大四下学期,学生各项事务的办理频繁,就业相关的各项数据处于动态变化中,但目前学生的签约管理、就业意向摸查、就业困难排查、特殊就业群体的登记、就业率统计、实习率统计等信息的管理方式较为传统和滞后,现有的就业系统也仅能覆盖学校所需数据的部分内容,且操作较为复杂。

(三)就业指导课程质量不高,受学生重视度偏低

高校开展的就业指导课程,大部分授课群体是辅导员,多采取团体辅导、大班授课的形式,因缺乏对地方经济及人才需求变化的研究,导致课程内容单调,未能充分结合实际,教学目的不明确,这也导致了学生对这门课程的兴趣度及重视度不高。

三、开展精准就业服务的建议

(一) 加强队伍建设,提高指导效果

在就业工作中,要明确目标任务,统筹多方资源,调动班主任、研究生导师、系主任、辅导员、用人单位及优秀校友的积极性,投入到就业指导的队伍中,通过进课堂、进社区、办沙龙等形式提供形式多样的就业指导,进一步提升高校毕业生就业指导服务的质量和水平。同时,还应通过校内外就业指导技能培训,提升教师的职业技能素养,使其在日常的教学工作中就能够不断地提高自身的素质。还应该不断地对一线教师加强职业道德素养的教育,使其能够认识到自身工作的重要性,从而在工作的过程中能够真心实意地帮助学生解决在就业问题上存在的困惑[4]。设立如职业发展中心的学生组织,设立学生就业助理,就业信息员等,进行模块化业务分工及培训,发挥学生干部的自主管理。

(二) 信息掌握要全面,就业帮扶要及时

划分毕业生就业的不同阶段,制定阶段性的统计工作,广泛开展毕业生资源信息全面调查,如毕业生的个人特质、学业情况和就业需求等,建立动态化和实名制的就业跟踪体系。从学期初,开展就业意向的摸查工作,了解毕业生的就业需求和求职期望;学期中,登记在外实习学生的基本情况和各班签约情况,反馈各班班主任,加强实习期间的安全教育与就业督导。年级辅导员与各班班长团支书谈心谈话,排查班内就业被动和就业困难群体,重点关心家庭经济困难毕业生、残疾毕业生、少数民族毕业生、患有身心疾病毕业生等群体,联合班主任及学生干部通过到宿舍走访、一对一谈心谈话、开展个性化辅导,做到精准帮扶。同时还要持续关注延迟毕业学生群体,进一步实施好离校未就业毕业生就业促进计划,持续为他们提供就业信息和指导服务[5]。

(三) 借助新媒体,引导树立正确的就业观念

部分大学生在就业过程中,因对自己的专业特点和自身能力认识不全,导致个人定位不准,职业期望不符合实际情况,从而出现盲目追求环境佳、

高薪水、高福利公司的情况。这不仅会让毕业生迷失自我,难以做出合理的职业定位,还会让自己的求职积极性受到打击。我们可以通过建立毕业生长效跟踪机制,对已经就业的毕业生进行2～3年较为长期的跟踪调查,了解用人单位对学生的满意程度和需求变化,分析学生就业适应周期、心理[1],并利用新媒体平台,通过微信推文等形式从低年级开始进行职业规划和就业观念的"灌输"引导,明确目标,逐步形成正确的就业观。在毕业生求职过程中,利用新媒体互动交流,及时引导毕业生分析自身优势和劣势,合理定位,确定合适的求职意向。

四、结语

新形势下精准就业工作面临诸多挑战。为了不断满足高校毕业生对更高质量的就业需求,高校就业工作者应在既有的工作模式基础上,抓住机遇,以需求为基础,以问题为导向,积极完善精准就业服务模式,并充分利用新媒体的互动、共享、及时、便捷的优势,协同开展工作。

参考文献

[1] 冯玲,李博伟. 新常态下高校就业管理工作创新的策略与方法 [J]. 高等财经教育研究,2015(3):23-28.

[2] 石云生,宗胜旺. 新时期共享化大学生精准就业服务体系构建 [J]. 合作经济与科技,2018(8):182-183.

[3] 尚亿军,彭自力. 新媒体视域下大学生就业服务精准化研究 [J]. 学校党建与思想教育,2018(9):74-76.

[4] 叶颖蕊. 绿色管理理念指导下的高校就业管理新路径 [J]. 管理世界,2015(3):172-173.

[5] 王美丽. 大数据时代高校精准就业服务工作研究 [J]. 思想理论教育,2016(6):84-88.

创新创业篇

高校社科类专业学生创新创业
教育体系优化研究①

梁廷君

近年来，我国为加快实施创新驱动的发展战略，构建了系列配套的政策环境、制度环境和公共服务体系。高校大学生是推进"大众创业、万众创新"的生力军，国家重视并支持大学生创新创业工作，对大学生创新创业教育提出了多项指导性意见。而社会科学类专业高校学生（以下简称"社科类大学生"），无论是在高校的招生规模、社会用人单位的就业人才需求上，还是在创业活动的团队组成结构上，都具有重要的位置，不容忽视。然而现实中，多数的创新创业教育体系是基于科技化和商业化特点而设计，极少有针对社科学科进行专门化的教育体系研究和课程开发，社科类大学生的教育需求可谓被边缘化。因此，研究社科类大学生创新创业教育体系的优化，具有现实和理论的双重意义。

一、高校创新创业教育体系优化的政策导向

2015年5月，国务院办公厅发布《关于深化高等学校创新创业教育改革的实施意见》（以下简称《实施意见》），明确要求改革教学方法和考核方式，提出了开展"启发式、讨论式、参与式"教学，注重培养学生的批判性和创造性思维，激发创新创业灵感，注重考查学生运用知识分析、解决问题的能力。根据实施意见提出的总体目标，2015年起全面深化高校创新创业教育改革，2017年我国高校创新创业教育改革取得重要进展并得到普及，到2020年建立健全"课堂教学、自主学习、结合实践、指导帮扶、文化引领

---

① 论文信息：《时代经贸》2018年第21期，第22－23页。
作者简介：梁廷君，1992年生，女，广东广州人，华南农业大学公共管理学院助教，华南农业大学大学生就业创业名辅导员工作室成员。

融为一体的高校创新创业教育体系"。2018 年是深化高校创新创业教育改革、优化高校创新创业教育体系的关键年。

二、高校社科类专业学生的特点与创新创业教育需求

"社会科学"是以人类社会以及复杂的社会现象为研究对象的科学,力图通过对人类社会的组成结构、运行机制、变迁路径与动因等层面进行多侧面、多视角、分门别类地深入研究,把握社会本质和社会发展规律。根据教育部 2017 年制定的《普通高等学校本科专业目录》,所有的大学专业共分为 12 个大学科门类。在本研究中,社科类大学生主要是指来自经济学、法学、教育学、管理学等学科门类专业的高校学生。

社科类大学生的特点,相对于如理学、工学、农学、医学等自然科学类专业(以下简称"自科类"),以及如哲学、文学、历史学、艺术学等人文学科专业的大学生,主要体现在:专业知识结构和思维模式是偏抽象的、偏宏观的,可将专业知识应用于企业组织整体运作;实践环节在培养方案中占比较大,课程数量设置普遍低于自科类学生,课余可支配时间更多;职业前景广阔但可替代性较强,更有意愿尝试其他的机会,包括创业。

本研究对来自广东省内五所高校、不同社科类专业的 30 名大学生进行了访谈调查,总结了如下五点的创新创业教育需求。

第一,对专业、系统的创新创业理论知识以及创业模块技能的需求,基于专业背景,社科类学生更倾向于在创业团队中从事管理、财会、营销策划等模块。

第二,对教材、案例、教学课堂设计等更新迭代的需求,源于课堂,希望了解创业市场的最新动向。

第三,对有真实创业经历以及系统知识的创业指导老师的需求,希望获得"过来人"的实战经验。

第四,到实践基地、初创企业进行实地观摩、实习的需求,超越课堂,希望了解创业企业最真实的运作。

第五,对创业生涯规划教育的需求,包括明确创新创业教育价值所在、本专业的创业前景引导、创业道路相关的职业生涯或学生生涯规划的指导。

三、高校创新创业教育模式与培养体系的现状

首先，我国高校创新创业教育起步较晚，尚未形成完整而制度化的教育体系和模式，仍处于高校自主探索的阶段。当前我国高等院校逐渐形成三类创新创业教育模式：第一类是素质教育与创新创业教育结合，以课堂教学为主导的模式，以中国人民大学为代表。第二类是综合教育模式，一方面在专业知识教授中融入创新教育和综合素质培育；另一方面为学生创业提供技术咨询和资金，以清华大学和上海交通大学为代表。第三类是创业技能培训教育，以北京航空航天大学为代表。

其次，创新创业教育的定位不明确。创新创业教育仍处于自上而下推动的阶段，远未成为我国高校一个独立的专业和学术领域，大多数高校没有把创新创业教育作为高等教育主流教育体系中的一部分，未形成相对成熟稳定的理论体系和培养体系。部分高校开展的创新创业工作，仍旧存在创新创业教育理念简单化、功利化的问题，甚至认为，创新创业教育只是为就业有困难的专业或者学生提供创业思路和方向，是一个解决毕业就业率的方法。部分高校并没有在教育层面上实施创新创业教育，并未将其纳入学校的人才培养规划，更忽视了对社会创新的关注，以及创意对学生发展的作用。

最后，我国目前以开展普适性的创新创业教育为主。对于绝大多数有设置创新创业课程的高校，所有专业的学生接受的教育内容是高度同化的。以广东省为例，部分高校独立开设了创新创业课程，有独立的教研室；部分高校将创新创业教育纳入就业指导课程体系，作为其中的章节授课；部分高校开放为公选课；还有少部分高校并无开设创新创业教育课程，只是凭借学生参与创业竞赛的契机，小范围地对学生进行赛前辅导或开展主题讲座，并未建立教育体系。如此，文理专业分化的教育体系更无从论起。

四、学生需求与高校创新创业教育体系的不匹配

首先，社科类大学生希望得到更贴合专业背景和基于专业特点的创新创业教育，但普适性的教育并未能满足学生对特定创业模块知识和创业技能的需求。

其次，社科类大学生的教育需求被边缘化。基于专业特点，以及学生对

教育的需求，对应社科类大学生的创新创业教育体系，应有一定的侧重性和针对性，区别于自科类学生。然而在现实中，多数的创新创业教育体系是基于科技化和商业化特点而设计，极少有针对人文社科学科进行专门化的研究。而且，与"重理轻文"的学科建设、文理科生的招生规模不平衡等主客观原因有一定关系。

再次，社科类大学生在创新创业教育上资源和机会相对缺乏。社科类大学生相对缺乏正确的实践指导与技能培训；创新创业教育师资力量不足，体现在教师多缺乏创业实践经验、数量少、类型单一、兼职任教相关课程性质居多；与社科类专业相对应的创业实践平台有所缺乏；对于毕业后新创企业的大学生也缺乏提供持续教育与保障服务；在资金或场地提供方面，高校在筛选资助项目时，对社科类大学生的支持力度相对较弱，入选数量往往远低于自科类大学生创业团队，社科类大学生缺乏实践资源和机会。

最后，高校普遍对创新创业教育培养目标的认识不够深入，创新创业教育理念缺失或错位。其一，部分创新创业教育实践的相关政策未得到彻底的落实，使创新创业教育学科流于形式化、非专业化。其二，部分高校缺乏培养创业意识与创新精神的意识，以及结合专业兴趣和创业发展的培养机制，并未能较好地激发学生的创新精神和创业意识，以致部分社科类学生的专业能力并未能较好地转化为创新创业能力。其三，与人才培养体系脱节，未能将生涯规划教育融入学生的创新创业教育中，学生未意识到创新创业教育将带给自己的成长，没有认同感的、自上而下的灌输式教育，是很难激发学生自主创新、自主实践、自主创业的兴趣的。

五、高校社科类专业学生创新创业教育体系的优化方向

高校社科类大学生有其不同于其他大类学科大学生的特点，对创新创业教育也有其特定的需求，结合国家对创新创业教育体系建设的指导意见，以及对现存需求与体系不匹配的问题分析。本研究认为，目前我国高校社科专业学生创新创业教育体系有以下三个可选的优化方向：其一，重视社科类学生的创新创业教育需求，建立贴合社科类大学生特点和需求的教育体系，开发相关课程和培养方案。其二，校方、教育部门适当平衡自科类和社科类大学生之间的创新创业资源和扶持力度。其三，结合"学涯教育、专业教育、创业教育"三位一体的人才培养体系，真正激发起蕴藏于广大高校学生之中

的创新创业原动力。

综上所述,创新创业教育三个优化方向的最终落脚点为:创新创业人才培养质量显著提升,社科类大学生的创新精神、创业意识和创新创业能力明显增强,投身创业实践的学生显著增加。

参考文献

[1] 何影,张利南. 创新创业教育与专业教育聚合探析——以社科类专业为例 [J]. 对外经贸,2016,04:144-145,148.

[2] 李婷婷. 普通高校人文社科类专业学生创业教育研究 [D]. 太原:山西大学,2014.

[3] 沈月娥,杨松明. 人文社科专业大学生创新创业能力培养的思考 [J]. 教育与职业,2015(14):76-78.

[4] 马霖. 高校人文社科类专业学生创新创业教育探讨 [J]. 才智,2018(10):173-174.

[5] 付坤,李政,李文祥. 普通高校人文社科类专业本科创新实践教育探索 [J]. 实验室研究与探索,2016,35(11):209-212.

高校创新创业实践教学体系现状及原因剖析

罗 军 何 凯

一、问题的提出

2015年以来，国务院相继出台《国务院办公厅关于深化高等学校创新创业教育改革的实施意见》等政策文件，指出创新创业是经济新常态下国家主要发展战略之一，是建设创新型国家的重要支撑。在"大众创业，万众创新"的社会背景下，高校开展大学生创新创业教育，是高等教育改革和发展的必然趋势和必要结果。这一举措，不仅有利于完善人才培养模式，增强大学生的创新精神和创业能力，还能提升大学生的就业竞争力，解决"就业难"的现实问题。

但从已有研究来看，由于资源与经费有限，很多高校的创新创业教育仍然停留在简单的课堂教育与日常讲座上，没有实质性的突破，即便是拥有较多师资的经管院系，也依旧没有充分挖掘教师资源，"填鸭式"的培养模式难以改观。虽然各级教育部门在大力号召教育教学改革，但是实际运转起来，难度依旧不小。

因此本研究拟以笔者所在高校为研究对象，在调查现阶段实践教学体系现状的基础上，总结经验，为后续的对策研究提供理论基础和实证数据支持。

---

① 论文信息：《科技创业》2018年第9期，第96–98页。

作者简介：罗军，1982年生，男，广东兴宁人，华南农业大学经济管理学院党委副书记、副教授，华南农业大学大学生学业指导工作室督导；何凯，1989年生，男，湖南衡阳人，华南农业大学经济管理学院讲师，华南农业大学大学生心理健康教育与咨询工作室主持人。

二、高校创新创业实践教学体系的实证研究

本研究采用问卷调查法，通过方便抽样，对广东某高校的创新创业实践教学体系进行调查。问卷分为学生问卷和教师问卷两类，共发放学生问卷 400 份，回收 381 份，回收率为 95.3%。教师问卷主要对象为创新创业授课教师，共发放 60 份，回收 53 份，回收率为 88.3%。问卷含人口学资料、25 道选择题、1 道主观附加题。问卷主要聚焦对目前高校创新创业教育课程体系的态度和教师创新创业教学能力评价。从师生两个角度的互评中揭示创新创业教育中的现实并且根据数据的分析发现教学体系中存在的不足。

（一）创新创业实践教学的资源欠缺

从调研数据来看，85% 的老师以及 62% 的学生认为高校提供的用于支撑创新创业实践教学的资源比较欠缺。尽管部分高校建立孵化基地、创业空间等创业场所用于培育创新创业成果，也聘请了一些企业导师进行授课，但高校学生基数大，简单的一两次授课难以形成实质的帮助。

（二）专职创新创业教育专职工作部门缺失

调研发现，12% 的老师认为学校很少有专职创新创业教育工作部门，33% 的学生持有相同的观点，这一定程度上反映了目前相应职能部门的缺失，师生对学校专职创新创业教育工作部门的认同度低。

（三）师资队伍缺少实战经验和专业性的培训

调研发现，46% 的老师和 65% 的学生认为学校师资队伍素质一般，缺乏创新特别是创业指导方面的实战经验；同时，在师资培训也缺乏针对性和专业性，41% 的老师和 24% 的学生认为只有少数教师接受过专业培训，大部分教师都是辅导员、学生职能部门管理人员转变过来，创业实践经验相对缺乏（应金萍，应晓红，2013）。

（四）创业基金不足制约学生创业

创业基金是学生启动创业的助推器。但是，调查发现，超过 30% 的老师和学生认为学校设立的投资基金不足，25% 的同学认为学校尚未设立创业投资基金。学生没有独立经济来源，单纯靠家庭难以获得需要的经济支持。

（五）创业孵化基地运行质量不高

44%的学生认为创业孵化基地运行一般，11%的学生认为创业孵化基地运行存在问题。虽然高校以不同的形式为大学生提供创业场所及基础设施，但是部分高校对创业孵化基地在学生创新创业教育中的重要性认识不到位，没有相关的管理机制和配套举措，创业孵化基地的运行质量令人担忧（吴光明，2014）。

（六）创业实践教学体系有待完善

创业实践教学体系包含创新创业课程、创新创业活动以及实践等模块的融合。从调研结果来看，9%的学生认为创新创业课程未能实质纳入日常教学，28%的教师和24%的学生认为学校尚未形成创新创业教育的完整体系；18%的学生认为学校没有可行的创业实践体系。

（七）创业实践项目质量不高，计划项目转化率低

只有不到20%的创业训练项目和创业实践项目质量高，仅仅有20%的学生和29%的老师认为目前创新计划项目能够落地。创业项目转化和落地率偏低是目前高校创新创业教育中存在的突出问题。从总体上来看，目前高校许多创业项目多为传统项目，科技含量不高，即使能够落地，也难以持续经营。少数科技含量较高的创业项目，存在科技成果对接能力不足的问题，难以将技术转化成落地的创业项目（周琼琼，2015）。

三、高校创新创业实践教学体系存在的问题及原因剖析

（一）对创新创业教育理念认识不足，人才培养模式改革力度不够

其一，大多数高校喜欢组织创业计划大赛，开展少量的创新创业讲座，象征性地设立大学生创业基地，从学校层面来说，这些都属于单一模块，涉猎范围窄，没有体系化，大多都是浅尝辄止，并未涉及教育模式以及本科人才培养模式的改革，因此对学生职业生涯发展的推动作用相对有限（陈丹丹，2017）。其二，学校希望通过持续培育特定的队伍，使其能从比赛中脱

颖而出，为校争光。在这种决策的影响下，绝大多数学生只能成为"局外人"（郭占元，吴玉萍，曹雪梅，刘英杰，2016），反而与整个培养初衷相违背。其三，传统的专业教育无法与创新创业形成联动，无法起到帮助学生检验理论知识、发现问题和分析解决问题的作用。因此，高校更应该通过实践教学培养学生的创新创业能力，同时提高对实践教学的重视程度（王生龙，2018）。

（二）创新创业教育缺乏清晰的培养实施体系

由于资源有限，当前众多高校并没有将创新创业教育工作融入人才培养模式和教育教学体系之中。具体而言，人才培养目标不清晰，缺乏宏观层面的把控，这使得创新创业教育仅仅是大学生就业指导服务的一个板块。当前，许多高校开设了"大学生职业发展与就业指导"等必修或选修课程，里面包含 2~4 个学时的创新创业的相关内容。这样对于创新创业教育本身而言，没有太多实质性的教学意义，而且这些内容往往还是通过开展相关讲座或辅导报告等形式开展，学生的参与度明显降低。从大背景来看，几乎少有学校能做到将大学生创新创业教育完整纳入整个人才培养体系的各实施环节中来（童晓玲，2012）。

（三）教育教学内容与形式创新不够，缺乏个性化递升式的教学平台

从教育教学内容来看，当前创新创业教育主要形式包括理论政策宣讲、创业人士经验分享等，内容较为单一。创业是一个体系化的工程，从前期的计划、项目的路演，再到后期公司的注册成立等，有非常多的细节需要了解。但这在课堂教学过程中基本无法完全涉猎。此外，各高校开展的创业大赛等千篇一律，形式简单，学生多为功利性地参加比赛积累综合测评加分等，竞赛水平大打折扣（王玉霞，2015）。

个性化递升式创业指导是建立在宏观环境的基础上，对个体进行的有针对性的、全面的、细致的、系统的全过程的指导。然而，很多高校的创新创业教育仅仅停留在给学生灌输理论知识，给予学生粗线条的图景勾勒，这不是真正意义上的创业指导。只有在开设创业指导课的前提下，再根据学生个体特点、创业团队特点、联系社会创业机会要求给予学生一对一的指导和帮助，才能真正解决学生创业的困惑和茫然，使学生找到适合自己发展又顺应社会要求的创业机会。

(四) 学生受众有限并且参与实践的程度不足

首先，在经济新常态的环境下，各高校都高举创新创业的大旗，但实际上对于创新的关注较少，更多地聚焦于创业的教育。其原因是多方面的。其一，在衡量标准上，创新比创业更加抽象。创业的衡量标准相对明确具体，而创新的标准较为多样，衡量相对较难。其二，创新能力的相对于创业能力的培养需要更长的周期。创业很大程度上都是在创新的基础上建立的，但相对来说创业的课培训性更强。目前来说，各高校的创新创业实践教学体系的建构大多倾向于创业或创业中的学生，因此受众较少。

其次，我国高校现今的创业教育实践教学多为同计算机模拟、创业竞赛等活动进行。但实际上，这些竞赛都为虚拟经营，很少有真正意义上的实战，大多为熟悉操作、记住步骤而已，缺少对实际情况的接触。另外，很多学生是以获得证书为目的参加，对与创新创业本身兴趣并不高。学生对于创业认识的和创业能力很难在非现实的商业环境中提高（王生龙，2018）。

(五) "双师型"教师匮乏

创新创业教育是一项对实践经验要求很高的教育活动，教师必须具备扎实的专业知识，同时又有创业的实战经验，才能较好地承担相应的教学任务。但目前高校教师基本都是"理论派"，鲜少有创业经历，这样一来，教师队伍的总体素质难以满足创新创业实践教学的需要，只能传授"理论"，缺乏实践指导，这样的教学水平难以提升大学生创新创业能力，严重制约着创新创业教育的发展（陈昭，2017）。为解决这一难题，不少学校通过引入企业资源、聘请创业导师、开展SYB师资培训班等，重点培养创新创业教育的专兼职师资队伍，但就实效来看，由于学生基数大，单靠企业导师难以满足现实需求；专职老师又受困于本身的专业教学任务和行政事务，时间成本有限，专业化水平提升缓慢。针对现实中的困境，高校可以充分挖掘校友企业和有效资源，发挥院系的主观能动性，多邀请社会上富有创业实践经验的企业家、初创创业负责人来校园，以多种形式和学生近距离交流创业历程，分享创业经验。同时，设立企业导师制度，提供机会让学生与导师结对，开展一对一服务，提高学生的创业实践能力。

四、结论

近年来,高校对大学生创新创业的投入大量增加,也出台了一系列文件和指南,各高校也在不断地匹配资源,完善创新创业人才培养体系。但与西方发达国家相比,我们仍旧处于初级水平,今后的研究要侧重于在实践中考察政策、指南及培养方案的实效性,同时注重将创新创业教育下移,即从小就要培养学生的创新创业意识,而不是等到大学才开始启蒙。

参考文献

[1] 陈丹丹. 广西在校大学生自主创业现状和对策研究 [D]. 南宁:广西医科大学,2017.

[2] 陈昭. 大学生创业教育存在的问题及对策研究 [D]. 石家庄:河北师范大学,2017.

[3] 郭占元,吴玉萍,曹雪梅,等. 大学生创业意向调查研究与创业教学改革的思考 [J]. 吉林省经济管理干部学院学报,2016,30(3):106-109.

[4] 国务院. 国务院关于大力推进大众创业万众创新若干政策措施的意见 [J]. 办公自动化,2015(14):13-16.

[5] 国务院办公厅. 国务院办公厅关于深化高等学校传新创业教育改革的实践意见 [J]. 中国大学生就业,2015(18):51-54.

[6] 童晓玲. 研究型大学生创新创业教育体系研究 [D]. 武汉:武汉理工大学,2012.

[7] 王玉霞. 应用型本科高校市场营销专业创新创业教学模式构建与实践研究 [J]. 黑龙江工业学院学报(综合版),2015(2):17-19.

[8] 吴光明. 高职创新创业人才培养质量的现状、问题与解决途径 [J]. 中国职业技术教育,2014(4):65-67.

[9] 应金萍,应晓红. 高职学生工作对接创新创业人才培养路径研究 [J]. 职教论坛,2013(13):78-81.

[10] 周琼琼. 创新基地科技资源配置对其技术创新能力影响研究 [D]. 成都:西南交通大学,2015.

[11] 洪柳. 创新创业视域下高校实践教学体系改革研究——以公共事业管理专业为例 [J]. 探索与实践,2018(5):67-70.

[12] 王生龙. 高校创新创业实践教学研究 [D]. 北京:北京邮电大学,2018.

农林院校学生党员创新创业现状调查研究[1]

邱亚龙　解加米

一、调研背景与目的

在"大众创业、万众创新"的时代背景下,国家出台了多项政策法规鼓励高校学生创新创业,国务院办公厅颁布了《关于深化高等学校创新创业教育改革的实施意见》(国办发〔2015〕36号)[1],广东省教育厅也出台了《关于深化高校创新创业教育改革的若干意见》(粤教高〔2015〕16号)[1]。高校大学生是国家最重要的人力资源,而学生党员作为学生群体的品学兼优代表,更应该在创新创业中争先创优。所以,本文由点及面,通过问卷形式对我校学生党员的创新创业情况进行实证调查分析,并对该调查结果开展深入分析,提出相关建议。

二、调研内容与方法

本次调查通过电子问卷的形式进行,调研内容紧紧围绕学生创新创业经历、认知、素质等内容。向农林院校学生党员随机发放问卷107份,回收107份,其中农林类学生党员57份,占比53.27%,工科类、管理类等学生党员占比46.73%,具有农林院校学生党员创新创业分析的代表性。

---

[1] 论文信息:《文化创新比较研究》2018年第27期,第152–153页。
作者简介:邱亚龙,1988年生,男,广东阳江人,华南农业大学林学与风景园林学院讲师,华南农业大学大学生就业创业名辅导员工作室成员;解加米,1994年生,女,山东日照人,华南农业大学林学与风景园林学院助教,华南农业大学大学生就业创业名辅导员工作室成员。

三、调研结果及分析

（一）学生党员创新创业经历不多，积极性不高

在参与问卷调查的学生党员中，47.66%的学生党员完全没有创新创业经历（包含参加创新创业大赛），17.76%的学生党员有过经历并且成功了，26.17%的学生党员有想过但是没实施，8.41%的学生党员有过创新创业经历但是失败了。从以上数据可以看出，73.83%的学生党员没有参与创新创业实践。在"是否参加过大学生创新创业训练计划项目？"一项中，30.84%的学生党员从未参与过大学生创新创业训练计划项目。这说明学生党员参与创新创业教育的积极性不高。在"您对创业感兴趣吗？"一项中，69.21%的学生党员对创新创业教育不感兴趣，缺乏一种主动思考、勇于创新的精神和勇气。最后，在"您在校期间担任过什么职位？"一项中，91.59%的学生党员担任过班长、团支书、院校学生社团主要干部等职务，他们忙于学生工作事务，没有多余的精力投入创新创业中。

（二）学生党员创新创业认识不足，主动性不够

在参与问卷调查的学生党员中，7.48%的学生党员认为目前大学生的创新创业形势十分严峻，42.99%的学生党员认为较为严峻，35.51%的学生党员认为形势一般，只有0.93%的学生党员认为成功率很高。同时，在"您对国家出台的扶持大学生创新创业的政策了解吗？"一项中，只有0.93%的学生党员对创新创业的政策经常关注、了解很透彻，41.12%的学生党员偶尔关注、清楚大方向，57.95%的党员了解一点或者一点也不清楚。在国家全面实施创新驱动发展战略，稳步推进大众创业、万众创新的大背景下，各地区、各部门鼓励高校大学生积极参与创新创业，并给学生党员提供了有利环境。而调查发现85.99%的学生党员普遍不看好创新创业形势，这从侧面反映了学生党员对我国的创新创业形势与政策普遍了解不够。

（三）学生党员创新创业支持不够，持续性不足

在调查中发现，学生党员在创新创业上，不管在精神上还是经济上，都没有得到很好的支持。如在"如果你创业，你父母会支持你吗？"一项中，

父母鼓励并支持的占28.04%,说明父母普遍不支持小孩参与创新创业。同时,在"在您的家庭经济情况是?"一项中,年收入10万元以下的家庭占比50.47%,年收入10万~30万元的家庭占比40.19%,侧面反映大部分学生党员得到家庭经济的支持有限。此外,在"如果在创新创业过程中遇到失败,您会怎么做?"一项中,只有9.35%的学生党员选择"尽快筹集资金,重新计划第二次",反映学生参与创新创业信念不坚定,持续性不足,需要加强学生党员创新创业素质教育,培养其承受挫折的能力。

四、调研结论与建议

(一)搭建创新创业活动平台,营造创新创业氛围

一是搭建创新创业活动平台。完善以大学生创新创业训练计划项目研究为基础,以创新创业普及活动和创新创业学术活动为抓手,构建以"挑战杯"竞赛、"互联网+"大赛、中国创新创业大赛等竞赛为工作主线的创新创业活动体系,重点抓好学生党员创新意识培养、创业精神培育、科研能力提升等服务内容,积极组织学生党员参与各类科技创新创业活动,提高学生党员的参与度,营造良好的创新创业氛围。二是坚持兴趣驱动。通过开展贴近学生实际的创新创业活动,让学生党员感受科技创新创业的魅力,鼓励学生党员开展调查研究、科学研究,激发学生党员的创新创业兴趣,使一批有创新天赋和创业意愿的学生党员脱颖而出,发挥学生党员在创新创业中的模范带头作用。三是将学生党员的培养和创新创业素质培养结合起来。创新创业教育需要培养学生党员领导决策能力、沟通协调能力、语言表达能力、开拓创新能力、耐挫折能力等素质,为他们以后创新创业打下良好的基础。

(二)完善创新创业教育体系,提高创新创业素质

高校应结合自身院校情况,完善创新创业教育体系。一是将专业教育与创新创业教育有机结合,着力培养学生的学习能力、实践能力、创新能力和发展能力,增强教育的实效性和针对性,增加创新创业对学生党员的吸引力。学生党员作为品学兼优的优秀代表,综合素质较高,应该作为重点的创新创业教育对象,为学生党员制定专门的创新创业教育培养体系,着重培养部分有创新创业想法的学生党员,由点及面的带动周边同学,整体提高学生

的创新创业素质。二是构建学生党员创新创业教育体系,健全"以创新促创业、以创业促创新"的机制,提高学生党员创新创业的主动性。三是加强创新创业政策宣传和形势解读,提高学生党员对创新创业形势的判断,将创新创业政策学习纳入党支部民主生活会的重要组成部分,引导学生党员客观了解我国创新创业形势和政策走向。

(三)增加创新创业支持力度,引领创新创业思潮

调查发现,学生党员参加创新创业得到家庭的支持有限,这直接影响到学生创新创业的积极性和主动性。故此,学校应大力建设创新创业孵化基地,免费为学生党员提供办公场地和设备,降低创新创业固定成本,同时为参加创新创业的学生提供资金和技术支持,配备经验丰富的创业导师,给予创新创业的学生实际优惠政策,以此提高学校及学生的创新创业热情与意识[2]。社会则要营造一个良好氛围,给予学生创新创业的勇气,转变传统守旧观念,允许学生试错,给创新创业学生提供一个包容开放的发展空间。除此之外,通过校企合作,为学生搭建创新创业实践平台,为学生开设创新创业讲座、指导创新创业实践,提高学生的创业成功率,让学生党员创新创业的小苗健康成长。

参考文献

[1] 刘尧飞,蔡华健. 高校创业教育与思想政治教育融合研究 [J]. 河北工业大学学报(社会科学版),2016,8 (02):70-75.

[2] 江玮璠,李文,汪丽琴,等. 我国创新创业教育发展存在的问题及对策 [J]. 科技广场,2013 (11):252-256.

乡村振兴战略背景下农科大学生创业教育探究[①]

宋 欢

党的十九大报告提出了"乡村振兴战略",提出农业农村农民问题是关系国计民生的根本性问题,必须始终把解决好"三农"问题作为全党工作的重中之重。解决"三农"问题,农科大学生是新生力量,也是未来新型职业农民的主力军。面对当前农科大学生专业思想不牢固的问题,农业高校需要寻求新的突破路径。高校开展创业教育,是价值引领和能力提升的统一、理念和实践的统一,能让农科大学生主动了解专业、了解农业发展、了解涉农企业的运作,让他们看得宽、吃得苦、耐得住、想得远,从而更好地融入党和国家的乡村振兴战略热潮中。

一、农科大学生将成为乡村振兴战略的新生力量

习近平总书记曾指出,"我们必须比以往任何时候都更加重视和依靠农业科技进步,走内涵式发展道路。要适时调整农业技术进步路线,加强农业科技人才队伍建设,培养新型职业农民"。在2018年中央下发的《中共中央国务院关于实施乡村振兴战略的意见》中,对新型职业农民则提出了更加具体的发展要求。一般来说,新型职业农民是以农业为职业,具有相应的专业技能,收入主要来自农业生产经营并达到相当水平的现代农业从业者。新型职业农民概念的提出,意味着"农民"是一种自由选择的职业,是要把种地

---

① 论文信息:《人才资源开发》2018年第10期,第46–47页。
作者简介:宋欢,1981年生,男,广东化州人,华南农业大学学生工作部(处)副部长、副教授,华南农业大学大学生资助育人名辅导员工作室主持人。
基金项目:2016年华南农业大学创新创业研究专项基金"回乡创业大学生典型案例研究"和2017年华南农业大学教育教学改革与研究项目"基于校企协同育人模式的创新创业课程教学改革与实践"的研究成果。

当成一种职业,而不只是谋生的手段。那么,当前和未来的新型职业农民的主力是哪些群体?笔者认为,从长远来说,农科大学生将是新型职业农民的主要力量,他们的发展情况很大程度上将影响着我国乡村振兴战略的进程。

二、农科大学生的专业思想并不牢固

当今中国,农业是朝阳产业,农业机械化、智能化、信息化,智慧农业是未来不同阶段的目标。这是一个日新月异而又需要一定时日的壮丽事业。作为农科大学生,应要能够理解农业在 21 世纪的中国的战略地位,认识到涉农专业是报国之门,农村是用武之地,自觉把职业生涯与时代使命统一起来,有所担当,有所作为。然而,现实情况是,农业高校的农科学生,他们学农不爱农不务农的现象仍非常普遍,"农科大学生就业率低"与"涉农单位招不到人"的矛盾长期存在。以华南农业大学为例,农科专业大学生在毕业后的工作,专业对口率不足六成(59.6%),而在工作 3 年后脱离农业的又占了其中的 28.7%。在各类招聘会上,我们也经常发现,涉农企业成为招聘会上受冷落的"丑小鸭",涉农企业"招人难"问题非常突出。农科大学生的就业现状,导致当前农业行业人才十分紧缺,在一定程度上制约了农业行业的提质增效,制约了乡村振兴战略的全面实施。

三、专业思想不牢固的瓶颈制约

如何让农科大学生投身农业、下沉农村?如何加强农科大学生的专业思想教育?如何让广大农科大学生感受到"农业是有奔头的产业,农民是有吸引力的职业,农村是安居乐业的美丽家园"?这是很多农业高等院校乃至各级政府需要正视的一大难题。在企业招聘会上,很多受访的涉农企业认为,农科大学生受工作环境、薪资待遇、职业认同感等因素制约,选择到涉农单位工作确实是一大难题,这是有区别与其他文科、工科的。在如何加强农科大学生的专业思想方面,各农业院校也想尽办法,例如调整人才培养方案、改革课堂教学方式、开设更多的专业实践、引进更多的农资企业进行校企合作等。从现实情况来看,尽管这些办法也取得了一定的成效,但仍未从根本上解决问题。笔者认为,针对农科大学生专业思想不牢固的问题,扎实开展好创业教育将是一大出路。关于创业教育,其定义是在创新人才培养模式、提高教学质量和办学效益等方面的新的探索，旨在提高和增强学生的创业基本素质与创业能力，为有志于创业的学生毕业后步入创业的行列提供帮助。事实上，创业教育已被联合国教科文组织称为教育的"第三本护照"，和学术教育、职业教育具有同等重要的地位。通过系统规范的创业教育，让广大的农科大学生掌握创业的基础知识和基本理论，熟悉创业的基本流程和基本方法，了解创业的法律法规和相关政策，激发学生的创业意识，提高学生的社会责任感、创新精神和创业能力，从而让他们主动了解专业、了解农业发展、了解涉农企业的运作，这样一来，他们才会看得广、吃得苦、耐得住、想得远，逐渐树立"学农、爱农、务农"意识。

四、农科大学生创业教育要契合乡村振兴战略的大背景

党和国家正在大力实施乡村振兴战略，人才是根本，需要破解人才瓶颈制约。在此背景下，农科大学生创业教育应契合乡村振兴战略这个大背景来实施。

然而，当前高校的创业教育存在的问题有：创业教育观念落后，导致创业教育容易被忽视，很多高校甚至对创业教育还没有充分的认识；理论研究十分匮乏，没有权威的教材体系，教师缺乏相关的创业实践经验，师资力量明显短缺；创业教育并没有融入专业教育之中，很多学校的创业教育只不过是简单地向学生传授创业知识和创业技能，重理论、轻实践；等等。在以上的问题中，创业教育和专业教育的"脱节"是最急需解决的，很多高校仍出现"两张皮"的现象，如何更好地培育未来的"新型职业农民"，如何更好地契合乡村振兴战略这个大背景来实施，仍是一道难题。

创业教育的实施受阻，最主要的原因就是观念问题。很多人将"创业"和"创业教育"混为一谈，认为大学生还不成熟，不适宜创业（当然也包括农科大学生），因此，他们认为"创业教育"只适合少部分有创业想法的学生，学校最基本的还是给他们传授专业知识。事实上，这是不正确的。创业教育和创业是两码事，创业教育重在"教育"，而创业则是一种实实在在的商业活动。创业教育更多的是培养学生的创业意识与素质，发掘自己的创造潜能，并非要鼓励大学生毕业后都立即去创办自己的公司或者经营自己的店铺。我们有必要厘清这个大前提。在乡村振兴战略背景下开展创业教育，也不是要农科大学生毕业后纷纷到农业领域、到农村创业，而是通过创业教

育,让农科专业大学生立志成为未来"新型职业农民"的骨干力量,要让他们既有文化、懂技术,同时也会经营、善于主动学习和主动解决困难,真正在农村"下得去、留得住、用得上"。

因此,在党和国家大力实施乡村振兴战略的背景下,高校除了推行传统的职业生涯规划、就业教育之外,还应将创业教育纳入教学体系之中,将创业理念渗透在专业教育的各个环节中,将创业教育视作一项系统工程,提升农科大学生的专业素养和综合素质。开展创业教育,不应只是开设一些讲座或者开展一些创业项目(或者创业竞赛)那么简单,还应深刻理解弄懂党和国家实施的乡村振兴战略,有计划、有针对性、系统地开展创业教育,使创业教育成为价值引领和能力提升的统一、理念和实践的统一的新型教育路径。创业教育既要注重实务培训,也要注重价值引领。通过创业教育让学生勇于创新创造,勇于追逐创业梦想;既要注重创造物化成果,也要注重培养创业精神,培养大学生的创新思维、创新能力,使大学生形成敢为人先、追求创新、百折不挠的创业精神,更好应对知识经济时代的挑战;既要高校积极作为,更需要社会各方协同行动。实践表明,大学生创业如果能与企业合作、与产业对接,就能更持久、更有效。例如,华南农业大学近年实施的"拉多美创新创业班",就是由学校和农资企业共同达成的战略合作而建成的班级,其目的是培养更多学农、爱农的高素质农业创新创业人才,班级结合学员需求,安排经验丰富的教师、企业家、创业导师等授课,开设职业发展素养、创新与创业思维、沟通技巧、农业行业发展前景等专题讲座,让农科大学生进校后即树立正确的专业思想,有志于为乡村振兴战略做贡献。

根据党和国家关于乡村振兴战略的总体部署,到 2050 年,乡村将实现全面振兴,这将是非常壮丽的画面。当前的农科大学生,在未来这 30 多年的乡村振兴战略总步伐中,既是新型职业农民的主力军,也是乡村振兴战略的最大贡献群体之一,农业高校需要扎实做好规划,努力培养一批又一批知识型、技能型、创新型的未来农业经营者队伍。

家庭背景对大学生创业意愿影响实证研究

——以广东某高校为例[①]

孙光荣 罗 军

一、问题的提出

在产业不断升级、经济结构逐渐转型的背景下,结构性就业问题成为当代大学毕业生的突出问题。为更好地引导大学生就业,大力推动以创业带动就业,党的十七大明确提出,"要完善支持自主创业自谋职业的政策,使更多的劳动者成为创业者"。青年大学生作为最具活力与创造性的群体,是国家倡导创新创业的主要对象,蕴含着巨大的创造热情和创业潜能。因此,鼓励与引导大学生创业不仅是各地方政府工作的主要内容,更是高校培养人才体系中的重要一环。2012年,教育部制定的《普通本科学校创业教育教学基本要求》提出,"高校要将创业教育纳入学校改革发展规划及学校人才培养体系,要面向全体学生单独开设'创业基础'必修课,把创业教育有机融入专业教育"。2015年国务院颁布的《关于深化高等学校创新创业教育改革的实施意见》,则进一步明确要求"地方和高校要树立先进的创新创业教育理念,加强创新创业教育,提高学生创新精神和创新创业能力"。创业意愿是创业行为的基础和前提,自身的知识储备是大学生产生创业意愿的基础,政府与高校的鼓励与支持是大学生创业意愿强弱的推动力,但大学生的创业意愿与创业能力,不仅需要政府和高校的努力,其所在家庭的支持也是推动大学生创业的重要力量。大学生自主创业行为是实现就业目标的途径之一,

---

① 论文信息:《科技创业月刊》2018年第1期,第48-52页。

作者简介:孙光荣,1989年生,男,广东阳江人,华南农业大学经济管理学院讲师,华南农业大学大学生学业指导工作室成员;罗军,1982年生,男,广东兴宁人,华南农业大学经济管理学院党委副书记、副教授,华南农业大学大学生学业指导名辅导员工作室督导。

在家庭背景对子代教育仍具有显著效用下,对子代的创业意愿和行为也产生作用。既有研究表明,家庭是激发创业者创业的重要因素,对大学生创业意愿有积极的影响。进一步对家庭背景的内容做出分析,它既包含家庭的经济收入、家庭成员具有的社会网络资源,也包含父母的教育程度及与此相关的文化资本。创业涉及创业者的方方面面,经济因素作为集中关注点,被大量研究作为分析创业行为的角度,但在家庭这一环境中,不仅包含经济资本,还有家庭成员在长时间发展下集聚形成的社会资本和文化资本。因此,本研究以广东某高校为例[6],使用量化研究方法,在研究家庭经济资本对大学生创业意愿影响的基础上,继续探讨家庭的社会资本与文化资本对创业意愿的作用,以期通过研究结果,为针对性地引导当代大学生创业意愿和创业行为提供参考,进而解决当前大学毕业生就业的突出问题。

二、回顾与假设

家庭背景下的三种资本,其最早定义和分类始于法国社会学家皮埃尔·布迪厄(Pierre Bourdieu)。首先,布迪厄在马克思对"资本"这一概念阐述的基础上,继续延伸"资本"的定义,认为"资本作为积累的劳动是构成社会空间的基本属性,由每一个场域创造并维持",且因每一个场域的不同而形成相对应的资本。因此,布迪厄将资本分为三种形式:经济资本、社会资本和文化资本,其中经济资本是一种直接与金钱挂钩,或以产权制度化形式存在的资本形式;文化资本在一定条件下可与经济资本自由兑换,以教育资格的形式被制度化;社会资本与文化资本相似,在一定条件下可与经济资本相互兑换,以某种高贵头衔的形式被制度化。三者相互影响、相互转化,其中经济资本是基础,社会资本、文化资本作为非经济资本在此基础上发挥作用。而"当这种积累的劳动在私人性,即排他性的基础上被行动者或行动者小团体占有时,这种劳动就使得他们能够以具体化的方式占有社会资源",家庭作为社会行动的"小团体",在其建立到初步形成格局的过程中,不断创造和积累资源,逐渐形成家庭内部独有的经济资本、文化资本和社会资本,它们既为家庭内部的成员所集聚,也作用于成员的各类活动,如家庭子代的教育、就业、择偶等。由于三种资本的形式不同,其对家庭成员的作用模式也不同。以家庭学生的教育获得为例,家庭的经济资本、社会资本通过资源转化模式为学生在教育竞争中获得优势,而家庭的文化资本则以文化再生产模式进行，即以家庭的文化资源促进子女的学习表现，进而使其获得教育机会。

在资源转换模式下，家庭的经济、社会资本主要通过直接排斥或隐性排斥的方式，进而转化为家庭成员在社会行为中的优势。以父辈经济能力为代表的家庭经济资本是家庭的物质基础，也是家庭社会、文化资本作用的基础。以家庭的学生为例，在其教育阶段，家庭经济资本处于优势阶层的学生，其学业成就更具有优势，同时在升学、择校等过程中面临的竞争烈度也相对较低；不仅如此，在高等教育成本分担制度的背景下，家庭经济资本在提高学生高等教育需求、专业选择自由等方面也有积极的影响。除了研究家庭经济资本对学生不同教育阶段的影响，也有学者关注教育之后的就业影响，这些学者发现在应届毕业生中，家庭经济条件越好的学生，其就业率越高。这是因为在进入高等学校之后，家庭经济水平较高的学生可以从家庭获得用于学习、社交、求职的经费越多，因此其学习和求职的条件越好，就业率也越高。

弗朗西斯·福山（Francis Fukuyama）在其著作中谈道，"普天之下，家庭显然是重要的社会资本之源"，在我国高度重视家族关系的背景下，以家庭成员的社会网络关系为代表的家庭社会资本，同样以资源转换的模式，对家庭成员及整个家族的发展都有着重大的作用。传统的家庭社会资本主要由家庭建构和提供，而随着现代社会的发展，社会资本不再单纯地由家庭建构，家庭的个体成员通过加入"人工创建的社会组织"，如协会组织、职业所在的工作场所等，再次建构属于自己的社会资本。个人能根据自己的身份和需要选择自己结交的人群，建立对自己有利的人际关系，扩大自己的社会网络，聚集自己的社会资本。因此，家庭的社会资本不仅包含父母层面的社会资本，也包含子代层面的社会资本。已有研究表明，父母层面的社会资本，如家庭教育期望、家庭社会地位等形成的网络关系，与家庭子女的教育获得、高等教育需求、教育满意度等存在正相关关系，在子代的基础教育阶段更好地帮助其择校、择班；在子女高等教育阶段提供帮助和服务，在高考招生录取过程中更好地选学校、选专业；在子女择业过程中快速、准确地帮其获得更多更好的就业信息，甚至是通过社会关系决定其就业。此外，子代层面的社会资本也有相关研究，许祥云等人在研究家庭与个人社会资本对高等教育选择满意度时发现，不仅家庭社会资本与高等教育选择满意度之间存在着正相关关系，个人努力建构的社会资本也对高等教育选择满意度有积极的影响，影响程度甚至比家庭社会资本要大。

对于学生创业者，家庭经济资本是其进行创业行为的保障，广泛有效的社会关系则有助于其在创业洪流中获取优势。基于以上论述，本研究做出如下假设。

假设1，家庭经济资本与大学生创业意愿有显著的正相关关系。

假设2，家庭社会资本与大学生创业意愿有显著的正相关关系。

布迪厄肯定了经济学家从经济投资效益解释教育行动，但也认为单纯地考虑金钱方面的投资与利润，或那些可以直接转换成钱的东西，无法解释不同行动者为何在分配经济投资和文化投资方面的差异，且无可避免会遗漏最隐蔽的、最具社会决定性的教育投资，因此文化资本这一概念被正式提出。布迪厄的定义认为，文化资本是指适合各阶级及个体所拥有的文化背景、知识、气质和技术，而个体在社会上由遗传而获得的一种可以促进教育成就的"语言和文化能力"，比如个体的语言能力、思维方式、行为习惯，以及对书籍、艺术文化等的品位，是一种有别于经济资本和社会资本、基于对文化资源占有的资本。因此，布迪厄将文化资本划分为具体化、客体化和体制化三种形态。具体化形态主要是将其与身体紧密联系，并预先假定某种实体性、具体性，如秉性、教养、文化修为等；客体化形态则是放在与具体化形态的关系中进行定义的，如绘画、书籍等，是可进行传递的；体制化形态指的是得到合法保障的、其资格获得学术上认可的文化资本，赋予拥有者一种文化的、约定俗成的、经久不变的、有合法保障的价值，如学术资格、文化能力的证书等。

不同于经济、社会资本的作用模式，家庭文化资本主要通过文化再生产模式让家庭学生在教育甚至是未来的择业中占据优势位置。如受教育程度越高的父母，其拥有的能力与资源相对越多，能够在子女学习过程中给予帮助，使其取得较好的学业表现；不同阶层家庭文化资本所处阶层不同，对子代的教育理念与教养方式也呈现不同：中产阶级倾向培养独立、负责等价值观，劳动阶级则倾向培养听话、服从的价值观；同时，家庭的教育期望对学生的学习投入、教育程度的高低等也有积极的影响。

学生创业者不仅需要强有力的经济支持以及广泛有效的社会关系，其所在家庭的非物质性指导与鼓励同样具有重要意义。基于不同形态的文化资本对学生教育机会和教育选择等方面的影响，本研究继续做出假设。

假设3，家庭文化资本与大学生创业意愿有显著的正相关关系。

三、研究设计

（一）数据与样本

本文的数据主要通过发放问卷调查的方式获取。问卷主要由学生的个人在校基本信息、家庭结构、家庭经济背景、家庭文化资本问项、家庭社会资本问项构成。其中，个人的在校基本信息包括性别、所在年级专业、团干身份等，家庭结构主要是家庭成员构成，家庭经济背景包括父母的职业、家庭的经济状况，家庭文化资本问项则包含父母教育水平、家庭文化资源，家庭社会资本问项则包含家庭成员的社会网络、学生自身的社会参与和家庭的创业氛围。研究样本主要来自广州某高校的4个年级在校生，共发放问卷200份，回收194份，其中有效问卷为193份，有效率达96%。调查对象的数据统计显示基本情况如下：男生占26.42%，女生占73.58%；少数民族身份的占1.55%，汉族身份占98.45%。在户籍情况中显示：农业户口的占42.71%，非农户口的占57.29%。学生在校年级分布显示：大一学生占35%，大二学生占32.5%，大三学生占27.8%，大四学生占4.7%。问卷总体信度系数显示为0.6，表明问卷整体的信度状况良好。

（二）变量选择

本文关注家庭资本与大学生创业意愿的关系，因此，这两类变量为研究关注点。又因为家庭资本主要由家庭经济资本、家庭文化资本和家庭社会资本组成，因此核心变量主要由4部分组成。同时，为了更好地解释家庭资本与大学生创业意愿的关系结果，以免其他变量对估计结果造成混淆，研究还将个人的性别、民族、户口类型、家庭成员状况作为控制变量。

创业意愿。在设计的问卷中，参考已有文献的设计方法，将大学生创业意愿的变量设计为问项"现有条件下，你是否有创业意愿"，并将选项分为"没有""有，还未创业""有，正在创业"3项，并将它进一步归纳为虚拟变量，则创业意愿分为"0为有""1为没有"。

家庭经济资本。主要包括父母的职业、家庭经济条件状况。其中父母的职业参考社会阶层划分，主要分为10类，并在此基础上，参考CEPS归为4大类，即1～3类为白领阶层，4～6类为蓝领阶层，7～8类为农民/自主，

9～10类为其他。家庭经济条件的测量参照CEPS对家庭经济状况的调查，设题为"目前你家经济条件如何"。

家庭文化资本。主要包括父母的教育水平、家庭的客观文化资源。在问卷中父母的教育水平也主要参考CEPS对父母教育程度的测量，并按照父系作用主要选择"父亲的教育程度"作为衡量。家庭文化资源主要是以家庭现有的书籍等客观化文化性资源作为衡量。

家庭社会资本。主要包含家庭成员的社会网络、学生自身的社会参与、家庭的创业氛围。家庭成员的社会网络主要由父辈的职业进行延伸，因此将以父亲的职业作为变量衡量之一，同时社会资本在定义下还包含"政治参与"等。钟宇平等人根据这一定义的延伸，在其研究中也提到学生自身的社会资本，并用活动参与情况进行衡量，因此本研究参考前人的研究结论，将"学生的活动参与和竞赛"也作为社会资本的衡量。此外，创业意愿不仅有先天的个性因素影响，也会受到后天环境的影响。因此，本文还将"是否在父母或其他家族创办的企业或生意中工作过"作为社会资本的衡量。

控制变量。已有的文献表明学生的性别、户籍、家庭结构、兄弟姐妹数量等会对学生创业有影响。因此，在本研究中，会将学生的性别（虚拟变量，0为"女"，1为"男"）、学生目前的户口类型（虚拟变量，0为"非农户口"，1为"农业户口"）、是否独生子女（虚拟变量，0为"否"，1为"是"）、民族（虚拟变量，0为"少数民族"，1为"汉族"）作为控制变量。

（三）研究方法

鉴于核心变量的数据类型多样化，在本研究中主要采用Logit模型，运用软件STATA 12.0进行数据分析，进而探究家庭资本与大学生创业意愿之间的关系。以大学生创业意愿作为因变量，家庭经济资本、文化资本、社会资本作为自变量，家庭结构等基本信息作为控制变量。考虑到指标的共线性问题，本研究对涉及的因变量进行了相关性分析，检验结果见表1，从结果看，多数衡量家庭资本的变量之间相关性较低，因此在多重共性问题上较为不明显。

因此，本文数据分析所使用的描述统计如表2。

四、研究结果

表 3 以大学生的创业意愿为因变量,分别反映了家庭的经济资本、文化资本、社会资本对学生创业意愿的影响,3 种模型的前提都是在控制性别、民族、家庭结构、户口类型等基本信息变量后,逐渐以 logit 回归的方式进行,最后得到 logit 多重回归模型。首先,在模型 1 中,控制了常见的变量后,添加以家庭经济状况为衡量的家庭经济资本变量,可发现经济状况对学生的创业意愿有显著的正效应($P<0.05$),家庭经济状况越好,大学生倾向于创业的可能性越大,此时,假设 1 得到证实。此外从回归结果看,户口类型对学生创业意愿有显著的影响,相较于农业户口的学生,非农户口的学生选择创业意愿的可能性越大。

表 1 家庭资本各变量间的相关性分析

	1	2	3	4	5	6	7	8	9
1. 家庭经济状况	—								
2. 父亲教育程度	0.205 1*	—							
3. 父亲职业	-0.254 1*	-0.397 3*	—						
4. 图书资源	0.342 2*	0.281 5*	-0.220 2*	—					
5. 阅读频率	0.383 1*	0.260 8*	-0.211 8*	0.490 8*	—				
6. 网络设备	0.347 9*	0.205 3*	-0.107	0.316 1*	0.222 1*	—			
7. 校内活动参与	0.114	0.072	0.000 3	0.223 8*	0.104	0.023 3	—		
8. 竞赛参与	-0.020 4	0.029 6	-0.017 1	0.181 8*	0.001 8	0.027 6	0.311 9*	—	
9. 家庭创业相关经历	-0.026 8	0.084 2	-0.183 7*	0.082 6	0.101	0.005 1	0.062 8	0.013 4	—

表 2 变量描述统计

变量	观测值	均值	标准差	最小值	最大值
性别（0 为女）	159	0.277	0.449	0	1
民族（0 少数民族）	159	0.981	0.136	0	1
户口类型（0 为非农）	159	0.560	0.498	0	1
独生子女（0 为否）	159	0.302	0.461	0	1
家庭经济状况	159	2.654	0.636	1	4
父亲教育程度	159	4.566	2.091	1	9
父亲职业	159	2.447	0.839	1	4
图书资源	159	2.780	0.869	1	5
阅读频率	159	2.245	0.869	1	4
网络设备	159	2.761	0.568	1	3
校内活动参与	159	2.169	0.518	1	3.1157
竞赛参与	159	1.914	0.490	1	3.500
家庭创业相关经历	159	1.742	0.439	1	2
创业意愿	159	0.547	0.499	0	1

注：本研究仅采用了不包含遗失数据的观测值，即 159 名样本。

表 3 家庭资本对大学生创业意愿影响

变量	模型 1（经济）	模型 2（文化）	模型 3（社会）
性别（0 为女）	-0.580	-0.582	-0.502
	(0.370)	(0.377)	(0.405)
民族（0 为少数民族）	1.088	1.087	1.712
	(1.285)	(1.303)	(1.360)
户口类别（0 为非农）	-0.792**	-0.644	-0.851*
	(0.385)	(0.413)	(0.459)

（续表3）

变量	模型1 （经济）	模型2 （文化）	模型3 （社会）
独生子女（0为否）	-0.568 (0.415)	-0.540 (0.429)	-0.635 (0.457)
家庭经济状况	0.181** (0.272)	0.123** (0.305)	0.111* (0.331)
父亲教育程度	—	0.0479* (0.0924)	0.0265* (0.103)
图书资源	—	0.0262* (0.234)	0.293* (0.255)
阅读频率	—	-0.186 (0.232)	-0.253 (0.245)
网络设备	—	-0.124 (0.322)	-0.139 (0.337)
父亲职业			
蓝领	—	—	-0.157 (0.642)
农民	—	—	-0.0526* (0.556)
其他	—	—	-0.373 (1.234)
校内活动参与	—	—	0.845** (0.383)
竞赛参与	—	—	0.349** (0.398)
家庭创业相关经历	—	—	1.181*** (0.416)
常数项	-0.387 (1.422)	-0.693 (1.655)	-1.797 (2.214)

（续表3）

变量	模型1（经济）	模型2（文化）	模型3（社会）
Log-likelihood	−105.45	−104.57	−97.94
Pscudo R2	0.037	0.045	0.106
Observaeions	159	159	159

模型2是在模型1的基础上，添加了文化资本变量。在上文提到，文化资本变量主要由父亲的教育程度、家庭的客观文化性资源组成。模型2的结果显示，父辈的教育程度与家庭的图书资源均对大学生创业意愿有显著的影响，具体表现为父辈教育程度越高，学生选择创业的概率也相对越高；家庭的图书资源越多，学生的创业意愿强度越高，假设3得到证实。此外，家庭的经济条件仍对创业意愿的高低有积极的影响，而户口类型的影响程度较之模型1虽有负效应，但不显著。

模型3是在模型2基础上添加了社会资本的变量，主要包括父辈职业、家庭创业的相关经历以及学生自身的社会参与。从回归结果看，社会资本的相关变量均与大学生创业意愿有显著正相关关系：在父辈的职业中，以其职业为白领作为参照，职业为农民的父辈，其子女选择创业的概率越低；在家庭创业相关经历中，对这方面的接触越多，相关经历越丰富，则学生选择创业的概率也相对越高；而在学生自身的社会参与中，团体活动参与和竞赛活动参与都对其选择创业有正相关关系。同时，调查结果还包含了家庭的经济、文化和社会资本对大学生创业的影响，结果仍显示相关的变量与大学生创业意愿有正相关关系，且3种资本的变量相关系数较低，因此回归结果的适用概率也逐渐加强。

五、总结与讨论

本文通过随机抽样调查获取样本，通过多重回归模型探讨了家庭的经济资本、文化资本、社会资本与大学生创业意愿的关系。实证分析中表明：①家庭经济状况对大学生创业意愿有积极的正效应，是家庭子代选择创业与否的重要经济支撑，经济条件处于优势的家庭，可以为学生在就业中提供更多的经济支持，创业作为学生就业的另一种方式，所需的经济支持相对于其他形式的就业,所需资金更多,对于大部分大学毕业生而言,创业资金绝大多数来自个人或家庭的资金。②家庭的文化资本对大学生创业意愿有积极的影响。不同于经济资本的直接转化,文化资本主要是通过再生产进行转化,父辈的文化背景、知识、气质和技术,通过代际传递继续作用于子代,不仅对子代的教育获得有重要影响,也对子代的职业选择、就业路径等提供知识、技术层面的支持,为学生的创业选择提供优势,这也表明在学生创业过程中,不仅需要强有力的物质基础,来自父辈的非物质性指导与鼓励也具有重要的影响。③家庭的社会资本对大学生创业意愿有显著的积极影响。经济资源是创业的基础,社会网络资源则是进行创业行为的纽带,而对于学生创业者而言,家庭本身是其社会网络资源的主要来源,因此以父辈职业阶层延伸的社会网络资源和与创业相关的经验资源成为大学生在创业洪流中占据优势的重要因素。不仅如此,学生自身的社会参与也是重要影响因素,在其进行社会实践过程中,可以建构属于自己的文化、社会资本,并进而产生作用。

研究的 3 个回归结果发现:控制变量中的户口类型变量对大学生创业意愿有显著正相关,这在一定程度上与家庭的经济和社会资本相联系,非农业户口学生所在的家庭,其所属社会阶层相较于农业户口学生的家庭要高,由此延伸的社会网络关系以及接触的创业经历、父辈的教育程度等,都将对学生创业意愿造成不同程度的影响。此外,不同于经济资本与社会资本的资源转化模式,文化资本主要是通过再生产模式进行作用,这也表明在进行再作用的过程中,需要介质进行传递,而这也是继本研究之后需要探讨的地方,进一步分析文化资本如何作用于大学生创业选择。

参考文献

[1] 钟云华,吴立保,夏姣. 大学生创业意愿的影响因素及其激发对策分析 [J]. 高教探索,2016 (2): 86 – 90.

[2] 李煜. 制度变迁与教育不平等的产生机制 [J]. 中国社会科学,2006 (4): 97 – 109.

[3] 吴愈晓. 中国城乡居民的教育机会不平等及其演变 [J]. 中国社会科学,2013 (3): 4 – 21.

[4] 李春玲. 教育不平等的年代变化趋势 (1940—2010) [J]. 社会学研究,2014 (2): 66 – 90.

[5] 车辉. 大学生创业资金82%来自个人和家庭 [N]. 工人日报,2009 – 08 – 13 (3).

[6] 高日光. 个人、家庭和社会对大学生创业动机的影响 [J]. 高校教育管理, 2011 (6): 86-90.

[7] 乌仁格日, 张苏. 家庭收入对大学生创业意愿的影响 [J]. 天津大学学报 (社会科学版), 2013 (3): 247-250.

[8] 谢永飞, 杨菊华. 家庭资本与随迁子女教育机会: 三个教育阶段的比较分析 [J]. 教育与经济, 2016 (3): 75-82.

[9] 张意忠. 城乡家庭资本差异对子女高等教育需求的影响 [J]. 高等教育研究, 2016 (8): 22-25.

[10] 刘精明. 高等教育扩展与入学机会差异: 1978—2003 [J]. 社会, 2006 (3): 158-209.

[11] 郭丛斌, 闵维方. 家庭经济和文化资本对子女教育机会获得的影响 [J]. 高等教育研究, 2006 (11): 24-31.

[12] 钟宇平, 陆根书. 高等教育需求影响因素分析 [M]. 北京: 经济日报出版社, 2006.

[13] 文东茅. 家庭背景对我国高等教育机会及毕业生就业的影响 [J]. 北京大学教育评论, 2007 (3): 58-63.

[14] 赵延东. "社会资本"理论述评 [J]. 国外社会科学, 1998 (3): 18-21.

[15] 陈卓. 超社会资本、强社会资本与教育公平: 从当今中国教育影响社会分层的视角 [J]. 青年研究, 2010 (5): 75-84, 96.

[16] 赵延东, 洪岩璧. 网络资源、社会闭合与宏观环境: 教育获得中的社会资本研究及发展趋势 [J]. 社会学评论, 2013 (4): 42-51.

[17] 许祥云, 陈方红, 张凡永. 家庭与个人社会资本对高等教育选择满意度影响的比较研究 [J]. 北京青年政治学院学报, 2013 (3): 16-21.

[18] 钟宇平, 陆根书. 收费条件下学生选择高校影响因素分析 [J]. 高等教育研究, 1999 (2): 31-42.

[19] 董金秋. 社会资本、学习惯习和青年的教育获得 [J]. 青年研究, 2013 (5): 34-43.

[20] 李德显, 陆海霞. 高等教育机会获得与家庭资本的相关性研究 [J]. 全球教育展望, 2015 (4): 50-60.

[21] 段媛媛. 论差序格局中的人际关系: 填报高考志愿的个案分析 [J]. 中南民族大学学报 (人文社会科学版), 2005 (12): 39-41.

新时代农科专业大学生创新思维培养路径研究[①]

杨宇姣

一、农科专业大学生创新思维培养的时代诉求

"双创"时代背景下,创新能力在社会经济发展过程中的作用越来越大,创新型人才的培养也逐渐成为我国高校教育的核心追求。党的十九大报告在贯彻新发展理念,建设现代化经济体系部分大力提倡创新引领,"激发和保护企业家精神,鼓励更多社会主体投身创新创业,建设知识型、技能型、创新型劳动者大军"。对高校而言,这就要求培养不同类型、层次和规格的高素质创新人才。

尤其是在当前乡村振兴战略的背景下,我国现代农业的发展还存在许多的问题,限制了新农村的建设和农业经济的可持续发展,这些问题的出现就急需农业科技创新的发展来帮助解决,同样需要大批的农科创新型人才来推动。农科类高校,肩负着培养乡村振兴人才的重任,培养农科专业创新型人才,是我国现代农业发展、服务我国"三农"的需要。因此,农科专业的高校,在培养人才的过程中,应与时俱进,适应现代农业发展需要,提升学生创新思维的培养,为培养农科专业创新型人才打下坚实的基础。

[①] 论文信息:《时代经贸》2018 年第 24 期,第 99－100 页。
作者简介:杨宇姣,1987 年生,女,山东东营人,华南农业大学农学院讲师,华南农业大学大学生资助育人名辅导员工作室成员。

二、高校农科专业大学生创新思维培养现状及问题分析

（一）高校培养意识淡薄，创新思维教育氛围不浓

目前，在国家大力提倡和发展创新创业政策的指引下，部分高校对于创新创业教育的理解与研究仍处于初级阶段。大部分高校对于创新教育的培养意识淡薄，没有形成一定的思想体系，过分强调学生的创新成果和创新能力的展示，没有意识到创新能力与创新思维之间的联系，忽视了对学生的创新思维进行通识教育，未形成创新思维教育的模式。

在高校的教学过程中，大部分还都属于灌输式教学，面向学生直接传授专业知识而忽略对创新意识的激发，这种填鸭式的教学过程使学生无法产生创新的想法和欲望。学生之间、学生和教师之间未能形成良好的创新思维互动，缺乏创新的氛围。同时，部分高校还没有意识到校园创新环境对学生的创新思维和创新能力直接和间接的影响，在校园内部没有建立良好的有利于创新思维培养的物质环境和文化环境。

（二）高校人才培养体系不全面，实践教学环节缺乏系统化

对企业而言，在招聘时越来越重视学生的专业技能水平和实际操作能力，特别是对农业这种具有强烈现实需求的学科而言，学校的实践教学环节也决定了创新思维人才培养的实际操作水平。但通过调研发现，大部分院校的农科类专业并没有稳定的实践平台，在教学实习实践的过程中，只是机动地走马观花式地参观，缺乏长期的专业型的技巧培训。

农科类专业的实践周期是比较长的，实践平台的设立需要具有现实的生产环境，同时具备最前沿的技术手段，且还要配备具有生产经验和理论较强的师资队伍。在此过程中要想完整地保证实践教学的顺利进行，保障大学生多参加社会实践生产的机会，这就需要大量的土地和经费来维持，这与农科类高校的现实环境和实习经费都是不匹配的，使得培养创新思维型农业人才的物质条件无法得到满足。

（三）高校创新思维师资队伍有限，教师创新指导能力不足

高校的教学，教师对学生的影响是全方位的。拥有良好的创新思维意识

与能力的教师，在日常教学中会有意识地对学生进行创新思维意识的渗透，对培养拥有创新意识并重视创新思维运用的学生产生重大的影响。然而，现实中很多教师的教学方式陈旧，一成不变地照搬书本和课件，按部就班地完成既定的教学内容与教学任务，并没有意识到授课过程中对学生创新思维意识启发的重要性和必要性。因此，学生在这样的教学环境中意识不到创新思维的重要性，对创新的理解也只是停留在表面，片面地认为不创业就不需要运用创新思维，禁锢自身创新思维和能力的发展。

三、农科专业大学生创新思维培养的可行性路径

（一）高度重视，加强校园创新思维教育氛围

高校应高度重视对学生创新思维培养的重要性，支持创新思维人才的培养；无论从管理人员到教学人员，还是从教师到学生，都应树立创新思维教育观念，从本质上彻底转变之前的继承性教育思想，克服过去把知识继承作为高校教育目标的教学思想，克服曾经为了教学而教学的思维。应以树立创新教育观为基础，加强对教学管理体制、教学运行机制、学生管理体制的完善和创新，为创新思维人才培养提供教学管理保障，并将创新思维人才培养的理念渗透到学生管理工作中，充分发挥学生管理队伍的引导和宣传作用，创新工作手段和工作内容，为创新思维人才培养提供思政辅助。

在学生的成长与发展过程中，学生的创新活动在一定程度上会受到校园环境因素的影响和制约。因此，为了培养学生的创新思维，高校需要建设有利于人才培养创新意识与能力的良好校园环境，加强创新思维教育的氛围。学校的自然环境、景观建设、校园历史文化、校风校纪等都在有形与无形中影响着学生的创新思维的形成与发展。因此，高校需注意创新思维教育氛围的烘托与建设，使学生在校园中无论是学习还是生活都时刻感受到创新思维的精神氛围，拓展自己的思维与眼界。

（二）完善人才培养体系，打造实践创新平台

实践是创新思维的源泉，创新思维的发展会促进学生创造性能力、分析解决问题能力的提高。因此，完善人才培养体系，强化学生参与生产实践活动，有助于培养学生的创新思维能力。对高校而言，培养创新思维人才需要

进一步完善高校自身的人才培养方案,在教学环节及课外专业实践活动中积极贯彻创新型人才培养的理念。特别是对农科类专业学生来说,很多学生从小的生活环境并没有彻底地接触过农业生产的过程,所以农科类高校在教育教学中,要特别注意学生自身对现代农业发展的态度和专业背景了解,他们所学习的专业知识本身就是建立在农业生产实践中的。

学生能在社会实践中激发创新思维的火花,只有社会实践才是培养学生创新思维的源头活水。在打造高校的教学实践平台中,要注重创新思维的培养平台和创新能力培养基地的结合,重视校外资源的有机利用,达到社会和学校的资源共享。在专业实践、实习之余,应针对农科类专业开展特色实践活动,就表现在:邀请老师、企业专家开展学术、经验讲座,让学生感受不同的创新思维方式,满足学生个性化发展的需求;充分利用暑期"三下乡"社会实践活动平台,让学生充分利用书本知识下乡调研,服务三农,使其在服务过程中提出新的想法,突破自身思维禁锢,实现自己的价值;鼓励学生参加专业竞赛、创新创业大赛,充分挖掘自身的创新潜能和创新能力;等等。通过实践环节的创新,提高学生知识创新的热情,让学生在动手中学习知识,在实践中培养创新思维。

(三)加大力度,储备专业化的创新思维教育教师团队

教师是高校培养人才的关键,教师是专业知识的传播者,是直接与学生接触的窗口。教师本身的创新思维能力直接关系到课堂上接受知识的学生。因此,高校需要把创新教育培养的理念精神贯穿到教师教育教学和人才培养工作的始终,大力储备专业化的创新思维教育团队,提高教师的创新思维与创新能力。对于农科类专业高校来说,教师应该从专业与实践的结合处发现问题,注重教育学生分析、处理问题的思维方式。

因此,对于高校而言,应注重吸纳高层次的创新型人才团队,增加教师的培训机会,使教师提高自身创新思维能力教育的理论与实践经验,建立教师科研以及教学创新的奖励机制,挖掘教师的潜在能力。对教师自身而言,要与时俱进,吸收最新的学科理论,不断更新调整课堂知识体系,选择科学互动的教学方法,鼓舞学生的学习热情与探索精神,引导学生积极发散思维,培养学生的创新思维与创新能力。

参考文献

［1］方园，张继河. 大学生创新思维培养路径探究［J］. 煤炭高等教育，2017（3）：96-99.

［2］陈君. 创新思维人才培养：现状、问题及举措［J］. 才智，2017（29）：40-41，43.

［3］陈治仁. 应用型地方高校大学生创新思维培养的思考［J］. 铜仁学院学报，2016（9）：171-174.

新时期高校共青团促进大学生创新创业工作研究[①]

张东文

习近平总书记在党的十九大报告中强调,创新是引领发展的第一动力,是建设现代化经济体系的战略支撑,要加快建设创新型国家。创新创业的实质,是全面推进改革,重新理顺市场和政府的关系,重塑个人价值和社会责任,再造资本与实体经济的格局[1]。实施创新创业训练及创业实践,有助于适应国际经济创新发展的新机遇,促进国家经济结构性改革和调整,激发市场活力,打造发展新引擎,是新时期加快建设创新型国家的必然要求。

一、高校创新创业教育与高校共青团

高校作为国家人才培养的摇篮,从1991年开始便开展基础教育创业教育试点,探索创新创业教育。2015年国务院办公厅印发的《关于深化高等学校创新创业教育改革的实施意见》是新时期推动高校创新创业教育新发展的重要依据。文件规定所有高校从2016年起都应设置创新创业教育课程,以必修课和选修课的形式,纳入学分管理[2]。至此,高校创新创业教育已从试点探索变为全面发展,成为高校素质教育的重要组成部分,进入黄金发展时期。

(一)高校创新创业教育的现存问题

高校创新创业教育从试点探索到全面发展的过程中,涌现出不少经典模式,取得一定的成绩,同时也浮现出一些共性问题。

---

① 论文信息:《青年与社会》2019年第3期,第23-24页。
作者简介:张东文,女,广东梅州人,华南农业大学林学与风景园林学院讲师,华南农业大学大学生就业创业名辅导员工作室成员。

第一，多头参与，分工不明确，合力未形成。大部分高校都存在着校团委、学生处、教务处甚至设立创新创业学院同时参与创新创业教育的情况，高校共青团在其中角色定位和职能分工不清晰，不同机关部处之间缺乏统筹指导，造成资源重复与浪费。

第二，课程基础薄弱，师资力量贫乏，教学质量不佳。大部分高校创新创业课程都是近两年开始开设，理论研究基础较浅。同时，外聘的创业导师难以长期固定任教，校内的专职老师又不具备丰富的创业实践经验，创新创业教室专业化程度不高，不能很好地促进理论和实践的融合，教学质量有待提升[3]。

第三，实践平台不完善，活动碎片化，"以赛促教"变成"为赛奔忙"。总体而言实践平台偏重于搭建比赛舞台，各单位举办的比赛活动比比皆是，缺乏系统性，存在"重形式、轻内容"的问题。有些高校为出成绩，不断鞭策学生参与比赛、争取奖金，使创业学生精力分散、重心偏移，甚至增加创业负担。

第四，校内外资源未充分整合，创新成果转化难，创业项目落地难。高校和地方政府、企业未能很好联动，资源不能充分整合，创新项目成功转化为创业项目的数量稀少，影响力也较小[4]。创业项目在参与竞赛之余，成功落地和取得长足发展的情况堪忧。

（二）高校共青团服务大学生创业的意义和实践

服务青年大学生创新创业是高校共青团职能深化的必然要求。团的十八大报告指出，共青团要激励青年创新创造，培养青少年的创新意识和能力；要激励青年奋发创业，努力帮助青年创成业。共青团中央也在《关于高校共青团积极促进大学生创业工作的实施意见》中指出，促进大学生创业是高校共青团服务党政工作大局、服务国家改革发展、服务青年学生成长成才的重要工作内容[5]。由此可见，服务、促进大学生创新创业工作是高校共青团凝聚当代大学生、服务党和国家工作大局、当好党联系青年桥梁的职能要求。

当前，高校共青团促进大学生创业工作主要包括以下三个方面：①开展培训，举办创新创业培训班，邀请校内外专家学者、行业精英到学校开展讲座，丰富学生创新创业知识，促进交流。②拓展平台，联动社会资源举办各级各类创新创业竞赛，同时发动、指导学生参加"挑战杯""创青春""互联网+"等创新创业竞赛，引导学生投身实践。③创设基地，在高校建设

"创客空间""众创空间"等创业孵化基地,为有想法的大学生提供交流场所,为付诸实践的创业者提供资金资助、政策咨询等服务。

高校共青团服务大学生创新创业是职能所向,有丰富的实践经验,但也存在定位不清晰、分工不明确、服务针对性不强等问题。新时期,进一步完善高校共青团服务大学生创业工作,既要立足于高校创新创业教育的现实条件,更要深入研究大学生创业的真实情况。

二、大学生创新创业意愿和影响因素调查

为掌握和分析大学生的创新创业意愿和创业影响因素,课题组面向华南农业大学学生开展问卷调查研究。

(一)样本来源和特征

华南农业大学地处改革开放的前沿——广东,自 2014 年以来大力开展创新创业教育,秉承"思创融合、学创融合"理念,形成"立体式、链条式、递升式、全程化"特色,建立由"一街、一廊、一馆、一园"四部分组成的全国首个建在大学生社区的"思创园",连续获得教育部全国深化创新创业教育改革示范高校、全国创新创业工作典型经验高校 50 强单位、全国高校实践育人创新创业基地等荣誉称号。学校创新创业氛围浓厚,学生对创新创业关注与参与度高,对学生的调查于本课题研究具有重要参考价值。

调查面向全校不同学院的本科生和研究生,采用问卷调查的方式,发放问卷 350 份,其中有效问卷 330 份,有效回收率为 94.29%。在调查的样本中,各年级分布均匀,其中男生 119 人,女生 211 人;农学类 160 人,非农学类 170 人;城镇户籍 177 人,农村户籍 153 人。样本数据采用 SPSS 17.0 进行交叉分析和相关分析。

(二)大学生创新创业意愿和影响因素分析

1. 理想信念是大学生创新创业的原动力

根据调查,大学生创业创新最大的原动力是实现个人理想、展现自我价值。在调查的对象中,67.6% 的学生认为创业的主要原因是为了实现个人理想和展现自我价值,只有 25.5% 和 7.3% 的学生认为创业是为了获取更多的财富和因为就业难。这和现阶段我国经济发展,国民经济生活水平提升,人

民更加注重追求精神发展的阶段特点相符。

2. 大学生创新创业意愿与成长背景有关

调查结果显示,城镇籍学生创新创业意愿稍强于农村籍学生,家庭有经商背景的学生创业意愿显著强于其他学生。对"您是否有创业兴趣"这一问题,71.8%的城镇籍学生表示"有"和"可能会有"创业兴趣,9.0%的城镇籍学生表示"完全没有",前者高出农村籍学生13个百分点,后者低于农村籍学生3个百分点。同时,家庭有经商背景的学生"有"和"可能会有"创业兴趣的比例高达78.8%,比家庭背景为务农、政府单位(含事业单位)、企业单位的学生创业意愿比率分别高出19%、8%和20%。成长背景影响大学生创新创业意愿,是环境氛围塑造个人的重要体现,也说明学校可在营造良好创新创业氛围方面加强作为,强化后天环境影响。

3. 进取状态和挑战精神是影响大学生创新创业的重要内部因素

课题组对调查结果进行相关分析,大学生个人精神状态与"毕业后的打算""是否有创新创业兴趣""是否了解国家对大学生创新创业鼓励政策"的选项存在正相关关系,相关系数值分别是0.174,0.198,0.343。其中"奋发进取"的大学生创新创业意愿最强,达到80.4%,比"做好当下""随遇而安""迷茫颓废"的大学生分别高出18%、30%和31%。而大学生创业意愿与大学生性别、专业、年级、政治面貌等选项则不存在显著相关性,相关系数值接近于0。此外,在"您认为自主创业应具备哪些素质"的问题中,调查对象均认可自主创业需有"强烈的挑战精神""出色的沟通交际能力""较好的专业知识""良好的社会关系""管理领导艺术",其中选择"强烈的挑战精神"比例最高,达到92.4%,显示出内在精神状态对大学生创新创业的重要影响。

4. 资源支持是影响大学生创新创业的重要外部因素

调查显示,在学校创新创业服务形式方面,调查对象最希望学校"建立配套资源体系",其次分别是"开设创新创业课程""建设创新创业基地和必要仪器设备""举办创新创业比赛"和"开展创新创业讲座"。在对正在创业的大学生的调查中,66.7%的创业大学生认为,市场资源是其目前创业的最大限制因素,"创业资金""创业技术""政策环境""发展机遇"的影响程度相对较小且均衡。这也意味着,学校创新创业教育应联动校内外资源,给予学生更多的资源支持。

三、高校共青团促进大学生创新创业工作方向

从高校创新创业教育现状分析和大学生创新创业意愿及影响因素调研来看,高校共青团要进一步促进大学生创新创业,就要厘清高校共青团在高校创新创业教育系统中的定位,抓住影响大学生创新创业意愿的根本,整合校内外资源支持,对大学生进行分类培养。

(一)厘清定位:充分发挥核心阵地作用

高校创新创业教育是一项复杂的系统工程,只有厘清高校共青团在其中的定位,理顺校团委与校内其他机关部处和校外单位的关系,做好明确分工,方能更好地发挥高校共青团服务大学生创新创业的作用。高校共青团作为党联系青年大学生的纽带和桥梁,一要成为校内服务青年大学生创新创业的核心阵地,加强与创新创业学院、学生处、教务处等校内创新创业教育单位的协调合作,在校级层面成立创新创业工作领导小组;二要充当社会各方资源和信息的连接点,联系校外共青团组织,联动政府机关、行业企业。

(二)抓住根本:强化大学生理想信念教育

习近平总书记指出,理想信念是事业和人生的灯塔。大学生的职业理想、生活理想是大学生在发展过程中最现实、最关心的问题,也是高校大学生理想信念教育的重点之一。高校共青团联系广大青年学生团员,在开展理想信念教育方面较校内其他单位如创新创业学院、学生处、教务处等都更具组织优势。高校共青团要通过抓实基层团组织建设,进一步加强大学生团员理想信念教育,增强大学生的家国情怀和社会责任感,引导大学生将个人命运和国家发展紧密结合起来,将谋求个人发展和创造社会利益结合起来,在加快建设创新型国家的进程中实现理想、贡献力量。

(三)整合资源:联动校内外单位强化资源支持

资源支持是大学生创新创业的重要影响因素,高校共青团应联动校内外单位强化资源支持。一是联动校内单位,打通创新创业学院、学生处、教务处以及各教学单位的资源体系,为大学生创新创业提供必要的场地支持、系统的实践平台、完善的咨询服务。二是联动校外政府机关、行业企业,既要

"引进来",发挥共青团作为社会各方资源和信息连接点的作用,将市场上各类创新创业的有效信息资源引进学校;也要"走出去",搭建桥梁、建立校外创新创业实践场所,推动大学生走出校门、走向市场。

(四) 分类培养:做好普及教育和专门培养

创新创业教育是高校素质教育的重要组成部分,高校共青团促进大学生创新创业过程中,既要全面普及,也要专门培养。一方面,抓好普及教育,深化创新创业教学改革,强化创新创业课程研究和提升师资力量,开设覆盖全校学生的创新创业基础课程,营造良好的创新创业教育氛围。另一方面,抓好专门培养,构建系统结构合理的创新创业训练平台,打造一站式的创业实践服务平台,将有创新创业兴趣的大学生培养成创新创业实践标杆人才,进一步发挥标杆人才的模范榜样作用,引领更多青年大学生走上创新创业道路。

参考文献

[1]《大学生创新创业基础》编委会. 大学生创新创业基础 [M]. 北京:中国林业出版社,2016.

[2] 国务院办公厅. 关于深化高等学校创新创业教育改革的实施意见 [R]. (2015-05-04).

[3] 刘带. 新常态下高校共青团组织服务学生创新创业的策略研究 [J]. 教育评论,2016 (3).

[4] 骆念武,张平,赵林,等. 高校共青团服务大学生创新创业实践平台建设——以中科大为例 [J]. 教育教学论坛,2018 (9):14-16.

[5] 共青团中央办公厅. 关于印发《关于高校共青团积极促进大学生创业工作的实施意见》的通知 [R]. (2015-01-07).

乡村振兴战略背景下农科类专业资助育人与创业就业教育融合创新的探索[①]

招栩圣

一、农科专业资助育人与创业就业教育工作开展存在一定程度的脱节

目前,农科类院校中大部分家庭经济困难的在校生,都十分珍惜求学机会,在追求学业进步以及享受国家资助政策的同时,亦对国家、社会和学校怀有感恩与回报之心。各高校对这部分学生的培养在资助育人、成才培育方面未能形成相互衔接的有机联系,缺乏系统整体规划,实施过程存在各自分割,未能充分发挥应有的育人功效,具体表现在以下三方面。

(一) 侧重经济资助,忽视"育人"功能

高校对困难学生的经济帮扶力度很大,除国家助学金外,各学校、二级学院还出台了各种配套的奖助学金进行补充,能基本满足贫困学生在校学习与生活的需求。但是,资助育人功效多体现在感恩教育、回报社会、树立学习信心这三个方面,通过资助育人与专业课程的成才育人、创业就业课程的能力培养、观念引导、社会实践等育人环节相连贯、相配合的方法未能得到更全面的扩展,形成不了一个有机的育人体系。

(二) 忽视了受助学生的群体心理与个性心理特点

受资助的学生群体,由于其家庭及个人成长背景具有相似的成长经历,

[①] 论文信息:《中外企业家》2018年第5期,第189-190页。

作者简介:招栩圣,1990年生,男,汉族,广东广州人,华南农业大学农学院助教,华南农业大学大学生资助育人名辅导员工作室成员。

存在独特的群体心理特点。这些群体心理特点的形成源自包括家庭经济压力、家庭所处地域环境等成长环境的影响，导致受资助学生在个人成长经历上具有不同的局限性与个性特征，由此产生的个体行为和心理变化，在资助育人实施过程中往往没有得到足够的重视，客观上未能被区别对待和因材培育。

（三）学校不同的育人体系，各自相对割裂，未能形成"1+1>2"的整合功效

目前各高校各具特色的促进学生全面健康发展的育人模式和体系，例如"书院制""大专业基础课打通""创新实验班""本科导师制"等，但在大学生人才培养的实施过程中仍相对集中在三个层面：学生的思政教育与管理、专业教育体系、创业就业教育。以上三个主要育人体系，在高校实施中，有其各自相对独立实施的形式与途径，发挥着各自的应有功效。但三个体系多分属不同的主管部门负责，在实施过程中，多侧重各自体系的育人目标，较少从全面育人、综合施策方面去统筹协调，未能发挥出育人的整体功效。

二、对农科类专业资助育人与就业教育工作融合实施推进的思考

高校的资助育人工作，是大学生成长成才教育中不可或缺的重要内容之一。资助育人对于增强受资助大学生的自尊心、自信心，树立良好的人生观、世界观、价值观以及培养良好的心理素质和社会适应能力有着特殊的积极影响。创业就业教育工作是培养大学生理论联系实践、学以致用回报社会、顺利创业就业的一门必修课程。通常情况下，受资助的学生普遍渴望摆脱现有的生活环境，具有更强的就业意愿，上述两方如何相互融合、相互交融、相互衔接实施，更好地发挥育人功能，达到"1+1>2"的效果，值得探索。两者融合推进实施是具有很强的现实意义。

（一）在就业教育实施体系中，建立受资助学生单独的教学培养体系

1. 感恩教育贯穿至职业规划与就业观念引导的全过程

受资助的学生群体受家庭经济因素、个人成长环境等多种因素影响，其本人的就业意向与职业认知不同于其他农科专业的学生。他们的沟通能力稍

欠，但吃苦耐劳精神突出，回乡下基层的意愿较强。学校可以通过就业指导课程的教学平台，针对受资助的学生群体，融入感恩教育的形式与内容。如将课程考核与暑期"三下乡"等社会实践活动相结合，鼓励学生回乡、回村，面向当地政府、居民开展各类志愿服务活动，以此作为就业指导课程成绩的一部分，进一步培养和激发乡土情怀和感恩之心。

2. 精选就业指导课程教学案例

针对受助学生群体的特点，可有针对性地罗列出以往数年受助学生的毕业、升学和工作情况，筛选出其中有代表性的个案，结合就业教育的课程内容编写教学案例和开展各种互动交流活动，能对受助学生起到极大的引导和教育作用。

3. 单独建立课外研讨交流互动平台（受资助的学生参与为主）

可依托农业类院校已有的就业指导课程，建立全校性的受助学生课外交流平台，为受助学生勤工俭学、假期兼职、职业规划等多方面进行有效指导。与此同时，学生可以通过这一平台与家庭环境及学习、生活环境类似的同学多交流，起到互促共进的效果。

4. 整合校内创业资源，引导支持回乡创业

在大众创业、万众创新的号召下，农科类专业毕业生的创业热情日益高涨，但毕业生回乡（返回生源地）创业的比例很低。因此，可整合校内大学生创新创业资源，在创业就业教育课程中，针对性安排受助学生到校内创业孵化基地参观体验，激发创业热情；对有意向申报创业项目的受助学生，通过政策支持、资金支持和场所配套等方式，鼓励其毕业后回乡创业，回报农村，支持乡村振兴，并积极联系专业课程相关教师的专业指导、教师或校友的人际关系和社会资源。对接当地政府，实现受助学生信息共享，共同支持回乡创业的学生，在法规政策和资金投放方式等进行指导，解决创业就业中的实际问题。

5. 开设专题性辅导课程（心理专题、专业技能培训或创业就业项目打磨）

受助学生由于家庭经济情况不佳，存在较强的自尊心，心理状态比较敏感，因此在校园学习生活过程中，容易因自身经济条件产生的心理落差极易产生负面情绪，进而发展为心理问题，这对其之后的个人发展产生极大影响。针对这一特点，需要为受助学生群体定期开设专题辅导课程，内容涵盖心理疏导、学业辅导、计算机操作、实验技能级科创能力培养等方面，全面带动受助学生积极融入校园生活的方方面面。

（二）分阶段开展"育人"工作，搭建"三位一体"教育平台

通过整合就业指导课程、创新创业课程、课外资源和社会资源这三个方面，使之与资助育人相贯穿，搭建"三位一体"的综合教育平台，真正实现全过程育人。以华南农业大学农学院为例，学生在大一下学期，根据培养方案的安排开始修读就业指导相关课程，此时就可针对受助学生群体，单独开设专题辅导课程供选修；大二修读创新创业课程时，可结合不同专业的特色和实际，使专业课程与就业课程相通，鼓励受助学生共同组队申报项目和参加各类创业比赛；进入大三阶段时，可重点关注受助学生中的考研群体，根据实际情况给予学业帮扶；进入大四后，可针对升学、就业和创业等不同情况，精准了解学生需求，如联系相关企业向受资助学生提供额外见习或实习岗位、与地方政府或企业合作孵化回乡创业团队等，充分调动课内外和社会资源，使"三位一体"的教育平台真正轮转起来。

（三）资助项目融入就业教育，关注个体兼顾全体

一方面，整合学校、二级学院两级的各类资助项目，将资助融入大学生生涯规划、创新创业项目等就业教育类比赛中，鼓励受助学生主动组队参加。这不但有效遏制了部分学生的消极依赖心理，也能使其通过自身努力，将经济压力转化为学习动力和发展潜能，同时获得更高的成就感，继续给予其不断前进和奋斗的动力，充分实现"资助"和"育人"功效的有机统一。

另一方面，对受资助学生中的特殊个体，需要给予更多的关爱和帮扶。学校可从提升其综合素质、端正就业观念等方面入手，结合同一群体中其他受助同学的朋辈感染，多渠道、多形式激发学生的自信心，从而提升其学习动力。就业指导课程教师与辅导员需充分沟通交流特殊个体学生的最新情况，结合思想工作、生活关怀、课程专业指导等方面，实行重点关注与教育跟进，使每一位受资助的学生都得到关爱，成长成才。

农科类大学生的培养，既是高校人才培养的职能所在，也是国家实施乡村振兴战略的重要组成部分，实现资助育人与就业教育工作的融合，积极主动地整合学校不同体系的育人系统，发挥整体育人的功效，能更好地促进受资助学生自立自强、奋发有为、成长成才，把他们培养成为国家乡村振兴战略的专业人才和生力军，既实现全方位育人的培养目标，又为乡村振兴战略实施提供农科类人才保障。

参考文献

[1] 李娜,等.辅导员视角下完善高校资助体系的研究与思考[J].黑龙江教育,2018(6):54-56.

[2] 朱丽花.高校辅导员在学生资助工作中的育人思考[J].实践·探索,2018(3):78-80.

[3] 宋晓周.高校精准资助的内涵、价值及其对育人工作的意义[J].兰州教育学院学报,2018(3):94-96.